GOLDMANN

Materialien
zu ZDF-Fernsehprogrammen

In der Reihe Materialien zu ZDF-Programmen
sind erschienen:

Walter Kempowski / Eberhard Fechner:
Tadellöser & Wolff / Ein Kapitel für sich (3902)
Wallenstein (3905)
Nach Golo Mann. Von Leopold Ahlsen
Robert Stromberger: Tod eines Schülers (3950)
A. Rattay / A. Chiczewski: Narben (6395)
F. Hufen / Th. Jäschke (Hrsg.): Ausgestoßen (6454)
Otto Jägersberg: Die Pawlaks (6453)

Materialien zu Fernsehsendungen, Texte, Bilder, Dokumente
in ARD und ZDF:

Martin Luther
(Hrsg. ARD und ZDF)

Karl Schnelting (Hrsg.)

Hilfe, ich träume!

Botschaften aus dem Reich der Seele

ZDF-Programmschwerpunkt
»Traum«

Materialien zu
ZDF-Fernsehprogrammen
Koproduktionen ZDF/ORF

Originalausgabe

Herausgeber:
ZDF

Redaktion:
Beate Pinkerneil · Elfriede Block

GOLDMANN
VERLAG

Bildnachweis

Tele-Norm: S. 18, 22, 25, 30, 31, 36, 38, 40, 43, 44, 54, 58; Hildegard Fehn, Schwabenheim: S. 60; Sri-Chinmoy-Verlag, Zürich: S. 62; dpa: S. 81; Rembrandt Verlag, Berlin: S. 133, 135; Schuler Verlagsgesellschaft, München: S. 138; New York Museum of Modern Art, New York: S. 141, 143; Oberösterreichisches Landesmuseum, Linz: S. 146; Bildkunst Frankfurt: S. 153. Aus Privatarchiven: S. 126, 128, 129, 150, 151, 156.

Da in einigen Fällen die Inhaber der Rechte trotz aller Bemühungen nicht festzustellen oder erreichbar waren, verpflichten sich die Herausgeber, nachträglich geltend gemachte rechtsmäßige Ansprüche nach den üblichen Honorarsätzen zu vergüten.

Made in Germany · 5/84 · 1. Auflage · 1.–27. Tsd.

In Zusammenarbeit mit der TR-Verlagsunion GmbH, München
Umschlagentwurf: Design Team München
unter Verwendung von Fotos
Satz: Filmsatz Schröter GmbH, München
Druck: Presse-Druck, Augsburg
Verlagsnummer: 6746
Lektorat: Gerda Weiss · Herstellung: Gisela Ernst
ISBN 3-442-06746-4

Inhalt

Karl Schnelting

»Wir sind aus solchem Stoff, wie Träume sind«

»Hilfe, ich träume!« hieß der Titel der öffentlichen Studiogespräche, die das ZDF im September 1983 auf der Internationalen Funkausstellung in Berlin veranstaltete. Der Freimut, die Ernsthaftigkeit und das Engagement, mit denen die teilnehmenden Besucher ihre Traumerlebnisse berichteten und mit den Fachleuten erörterten, hat hier wie bei der späteren Fernsehausstrahlung im Januar 1984 viele verblüfft – wenngleich es eigentlich nicht hätte verwundern dürfen, griff doch das ZDF mit dem Traum ein Thema auf, das wie kaum ein anderes jeden Menschen ohne Unterschied seines Herkommens oder seiner Interessen bewegt. Und dies mit einer unablässigen Regelmäßigkeit, wie wir seit 1953 durch die Messungen der schnellen Augenbewegungen beim Schlaf (oder REM = Rapid Eye Movements) wissen: Ein jeder erlebt nächtlich in regelmäßigen Zeitabständen vier bis sechs Traumphasen mit einer Gesamtdauer von etwa eineinhalb Stunden – mag auch die Erinnerungsfähigkeit sehr unterschiedlich ausgebildet sein. Das Thema stößt aber vor allem deshalb auf ein breites Interesse, weil die meisten Träumer den Sinn der nächtlichen Dramen nicht verstehen und verzweifelt Rat suchen.
Dies kommt auch in den über 500 Briefen an das ZDF zum Ausdruck, in denen die Zuschauer die

Behandlung des Themas im Fernsehen vor allem deshalb begrüßen, weil es sonst an Gelegenheiten fehle, sich mit seinen Träumen auseinanderzusetzen. Auffällig häufig wird Klage darüber geführt, daß man sich mit niemandem über die nächtlichen Erlebnisse austauschen könne, nicht einmal mit dem nächsten Menschen, da man nicht verstanden oder nicht ernst genommen werde. Unsere hochtechnisierte Welt zollt vor allem dem Respekt, was wissenschaftlich beweisbar oder von meßbarem Nutzen ist; in ihr hat der Traum als Äußerung des Unbewußten keinen so rechten Platz. Er wird ignoriert, verdrängt – wie viele seelische Äußerungen des Menschen, die dem Arbeitsprozeß, wie man meint, nicht förderlich sind. So erfährt der einzelne diese Gesellschaft, die die Vernunft des Wachbewußtseins über alles, das Unbewußte aber eher gering schätzt, als traumabwehrend, ja als traumfeindlich. Die wissenschaftlichen Fortschritte in der Erforschung des Unbewußten zählen zwar unstreitig zu den großen Errungenschaften unseres Jahrhunderts, haben aber keinen Ausdruck in einer entsprechenden Traumkultur gefunden, wie wir sie etwa bei den alten Griechen im Asklepios-Kult oder bis in unsere Tage beim berühmten Stamm der Senoi in Malaysia finden (vgl. Bünte, »Eine Traumkultur im Urwald«, S. 54).

Wenn das Massenmedium Fernsehen den Traum als Thema aufgreift, muß es in erster Linie um die praktische Frage des Zuschauers gehen: Was fange ich mit meinen Träumen an? Dies durchaus im Sinne einer konstruktiven Lebenshilfe, die auf das Reservoir unausgeschöpfter seelischer Energien aufmerksam machen will, die jedermann für sich aktivieren kann: ein verstecktes Potential, das Mut macht für den Alltag. Der ungeheure Anstieg der seelischen Erkrankungen in unserer Gesellschaft hat den Mangel an therapeutisch ausgebildeten Fachkräften immer offenkundiger werden lassen. Nun können in echten Krankheitsfällen Fernseh- oder Buchinformationen gewiß nicht den Psychotherapeuten ersetzen. Wer aber einen Einblick hat, wie häufig die Beschäftigung mit den eigenen Träumen zu neuen Einsichten, zum seelischen Gleichgewicht und zur Lebenstüchtigkeit beiträgt, wird nicht zögern, auch den Laien zur Auseinandersetzung mit dem Traum zu ermutigen. Eines der schönsten Beispiele erfolgreicher Traumarbeit liegt in dem Bericht einer Behinderten vor, die nach ihrer späten Erblindung ihre Traumwelt entdeckte und von sich behauptet, daß der Verlust des Augenlichts sie erst sehend gemacht habe; heute vermittelt sie Sehenden ihre Erfahrung im Umgang mit Träumen.

Dieses Taschenbuch – zunächst als Fernsehbegleitbuch herausgegeben – versteht sich unabhängig von den Sendungen als selbständige Handreichung und verfolgt das gleiche Ziel, den einzelnen bei seinen Bemühungen zu stärken, sich seinen Träumen und damit dem eigenen Selbst zuzuwenden. Die Hinweise umfassen das am Beginn stehende Problem der Traumerinnerung ebenso wie die Luzidität als die Hohe Schule des Traums (z. B. im Beitrag »Vom Nutzen der Träume« von Christian Stephan).

Alle Autoren sehen übereinstimmend in den Träumen keinen bloßen Hausputz des Gehirns, wie dies beispielsweise Francis Crick aus Indizien seiner Neuronenforschung glaubt ableiten zu können. Sie gehen vielmehr mit Freud und allen späteren Ausprägungen der psychoanalytischen Lehre davon aus, daß der Traum in seinen Inhalten nicht sinnlos und absurd ist, sondern als »ein vollgültiges psychisches Phänomen« trotz der häufig verwirrenden Symbolsprache wichtige Botschaften für den einzelnen bereithält. Nachdem in den erwähnten Zuschauerbriefen an das ZDF in einem überraschend hohen Ausmaß von Träumen berichtet wird, die zu den »außergewöhnlichen Erfahrungen« gerechnet werden, kommen in diesem Buch auch Autoren zu Wort, die dem Ratsuchenden Erklärungsmuster für solche Grenzphänomene anbieten.

Aber was sind normale Träume, was Grenzphänomene? In den (gewiß nicht repräsentativen) Zuschauerbriefen nehmen den breitesten Raum die sogenannten Wahrträume ein, in denen später eintreffende Ereignisse »prophetisch« oder »präkognitiv« im Traumgesicht vorweggenommen werden. Die Telepathie spielt gleichfalls eine wichtige Rolle, das Phänomen also, daß der Träumende miterlebt, was einer anderen Person, mit der kein direkter Kontakt besteht, an einem anderen Ort widerfährt. Inhaltlich geht es hier wie bei den Wahrträumen zumeist um Leben und Tod nahestehender Menschen. Mit großer Betroffenheit beschreiben die Einsender auch die (zumeist tröstlichen) Begegnungen mit Verstorbenen im Traum, und ebenso häufig das Phänomen des »déjà-vu«: daß ihnen im Wachzustand zu ihrer nicht geringen Verblüffung Menschen, Gebäude oder Landschaften als bekannt erscheinen, die sie zuvor nur in einem Traumbild und nicht in der physischen Wirklichkeit gesehen haben wollen. Gewiß lassen sich manche Fälle mit »natürlichen« Ursachen erklären. Dennoch: die Erlebnisberichte, die

durch die ebenso präzisen wie bewegten Schilderungen Glaubwürdigkeit gewinnen, scheinen zu bestätigen, daß die Fähigkeit zur außersinnlichen Wahrnehmung weiter verbreitet ist, als es unsere rationale Industriegesellschaft wahrhaben will – weshalb wohl auch über jede Erfahrung dieser Art immer nur mit einer verlegenen Scheu berichtet wird.
Aber könnte es nicht sein, daß diese Art Erfahrung »wirklich« und Scheu unangebracht ist? Wie, wenn unsere für so real gehaltene Alltagswelt nur eine von vielen Realitätsebenen darstellte und es die Träume wären, in denen unsere Psyche Zugang zu den höheren Wirklichkeiten hätte? Besteht das Hindernis, das Traumerleben tiefer auszuloten, vielleicht in unserem Verhaftetsein an die Erfahrung der fünf äußeren und in der Verkümmerung der inneren Sinne? In dem Mißtrauen also, das ein Teil unseres psychischen Selbst gegen den anderen hegt? Der Yoga des Ostens beispielsweise bejaht seit je die Wirklichkeit von höheren geistigen Ebenen, die unsere Seele in den Träumen wie in der Meditation erschließen könne. In unserer Zeit will die Figur des Seth in den Veröffentlichungen der Jane Roberts[1] uns »arme«, durch Selbstverstümmelung beschnittene »Erdenbürger« in einer faszinierenden und erfreulich humorvollen Art wieder auf die Sprünge helfen und empfiehlt Traum-Übungen, mit deren Hilfe unsere inneren Antennen sich neu sensibilisieren. Hier einige Seth-Zitate:

»Eure Traumerfahrung ist euch ein Führer, der euch hilft, die Natur eurer Psyche und die tiefere Realität zu verstehen, in der diese begründet ist . . .«

»Es nützt wenig zu versuchen, andere Ebenen eurer Realität zu entdecken, wenn ihr darauf besteht, die Gesetze des physischen Lebens auf eure eigene, größere Erfahrung anzuwenden . . .«

»Im Traum habt ihr eine größere Erfahrung als den bekannten Rahmen, in dem eure Zeit und eure Existenz ablaufen. Hier könnt ihr längst verstorbene Verwandte treffen oder Kinder, die noch nicht geboren sind . . . in diesem Rahmenwerk können sich die sogenannten Lebenden und die sogenannten Toten frei mischen . . .«

»Viele Menschen verabscheuen Träume, sie fürchten sich vor allem, was sie nicht bewußt kontrollieren können. Aber wenn ihr euch eure Träume als Erweiterungen

[1] Jane Roberts, »Gespräche mit Seth«, und Jane Roberts, »Die Natur der Psyche«, beide im Ariston Verlag, Genf

eurer Erfahrung vorstellt, dann könnt ihr euch mit ihnen wohlfühlen. Ihr werdet euch leichter an eure Träume erinnern, und damit werdet ihr eine Art Kontinuität zwischen dem Wach- und dem Traumzustand schaffen. Wenn dies geschieht, werden die Konturen eurer Psyche klarer hervortreten. Sie werden sich jedoch nicht in Kriterien gleichsam mathematischer Gültigkeiten zeigen; vielmehr werden euch Techniken, Symbole, Gefühle und Wünsche bereitgestellt, die gewöhnlich der Kreativität zugeschrieben werden ...«[1]

In den Kulturen des Ostens wie des Westens ist die Zahl der Traumabhandlungen Legion. Stets faszinierten die Träume als Produkte eines Seelenlebens, das die Grenzen der sichtbaren Wirklichkeit verbannt, die realen Erfahrungswelten des Jedermann gleichsam außer Kraft setzt. Das Faszinosum des Traums, eines der großen Themen der Menschheitsgeschichte, scheint darin zu liegen, daß er ein durch und durch zwiespältiges Phänomen ist. Er ist für den einzelnen ebenso vertraut wie fremd, Geheimnis und Offenbarung, Rätsel und Erkenntnis, Chiffre und Wahrheit. Und das noch Merkwürdigere: obwohl er Schöpfung des einzelnen ist und alle Merkmale des Individuellen, ja Subjektiven trägt, weist er gleichzeitig über das Besondere hinaus ins Allgemeine; in die Bezirke uralter Mythen, Märchen, Symbole, Metaphern und Bilder, an denen der Traum nicht nur teilhat, sondern die in wesentlichen Elementen dem Traum erst ihre Existenz verdanken. Wie ist diese Doppelbödigkeit zu verstehen?

Eine von möglichen Erklärungen hat uns der Schweizer Psychologe und Psychiater C. G. Jung angeboten. Das Unbewußte als Domäne des Traums differenziert er in folgender Weise: »Eine gewissermaßen oberflächliche Schicht des Unbewußten ist zweifellos persönlich. Wir nennen sie das persönliche Unbewußte. Dieses ruht aber auf einer tieferen Schicht, welche nicht mehr persönlicher Erfahrung und Erwerbung entstammt, sondern angeboren ist. Diese tiefere Schicht ist das sogenannte kollektive Unbewußte. Ich habe den Ausdruck ›kollektiv‹ gewählt, weil dieses Unbewußte nicht individueller, sondern allgemeiner Natur ist, d. h., es hat im Gegensatz zur persönlichen Psyche Inhalte und Verhaltensweisen, welche überall und in allen Individuen cum grano salis dieselben sind. Die Inhalte des kollektiven Unbewußten sind die sogenannten *Archetypen*.«

[1] Jane Roberts, »Gespräche mit Seth«, und Jane Roberts, »Die Natur der Psyche«, beide im Ariston Verlag, Genf

Als Ausdruck dieser unbewußten Inhalte, der Archetypen also, faßt C. G. Jung die über Jahrtausende in allen Kulturen überlieferten Mythen und Märchen auf. Diese haben nach seinem Verständnis ihre Wurzeln in individuellen Träumen und Visionen, die indes gleichzeitig stellvertretenden Charakter besitzen. Das heißt in Abwandlung eines oft zitierten Satzes von Friedrich Hebbel: In jedem von uns träumt die Menschheit. Und William Shakespeare schrieb in seinem späteren Drama »Der Sturm« fast als Summe seiner dichterischen Welt- und Lebenserfahrung:

»Wir sind aus solchem Stoff,
wie Träume sind,
und unser kleines Leben
umspannt ein Schlaf.«

Träume sind uns aus frühesten Zeiten überliefert. Wir finden sie bereits bei den alten Kulturvölkern, vor allem bei den Ägyptern und Griechen sowie in zahlreichen Variationen in den Büchern des Alten Testaments. Bekanntlich werden Träume in allen Weltreligionen auch als Ausdruck geheimer Offenbarung verstanden, wie etwa in dem berühmten Traum Jakobs von der Himmelsleiter. Ein beinahe klassisches Beispiel für einen prophetischen Traum, wobei schon die Kirchenväter im Bild der Himmelsleiter die Menschwerdung des Wortes als einer Brücke zwischen Himmel und Erde vorweggenommen sahen. So verwundert es nicht, daß die unendlich vielgestaltige Bildersprache der Träume von jeher zu unterschiedlichsten Analysen und Interpretationen Anlaß gegeben hat. In hellenistischer Zeit etwa galt der Traum oft als Kunst der Wahrsagung, als Enthüllung der Zukunft. Eine regelrechte Flut von Traumbüchern brach sich in späteren Jahrhunderten Bahn. Zu den berühmtesten unter ihnen zählt das bis ins 18. Jahrhundert benutzte Auslegungswerk von Artemidor aus dem 2. Jahrhundert n. Chr. Der erste Verfasser eines christlichen Traumbuches ist der Bischof Synesius von Kyrene (370–413 n. Chr.), der das Achten auf Träume kirchlich legitimiert. Sie alle beabsichtigen, dem Traum auf die Spur zu kommen, seine verrätselte Symbolsprache ein für allemal zu entziffern. Während der Traum im Zeitalter des Rationalismus als Produkt eines wirren und dunklen Seelenlebens abgetan wurde und noch der pietistische Schriftsteller Johann Georg Hamann ihn als eine »Höllenfahrt der Selbsterkenntnis« geißelte, wurde er gegen Ende des 18. Jahrhunderts (später dann durch die Romantiker) durchaus rehabilitiert. Für Johann Gottfied Herder beispielsweise war der Traum nichts anderes als ein Beweis für die Wirklichkeit des Unbewußten.

Die wissenschaftlich fundierte Auseinandersetzung mit dem Traum indes begann erst ein Jahrhundert später. Sigmund Freud hat nicht zuletzt durch seine Traumforschungen die Psychoanalyse als wissenschaftliche Disziplin begründet. Mit dem Erscheinen seines Buches über die »Traumdeutung« im Jahr 1899 begann der weltweite Siegeszug der Psychoanalyse. Der Neurologe Freud erkannte in seiner Arbeit mit Patienten, die an Hysterie litten, daß im Traum u. a. der Schlüssel zur Erkenntnis und Therapie seelischer Krankheiten lag. Sofern es den Patienten mit Hilfe des Analytikers gelang, sich an einzelne Trauminhalte zu erinnern und sie ins Bewußtsein zurückzurufen, war dies meistens der Anfang zur Behandlung und Heilung ihrer pathologischen Symptome. Das ist der Grund, weshalb Freud von der Traumdeutung gesagt hat, sie sei »der Königsweg zur Kenntnis des Unbewußten im Seelenleben«. Zwar kann der Wiener Psychologe keineswegs als Entdecker des Unbewußten angesehen werden. Wohl aber ist auf ihn zurückzuführen, daß der Traum als Erscheinungsform des Unbewußten seither als einer der wichtigsten Faktoren (wenn nicht der wichtigste überhaupt) im seelischen Erlebnis- und Erfahrungshaushalt eines jeden Menschen betrachtet wird. Mit dem Kernstück seiner Psychoanalyse, der Traumlehre, hat Freud in der Tat wissenschaftliches Neuland erobert, das er »dem Volksglauben und der Mystik abgewonnen hat«. In diesem »abgewonnen«, so lesen wir bei Thomas Mann in seinem Essay »Freud und die Zukunft« aus dem Jahr 1936, »liegt der kolonisatorische Geist und Sinn seines Forschertums. Wo ES war, soll ICH werden«, womit Thomas Mann auf die psychoanalytische Arbeit als eine kulturelle Leistung von größter Tragweite anspielt.

Stefan Zweig rühmte wenig später den Fortschritt zur Humanität, der durch die Lehre Freuds maßgeblich gefördert worden sei: »Durch ihn (Freud) ist die Wichtigkeit des Individuums, der unersetzbar einmalige Wert jeder Menschenseele, in einem neuen und tätigen Sinn unserer Gegenwart erst gewahr geworden. Es gibt keinen einzigen namhaften Menschen in Europa auf allen Gebieten der Kunst, der Forschung und der Lebenskunde, dessen Anschauungen nicht direkt oder indirekt durch Freuds Gedankenkreise in Anziehung oder Gegenwehr schöpferisch beeinflußt worden wären: überall hat dieser Außen-

seiter die Mitte des Lebens – das Menschliche – erreicht.«
Stefan Zweig hat sich in seiner Diagnose der immensen historischen Bedeutung der Freudschen Seelenlehre und ihrer Wirkungsspuren in fast allen Gebieten der Künste und Wissenschaften nicht geirrt. Die surrealistische Malerei eines Salvador Dali, Max Ernst oder Giorgio de Chirico ist ohne Freud ebenso wenig denkbar wie etwa in jüngster Gegenwart die phantastischen bzw. phantasmagorischen Gebilde des Österreichers Ernst Fuchs.
In der erzählenden Literatur verhält es sich kaum anders. Die Beziehungen zwischen August Strindbergs »Traumspiel« oder Arthur Schnitzlers »Traumnovelle« und der Psychoanalyse Freuds liegen unmittelbar auf der Hand. Es ließe sich mühelos eine Literaturgeschichte des Traums im 20. Jahrhundert schreiben, in der die literarischen Träume und traumhaften Visionen mit den grundlegenden Erkenntnissen der Psychoanalyse verbunden würden. Franz Kafka, Robert Walser, Hermann Broch, Robert Musil, Thomas Mann und Hermann Hesse würden in diesem Zusammenhang eine ebenso wichtige Rolle spielen wie – um über Deutschland hinaus zu blicken – Isaac Bashevis Singer, Manès Sperber oder der viel diskutierte George Orwell. In seinem Roman »1984« erzählt der Held des Buches, Winston, seiner Geliebten Julia von einem Traum, der nicht nur für den Verlauf der Handlung entscheidende Bedeutung hat, sondern in dem wir gleichzeitig wichtigen Elementen der Freudschen Traumlehre wiederbegegnen: »›Ich habe geträumt –‹, begann er und stockte. Es war zu kompliziert, um es in Worte zu fassen. Da war zum einen der Traum selbst; hinzu kam eine mit ihm verknüpfte Erinnerung, die in den ersten Sekunden nach dem Erwachen in ihm aufgestiegen war.
Er legte sich mit geschlossenen Augen zurück, noch immer in der Traumszenerie verfangen. Es war ein ausgedehnter, leuchtender Traum, in dem sich sein ganzes Leben vor ihm auszubreiten schien wie eine Landschaft an einem Sommerabend nach dem Regen. Alles hatte sich im Innern des gläsernen Briefbeschwerers abgespielt, aber die Glasoberfläche war die Himmelskuppel, und innerhalb der Kuppel wurde alles von einem klaren, weichen Licht durchströmt, in dem man in unendliche Ferne blicken konnte. Dazu war der Traum auch noch von einer Armbewegung umrahmt gewesen – eigentlich hatte er in dieser Armbewegung bestanden, die seine Mutter gemacht hatte und 30 Jahre später auch die Jüdin in dem Film-

bericht, als sie versuchte, den kleinen Jungen vor den Kugeln zu schützen, ehe die Helikopter die beiden in Stücke sprengten.
›Weißt du‹, sagte er, ›daß ich bis zu diesem Moment geglaubt habe, ich hätte meine Mutter umgebracht?‹ – ›Warum hast du sie umgebracht?‹ fragte Julia schlaftrunken. – ›Ich habe sie nicht umgebracht. Nicht wirklich.‹
Im Traum hatte er sich an seine letzte Begegnung mit seiner Mutter erinnert, und in der kurzen Zeitspanne des Erwachens waren ihm alle damit verbundenen Begleitumstände wieder eingefallen. Es war eine Erinnerung, die er viele Jahre lang bewußt verdrängt haben mußte. Er konnte den Zeitpunkt nicht mit Sicherheit bestimmen, doch er mußte damals bereits zehn oder vielleicht zwölf Jahre alt gewesen sein.«
In diesem literarischen Traum geschieht etwas uns allen Vertrautes: die unbewußte Verarbeitung von frühen Kindheitserlebnissen und -erfahrungen, die vom Bewußtsein verdrängt wurden, da es sich um negativ besetzte Erinnerungen handelt. Der Verdrängungsvorgang sowie die Wiederkehr des Verdrängten im Traum (dem sogenannten Reproduktionstraum, der erfahrungsgemäß die Zensur durch das bewußte Denken nicht kennt) bildet einen der Grundpfeiler, auf dem Freud sein Gebäude der Psychoanalyse errichtet hat. Träume als fiktive Wunscherfüllungen: das ist der zweite Grundpfeiler der Freudschen Lehre vom Unbewußten. Der einzelne erschafft sich oft im Traum eine andere, eine zweite Welt, in der reale Defizite, Erfahrungen von Mangel und Entbehrungen nicht nur ausgeglichen, sondern überhöht, sublimiert werden. Die Grenzen zwischen solchen »träumerischen« Sublimationen und den bewußt entworfenen Utopien sind, wie wir wissen, hauchdünn. Das ist vielleicht mit ein Grund, weshalb manchen Lesern Michael Endes »Unendliche Geschichte«, die im Reich Phantásien spielt, wie eine literarisch-utopische Traumvision erscheinen mag. Auch für sie gilt, was August Strindberg in der Vorrede zu seinem »Traumspiel« als Programm verkündet hat: »Alles kann geschehen, alles ist möglich und wahrscheinlich. Zeit und Raum existieren nicht; vor dem Hintergrund der Wirklichkeit spinnt die Einbildungskraft ihre Fäden und webt an neuen Mustern: Eine Mischung von Erinnerung, Erlebtem und frei Erfundenem.« So entführt Michael Ende seine Leser in die rätselhafte Welt Phantásiens, ins Reich der Kindlichen Kaiserin, des kleinen Indianerjungen Atréju, des Glücksdrachen, der Irrlichter, Fabelwesen, Kobolde und Trolle, die jedoch

keineswegs als unwirkliche Gestalten auftreten, sondern mit fast alltäglicher Selbstverständlichkeit agieren. In dieser dem Traum vergleichbaren unauflöslichen Verquickung und Durchdringung von Wirklichkeit und Phantasie, Realität und Imagination liegen Geheimnis und Anziehungskraft dieses Buches und offenbar der Schlüssel zu seinem weltweiten Erfolg.

Wie dieses jüngste Beispiel zeigt, sind die Beziehungen zwischen Traum und Literatur vielgestaltig. Sie führen auf ein weites Feld. Die Aktualität des Themas Traum macht sich indes in vielerlei Bereichen unseres gesellschaftlichen Lebens bemerkbar. Die Beschäftigung mit ihm könnte das Signal einer Bewußtseinswende sein, Signal einer verstärkten Hinwendung zur Persönlichkeitsgeschichte als Seelengeschichte. Möglicherweise aber auch das Anzeichen eines Abschieds vom Zeitalter der Aufklärung, der Vorherrschaft der Vernunft.

»Der Traum, ein Leben« heißt es bei Calderón; der Österreicher Franz Grillparzer entgegnete darauf mit seinem Schauspiel »Das Leben ein Traum«. So gegensätzlich wie diese beiden Ansichten sind jedenfalls auch die Erfahrungen, die der einzelne in und mit seinen Träumen macht. Der Leser mag sich in diesem Buch davon überzeugen.

Hans Bünte

Der Traum – eine wiederentdeckte Sprache

Ein Alptraum wird protokolliert

»Ich bin allein in einem leeren Parkhaus. Ich habe furchtbare Angst und weiß, daß ich weglaufen muß. Ich zerre an einer Tür, die klemmt, aber ich kriege sie auf. Ich laufe einen langen Korridor entlang, da ist es immer hell – dunkel – hell – dunkel. Dann bin ich am Fahrstuhl, aber gerade geht die Tür zu, und ich sehe das Licht durch den Türspalt nach oben verschwinden. Ich drücke mich gegen die Wand. Ich bin ganz klein und habe ein rotes Kleid an. Mein Mann ist auf einmal da und beugt sich zu mir herunter und sagt: ›Vera, komm nach Hause! Die Mammi sucht dich schon überall.‹ Er streckt die Hand aus. Ich halte meine Puppe fest und schreie ...« (s. Abb. S. 18).

– die Frau fährt aus ihrem Bett hoch, tastet nach dem Lichtschalter, blickt sich um: der schlummernde Mann neben ihr, das freundliche Zimmer, das Bett ... Ein Alptraum also. Die unangenehmste Begegnung mit dem Traum, die es gibt – mit all der Wirklichkeitsnähe jener nächtlichen Erscheinungen, die wir Träume nennen und auf »Schäume« reimen. Als ob Schäume ausreichten, uns solchen Schrecken einzujagen, uns mit fliegendem Puls und klopfendem Herzen hochfahren zu lassen!

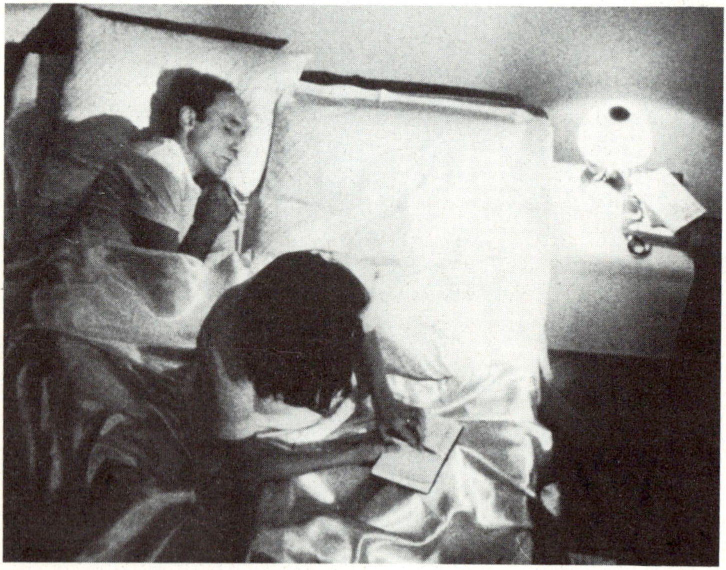

Die Frau sitzt immer noch im Bett. Was wird sie tun? Was würden Sie tun?
Einen Cognac trinken? Zum Kühlschrank schleichen? Zigarette? Schlaftablette?
Die Frau tut etwas Unerwartetes: sie greift nach einem Notizbuch, das auf dem Nachttisch liegt, und schreibt (s. Abb. S. 18).

Jeder weiß: die meisten Träume verfliegen wie Rauch. Wer sie festhalten will, muß die ersten Sekunden des Erwachens nutzen.
Vorausgesetzt, Sie kennen einige Spielregeln des Traumes. Woher kommen Träume überhaupt?

Die Frau hat das Notizbuch auf den Nachttisch gelegt, kuschelt sich wieder in ihre Decke, schaltet das Licht aus. Ihre Augen blicken ins Dunkel, dann fallen sie zu.
Unsere Träumerin sinkt wieder in die Regionen des Schlafes und die Gegenwelt des Traumes.

»Bruder des Todes« hat man den Schlaf früher genannt. Heute weiß man es besser: daß er kein passiver Zustand ist, sondern ein höchst bewegter Vorgang mit fünf verschiedenen Phasen.
Aber woher bezieht der Traum seine Bilder?

Requisitenkammer des Traumes: das Unbewußte

Ein Eisberg ragt majestätisch und leuchtend weiß aus dem Meer. Ein Naturwunder, schön und geheimnisvoll.
Plötzlich sind wir untergetaucht, sehen oben noch verschleiert das weiße Leuchten, unten aber ein immer dunkler werdendes Grün, das sich ausbreitet und im eisigen Dunkel des Meeres verdämmert.

Man hat den Eisberg oft mit der menschlichen Seele verglichen: weil die helle, zutage liegende Seite dem sichtbaren Eisberg gleicht, aber ebenso wie der auf einer ungleich größeren, dunklen Masse ruht, die wir nicht kennen, nicht erreichen können. Oder doch?
Zunächst einmal die Frage: *was* soll unter der hellen, der »Sonntags-Seite« unserer Seele verborgen sein? Gleichnisse wie das vom Eisberg verlieren hier ihren Sinn. Es ist nicht eisig und auch nicht starr, was in uns steckt, und was wir das Unbewußte nennen. Eher gefährlich heiß und kraftvoll, immer auf dem Sprung, aus der Tiefe auszubrechen.
Nehmen wir dieses Unbewußte, die Requisitenkammer für unsere Träume, unter die Lupe.

Der Viktualienmarkt in München – Menschengedränge, Stimmenge-

wirr, Rufe, Kindergeschrei, Hundegebell. Berge von Obst und Gemüse, Farben und Formen, Gerüche: Käse, Kräuter, der Rostwurstgrill. Geschmack: die Brezel, die man kaut, der Apfelschnitz der Verkäuferin.

Was das mit dem Unbewußten zu tun hat? Warten Sie's ab.

Mitten durch dieses Gewirr schlendert ein Mann. Sie würden ihn sofort erkennen: es ist derjenige, der neben unserer Träumerin schlummerte, während sie sich von ihrem Alptraum erholte. Der spielte sogar eine Rolle in diesem Traum: er war nämlich der Mann, der sich so begütigend zu dem kleinen Mädchen herunterbeugte.
Hier ist alles anders: heller Tag, munteres Leben und Treiben, und mittendrin dieser Mann. Er bummelt. Er bemerkt nicht, daß er angerempelt wird, er nimmt die Brezel nicht wahr, die er kaut, er sieht die fröhlichen Farben nicht, hört das Hundegebell nicht, stört sich nicht an dem beizenden Rauch vom Rostwurstgrill.

Nähme er das alles wahr – schon nach Sekunden erlitte er einen Nervenzusammenbruch. Daß dies nicht geschieht, verdankt er seinem Gehirn.
Pausenlos prüft es die eintreffenden Signale und macht ihm nur bewußt, was wichtig für ihn ist, oder neu, oder reizvoll.

Eingebettet in ein Trommelfeuer von aufblitzenden Schnappschüssen (ein Dutzend pro Sekunde) von verschiedenartigen Wahrnehmungen fallen einzelne heraus, lang genug, um bewußt zu werden: die rote Ampel mit den gefährlich nah vorbeirasenden Autos – das schreiende Kind, um das sich niemand kümmert – der prachtvolle Briekäse (der aber fetter ist, als der Arzt erlaubt) – die runden Hüften der Frau, die sich eben an ihm vorbeidrängte . . .

Ausgewählte Sinneseindrücke, eingefärbt mit Gefühlen – bleiben haften, werden in unser Langzeitgedächtnis aufgenommen, mit anderen Gedächtnisinhalten verknüpft und erst einmal . . . vergessen. Fragte man unseren Spaziergänger hinterher, was er »erlebt«, würde er stutzen. Erlebt? Nichts.

Vergessenes – ist nicht verschwunden

Seit unserer Geburt – und wahrscheinlich schon länger – ist auf diese Weise ein ungeheueres Lager an Informationen und Emotionen entstanden.
Ein phantastischer Gedanke, man könnte darüber frei verfügen – in Erinnerungen und Empfindungen

blättern wie in einer Bibliothek ... phantastisch, aber keine Phantasterei: es gibt Zugänge zu diesem Material, was wir »das Unbewußte« nennen, und das C. G. Jung (vgl. Abschnitt »Der Traum als Naturereignis« S. 39) so definiert: »Die Totalität all derjenigen psychischen Phänomene, (...) denen die Qualität der Bewußtheit fehlt.« Alles liegt abrufbereit, manchmal für Jahrzehnte, ein halbes Jahrhundert, bis dem Greis plötzlich ein Kinderreim einfällt.

Der Schein einer Blendlaterne schaukelt durch einen düsteren, grenzenlosen Trödelladen, streift Möbel, Bücher, Bilder, alte Kleider, Fahrscheine, Aktfotos, Aktenordner, Klänge, Berührungen, Düfte, Geschmäcker – die Erinnerungen eines Menschenlebens –, landet auf einer Puppe, derselben, die wir vorhin im Traum sahen.

Wieso tauchte diese Puppe im Traum auf? Unsere Träumerin hatte seit ihrer Kinderzeit nicht mehr an sie gedacht. Offenbar brauchte der Traum sie jetzt als Requisit für einen bestimmten Gedanken. In einem Kinderdrama vielleicht?

Eine Hand öffnet im Trödelladen einen Schrank, greift hinein, holt eine Hand voll grauer Windungen heraus: das Modell eines Gehirns (s. Abb. S. 22).

15 Milliarden Nervenzellen oder Neuronen, über rund 500 Billionen (!) Schaltstellen (Synapsen) miteinander zu einem Netz verbunden, sorgen dank einem komplizierten Zusammenspiel von elektrischen Impulsen und chemischen (Transmitter-)Substanzen, daß wir denken und uns erinnern können. Hier landen alle Sinneseindrücke, hier liegen alle Erinnerungen gespeichert. Grundmuster von Beziehungen und Assoziationen entstehen, die durch Wiederholungen (etwa das häufige Sehen eines Freundes) immer stärker gefestigt werden.
Aber unser Unbewußtes beherbergt mehr als Requisiten und Erinnerungen:

Auf dem Bildschirm taucht ein erotisches Bild auf, eine wüste Orgie. Dann die Darstellung einer überladenen Tafel, an der gierige Fresser sich vollstopfen. Dann ein geschwungenes Messer: ein Mann ist im Begriff, einen anderen zu erstechen (s. Abb. S. 22).

»Was ich nicht weiß, macht mich nicht heiß.« Darum trachten wir zu vergessen, was uns »heiß« macht: unser animalisches Erbe, unsere Triebe, Leidenschaften, Lüste, Sexualität, Freßlust und Futterneid, Gewalt und schrankenloser Egoismus. Wir verdrängen, was wir gern täten und nicht dürfen, weil Men-

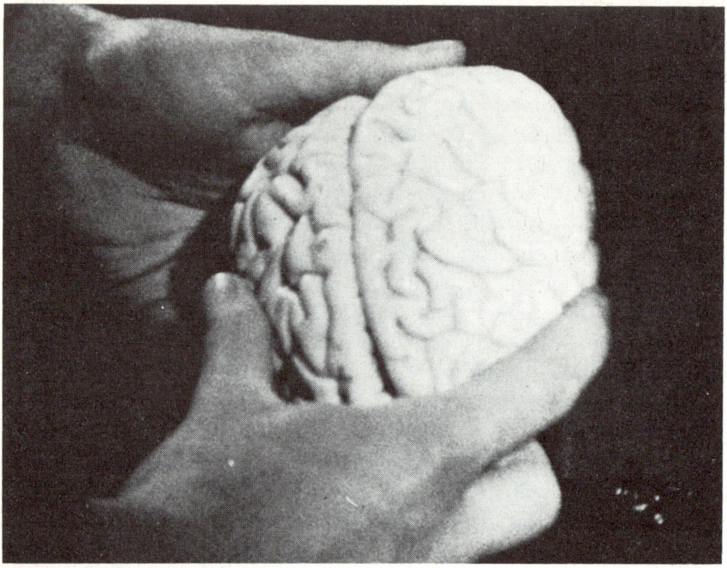

schen nur so zusammenleben können, ohne übereinander herzufallen. Wir sind Meister im Verdrängen, aber nicht Herr über das Verdrängte: es will zurück ins Bewußtsein, mischt sich überall ein, selbst ins Alltäglichste. Wie sieht ein solcher Ausbruchsversuch des Unbewußten aus? Hier eine spielerische Umsetzung für unseren Film:

Das Unbewußte probt den Aufstand

Auf einem Waldweg dröhnt ein Kleinwagen heran, rostig, klapperig, schäbig. Ein Schlagbaum versperrt den Weg – die Zufahrt zu einem Palais.
Ein Wächter öffnet die Wagentür – grell schlägt ihm aus dem Autoradio der Titel »Dreamer« von Supertramp entgegen. Der Wächter mustert die Insassen: ein Flittchen mit hochgeschlitztem Rock und laszivem Lächeln, ein Mann im Sträflingsanzug mit Dreitagebart. Der Wächter tut, was wir ihm beigebracht haben: er winkt ab. Knatternd wendet das Auto und fährt dorthin zurück, woher es gekommen ist.

Eingeweihte merken, wohin die Fahrt geht: auf der Bahn klassischer Psychoanalyse zurück zu Freud. Daß es inzwischen neuere psychologische und noch einschneidendere physiologische Thesen zum Traum gibt, wird bald zur Sprache kommen. Bleiben wir bei diesem Modell.

Die Stadt aus der Vogelperspektive. Langsam schwenkt die Kamera über das Kleinmosaik von Häusern und Straßen. Es dämmert, Lampen flammen auf, die Autoschlangen werden zu glitzernden Raupen. Dann wird es Nacht, die Lichter verlöschen.

Hinter dunklen Fenstern legen sich die Menschen zu Bett und erwarten widerstandslos den geheimnisvollen Zustand »Schlaf«.
Zustand? Wenn wir heute auch immer noch nicht genau wissen, was Schlaf ist und was ihn auslöst, ja wozu er überhaupt dient, so steht jedenfalls fest, daß er kein passiver Zustand, sondern ein höchst aktiver Vorgang ist, ein Ablauf mit rhythmisch gegliederter Ordnung. Während eines ungestörten Achtstundenschlafes pendeln wir 4–6mal zwischen vier Schlafstadien hin und her, und am Ende jedes dieser Zyklen von rund 90 Minuten Dauer schaltet sich eine ganz andere Phase dazwischen: der REM[1]-Schlaf.
Das ist die Chance für unser Pärchen aus dem schäbigen Auto: sie

[1] Rapid Eye Movements (Schnelle Augenbewegungen)

versuchen den Durchbruch erneut, diesmal nutzen sie das älteste Hilfsmittel – sie verkleiden sich. Und sie kommen in einem Wagen, dem zu mißtrauen geradezu beleidigend wäre:

Dem Unbewußten gelingt der Aufstand

Abgeblendete Scheinwerfer auf dem Waldweg von vorhin: ein blitzender Rolls-Royce gleitet fast lautlos auf die Schranke zu. Dezente Klaviertöne perlen aus vier Lautsprechern des Autoradios: Schumanns »Träumerei«. Der verschlafene Wächter leuchtet mit der Taschenlampe ins Innere: eine elegante Dame und ein soignierter Herr, die leicht blasiert auf das Öffnen der Schranke warten. Der Wächter beeilt sich, dem nachzukommen, der Schlagbaum geht hoch. Über den knirschenden Kies gleitet der »Rolls« zum Eingang des Palais.

Verkleidung, »Verhüllung« nannte Sigmund Freud diese Technik des Unbewußten, seine Inhalte am Zensor vorbeizuschmuggeln: unerlaubte Triebwünsche verkleiden sich so, daß die Moral nichts daran auszusetzen findet. »Kleider machen Leute« – auch im Traum. Damit erklärt sich, so Freud, die scheinbare Absurdität des Traumes. Um zu verstehen, was »eigentlich« dahintersteckt, mußten wir sie demaskieren.

Auf dem Bett vom Anfang liegt unser Paar schlafend, elegant gekleidet. Stoptrick: die Beiden liegen genauso da, aber als Flittchen und Ganove bekleidet. Stoptrick: das Paar, wie wir es vom Anfang des Filmes her kennen (s. Abb. S. 25).

Man sieht, das trauliche Bild unseres Traumpaares zwischen sauberer und wohlgebügelter Bettwäsche wird zusehends mehrdeutiger, geradezu unheimlich ... Schließlich handelt es sich um honorige Bürger wie Sie und ich – was haben die – und wir – schon zu verbergen?

Eigentlich ein ganz harmloser Traum

Die Frau berichtet: »Ich war in einem fremden Haus und stieg eine weitgeschwungene Treppe hinauf. Dabei hielt ich irgendetwas in der Hand. Da war Milch drin, die goß ich in einen Napf, und eine hübsche schwarze Katze schleckte sie auf. Dann ging die Tür auf, und ein fremder Mann kam herein, ein Seeräuber, sehr muskulös, mit leuchtend grünen Hosen. Mir war komisch zumute, weil ich nur ein Nachthemd anhatte, aber er bückte

sich nur zu der Katze und streichelte sie, und ich lehnte mich an die Wand und sah ihm zu. Dann wachte ich auf« (s. Abb. S. 25).

»Ein unverstandener Traum ist wie ein ungeöffneter Brief«, steht im Talmud. Aber was heißt hier »verstehen«? Deuten? Analysieren? Oder soll man einen Traum so unmittelbar aufnehmen wie ein Buch oder ein Bild, für die man ja auch nicht die Analyse des Autors benötigt? Zur letzteren Ansicht neigen heute viele Autoren. Ruhiges Nachklingenlassen eines Traumes empfehlen sie, Verzicht auf Angelesenes dieser oder jener psychologischen Schule. Schrieb nicht sogar Freud: »Ich bin noch heute der Meinung, daß bei einem guten Träumer und nicht allzu abnormen Menschen die Selbstanalyse mit Hilfe der Traumdeutung genügen mag.«
Soll man überhaupt die Konfrontation mit dem »da unten« suchen? Haben womöglich Neurophysiologen wie Hobson und McCarley (Harvard-Universität) oder der Nobelpreisträger Francis Crick recht, für die Träume nur das Abfallprodukt elektrischer Impulsgewitter im Hirnstamm sind, aus denen unser stets auf Zusammenhang bedachtes Bewußtsein auf Biegen und Brechen eine Story zusammenstoppelt, sei sie so bizarr, wie sie wolle?

Der Traum in der Sicht der Antike

»... ich meine die Triebe, welche im Schlaf hervortreten. Der eine Teil der Seele, der vernünftige, gemäßigte Herr des anderen Teiles ruht; dieser andere aber, der tierische, ungebändigte, gekräftigt durch Speise und Trank, wird lebendig (...). Er ist dann zu allem fähig; alle Scham und Besinnung ist ihm abhanden gekommen. Er schrickt nicht davor zurück, in Gedanken die eigene Mutter zu umarmen, ebenso jeden anderen Menschen, jeden Gott, jedes Tier. Er begeht jeden Mord und genießt jede Speise, nach der es ihn gelüstet. Mit einem Wort, es gibt keine Torheit und Frechheit, die er nicht beginge.«

Was hier ganz freudianisch klingt, ist zweieinhalb Jahrtausende alt und stammt von Platon (um 400 v. Chr.). Aber der Traum faszinierte die Menschen noch viel früher. Schon Homer sprach von den zwei Pforten der Träume: der elfenbeinernen (also undurchsichtigen), durch die trügerische Träume kommen, und der (durchscheinenden) aus Horn, von der er sich versprach: »Wirklichkeit deuten sie an, wenn ein Sterblicher sie schaut.« In China spielte der Traumdeuter schon 700 Jahre vor unserer Zeitrechnung eine wichtige Rolle. Das Alte Testament,

aber auch die Lebensberichte Buddhas und Mohammeds sind mit bedeutsamen Träumen durchwoben; die Edda und das Nibelungenlied verbinden wichtige Ereignisse stets mit einem Traum.
Der Platon-Schüler Aristoteles (um 350 v. Chr.) war der erste, der den Traum systematisch untersuchte und seine Herkunft nicht den Göttern zuschrieb, sondern dem menschlichen Geist. Er entdeckte auch die verfeinerte Körperwahrnehmung des Traumes für noch verborgene Krankheiten. Der nüchterne Römer Cicero (106–43 v. Chr.) hingegen hielt nichts von den nächtlichen Erscheinungen: »Träume verdienen keinerlei Glauben und Beachtung.«
Ein römischer Kaiser war es aber, nämlich Tiberius (42 v. Chr. bis 37 n. Chr.), der anordnete, daß Traumdeutungen nur in Gegenwart eines amtlichen Zeugen erlaubt seien, der staatsgefährdende Traumgedanken sofort zu melden habe. So wurde schon in Syrakus – laut Plutarch – ein Mann hingerichtet, der die Ermordung des Tyrannen Dionys lediglich geträumt hatte – mit der Begründung: wer so etwas träume, sei auch zur Ausführung fähig . . .
Heidnische Grausamkeit? Keineswegs: die heilige Inquisition verordnete 1659: »Spricht jemand im Traum Ketzereien aus, sollen die Inquisitoren daraus Anlaß nehmen, seine Lebensführung zu untersuchen, denn im Schlaf pflegt das wiederzukommen, was untertags jemand beschäftigt hat.«
Auch bei den Aschanti an der afrikanischen Goldküste muß ein Mann, der vom Geschlechtsverkehr mit der Frau eines anderen träumt, die übliche Buße für Ehebruch zahlen.
Aber der Traum wurde auch therapeutisch genutzt. Durch Fasten, Meditationen und Exerzitien eingestimmt, legten sich Gläubige in Tempeln zum Schlaf und erwarteten gottgesandte Träume, die von Priestern, Vorläufern des heutigen Analytikers, gedeutet wurden. Dem schon von Homer erwähnten Asklepios, dessen »Stab des Äskulap« noch heute Symbol der Ärzte ist, wurden zahlreiche solcher Tempel geweiht.
Bei Kriegszügen schließlich war der Traumdeuter, was für uns AWACS bedeutet – wichtigster Ratgeber. Alexander der Große, bereits entschlossen, die vergebliche Belagerung von Tyros aufzugeben, träumte von einem Satyr, was sein Traumdeuter Aristandros wörtlich auslegte: »Sa-Tyros!« = »Tyros ist dein!«, womit er nur aussprach, was Alexander im Traum gedacht und in die Sprache des Traumes, nämlich ein Bild, gekleidet hatte.

Traum»gesichte«

Im 1. Buch Moses finden sich die berühmten Träume des Pharao: er sah aus dem Strom sieben wohlgenährte und sieben magere Kühe herauskommen, und die mageren Kühe fraßen die wohlgenährten auf. Später träumte er von sieben dicken und sieben dürren Ähren, und wieder verschlangen die dürren Ähren die dicken. Joseph, sein Traumdeuter, verstand dies als Ankündigung von sieben fruchtbaren Jahren, denen ebensoviele Mißernten folgen würden. Man folgte Josephs Rat und baute gewaltige Speicher, um die guten Ernten für Notjahre aufzubewahren – eine Katastrophe wurde vermieden.

Ist das ein prophetischer Traum? Wohl kaum. Eher kann man sich wundern, daß der naheliegende Gedanke, Vorräte anzulegen, erst verwirklicht wurde, nachdem er durch einen herrscherlichen Traum zum göttlichen Ratschlag geworden war.
Der Traum ist vor allem eine Bildsprache – am Wort »Traumgesicht« läßt sich diese alte Erkenntnis ablesen. Erst in zweiter Linie folgen akustische Eindrücke, während Tastsinn, Geruch und Geschmack nur geringe Bedeutung bekommen. Es liegt daher nahe, jeden Traum zunächst einmal wie ein Bild zu betrachten. Der Traumforscher Werner Kemper berichtete von einer Patientin, die sich im Traum auf dem Dach ihres neuen Autos sitzen sah: sie »besaß« das Auto . . .
Das wohl umfangreichste Werk der griechisch-römischen Welt zu diesem Thema, die Oneirokritika, schrieb Artemidoros von Daldis, ein Zeitgenosse Marc Aurels (121 bis 180 n. Chr.). Artemidoros teilt die Träume in zwei Gruppen auf: die zukunftweisenden, die er als göttliche Eingebung ansieht, und die alltäglichen, die sich auf Vergangenheit und Gegenwart des Träumers beziehen. Diese zweite Gruppe sieht er durch körperliche oder seelische Bedürfnisse ausgelöst, wobei er bereits erkennt, daß dieses Bedürfnis im Traum entweder erst »zutage« tritt oder aber bereits als befriedigt vorgeführt wird.

Ein kurzer Trickfilm: ein Mann verschlingt gierig Salzheringe, legt sich zu Bett, sieht sich im Traum in einer brennend heißen Wüste nach einem Tropfen Wasser lechzen, findet sich dann in einer Oase wieder und schlürft gierig Wasser aus einer Quelle.

Freud nannte so etwas »Bequemlichkeitsträume«, weil sie dem Träumer das Aufwachen ersparen und ihm eine Lösung seines Problems halluzinatorisch vorgaukeln: der Traum als »Hüter des Schlafes« (was die Neurophysiologen heute aufgrund ihrer Kenntnisse über die REM-Phase polemisch umkehren: für sie ist eher der Schlaf »Hüter des Traumes«).

Volkstümliche Traumsymbolbücher

Die Kamera gleitet über ein aufgeschlagenes Buch, man liest: »Zahnträume: schöne Zähne bei anderen sehen: verspricht wohlhabende Freunde – schöne haben: verheißt für die nächste Zeit viele Vorteile – schlechte oder lockere bei anderen sehen: bringt eine unvorteilhafte Bekanntschaft oder Verbindung – ausfallende: bringt Krankheit oder äußere Behinderung – sich einen ziehen lassen: bedeutet eine Fehlspekulation – einen plombieren lassen: deutet auf finanzielle Schwierigkeiten hin – falsche Zähne bei anderen sehen: Warnung vor einem Hochstapler – Zahnstocher sehen: verspricht finanzielle Erleichterung ...«

Dieser Auszug aus einem heute erhältlichen Traumsymbolbuch zeigt, wie wenig von der Akribie des Artemidor übriggeblieben ist. In den meisten Büchern dieser Art mischen sich platte Gleichsetzungen, Irrtümer bei der Überlieferung und blanker Unsinn.

Schon Aristoteles war da realistischer und sensibler zugleich: er nahm an, daß unsere Körperwahrnehmung im Schlaf verfeinert sei, und ein Traum daher eine verborgene Krankheit ankündigen könne. Ann Faraday, die englische Psychotherapeutin, greift diese Erkenntnis auf, indem sie empfiehlt, bei einem Zahntraum als erstes einmal – zum Zahnarzt zu gehen.

Ein weiterer grundsätzlicher Einwand gegen die beliebten Traumsymbolbücher, ob mittelalterlich oder fernöstlich aufgemacht, ist die Tatsache, daß nicht nur jeder Mensch, sondern auch jede Religion ihre eigenen Symbole entwikkelt. Die Sonne z. B. bedeutet für den Mitteleuropäer Leben, Fruchtbarkeit, Wohlbehagen. Was sagt wohl ein Bewohner der Sahel-Zone dazu?

Die häufigsten Traumsituationen

»Nun gibt es aber, so recht im Gegensatz zu der sonstigen Freiheit des Einzelnen, sich seine Traumwelt in individueller Besonderheit auszustatten und dadurch dem Verständnis der anderen unzugänglich zu machen, eine gewisse Anzahl von Träumen, die fast jedermann in derselben Weise geträumt hat, von denen wir anzunehmen ge-

wohnt sind, daß sie auch bei jedermann dieselbe Bedeutung haben.« (S. Freud, »Die Traumdeutung«) (s. Abb. oben).

Mehr als 80000 Träume hat C. G. Jung in seinem Leben analysiert, der Zürcher Professor Dr. Medard Boss rund 50000, der französische Traumexperte Professor Dr. Dupret 60000; allein von einer einzigen Frau, der Schauspielerin Christine Mylius, erhielt Professor Hans Bender (siehe Beitrag »›Außersinnliches‹ im Traum«) etwa 3000 Träume. Wieviel Träume der schwedische Arzt, Philosoph und Bildhauer Poul Bjerre gesammelt hat, kann man nur ahnen: er behandelte mehr als 20000 Patienten.

Dieser Fülle individuellen Traumerlebens steht eine verhältnismäßig kleine Zahl von Standard-Traumsituationen gegenüber, die fast jeder Mensch erlebt.

Ann Faraday nennt folgende 8 Situationen, die ihr in der Praxis am häufigsten begegnen: Fallen – Fliegen – Nacktheit – Prüfungen – das Ausfallen von Zähnen – das Verlieren von Wertsachen – das Finden von Wertsachen – Sex. (Vgl. »Deine Träume – Schlüssel zur Selbsterkenntnis« S. 118)

Herbert Gottschalk gruppiert seine Auswahl anders: Kriminelles und Verbotenes – Tod – Kleider

und Nacktheit – Tiere und Pflanzen – Feuer und Wasser – Sex – Zähne – Alpträume – Fliegen und Fallen. (Vgl. »Die Wissenschaft vom Traum«, Goldmann Verlag)
Wieder anders Sigmund Freud: er nennt: Nacktheit – Tod teurer Personen – Prüfungen – Nichterreichen eines Zuges – Zähne – Fliegen, Schweben, Fallen, Schwimmen – dann das Gehen durch enge Gassen oder durch eine Flucht von Zimmern – der nächtliche Räuber – Verfolgung durch wilde Tiere – Bedrohung mit Messern, Dolchen, Lanzen.
Merkwürdigerweise behaupten viele Menschen, ihre Traumbilder seien nicht farbig, sondern schwarz-weiß. Andere berichten im Gegensatz dazu von ausgeprägten Farberlebnissen. Ein Schulkind, das sich einen Nachmittag lang vergeblich abgeplagt hatte, ein bestimmtes Blau für seine Malerei zu erreichen, sah in der folgenden Nacht eben dieses Blau in prachtvoller Leuchtkraft vor sich.
Ein interessantes Beispiel aus der Arbeit an unserem Film über den Traum: nachdem der Drehbuchautor am Abend Untersuchungen darüber gelesen hatte, ob man farbig träume oder nicht, sah er sich im Traum seinen Kindern eine aufwendige Buchillustration zeigen, wobei er nicht nur auf die herrlichen Grüntöne hinwies, sondern auch auf die reliefartige Prägung des Bildes. Damit beantwortete er sich zugleich die Frage, wieweit Tastempfindungen im Traum eine Rolle spielen.

Freuds Entdeckung

Mehrere Fotos eines hageren Mannes mit hohem Schädel, er blickt ernst, fast finster, abweisend, seine Lippen werden um so schmaler, je älter ihn die Fotos zeigen.

Sigmund Freud (1856–1939) war den umgekehrten Weg gegangen, den die Wissenschaft vom Traum in den letzten Jahrzehnten wählte: er kam von der Neurophysiologie,

hatte sich mit Studien zur Entwicklungsgeschichte des Nervensystems und hirnanatomischen Untersuchungen bereits einen Namen gemacht, als er beim Studium an Nervenkranken in der Klinik des Pariser Arztes J. M. Charcot (1825–1893) die Beobachtung machte, daß sich die gleichen Symptome wie die der Kranken mit Hilfe der Hypnose bei gesunden Versuchspersonen hervorrufen ließen. Freud schloß daraus, daß auch bei den tatsächlich Kranken psychische Ursachen zugrunde lägen, und er entwickelte die Vorstellung eines »Gegenwillens«, den es aufzudecken galt, um die Kranken zu heilen.
Bei seiner Arbeit in Wien begann er, seine Patienten zu einzelnen Punkten ihrer Träume frei phantasieren zu lassen. Anhand der zutage tretenden Assoziationen machte er die überraschende Entdeckung, daß hinter scheinbarer Absurdität und »Sinnlosigkeit« klare Äußerungen und eindeutige Wünsche zum Vorschein kamen, die der Patient vor sich selber schamhaft verschlüsselt hatte. Etwa dadurch, daß er statt des eigentlich Gemeinten ein Symbol verwendete.

Symbole: »Unaussprechliches« wird mitteilbar

Unsere Träumerin ergänzt nachträglich ihren Traum: »Was ich beim Treppenaufstieg in der Hand hielt, war eine Muschel, so eine große, rosige. In der war auch die Milch. Und der Seeräuber trug einen riesigen krummen Säbel.«

»Alle in die Länge reichenden Objekte, Stöcke, Baumstämme, Schirme (des der Erektion vergleichbaren Aufspannens wegen!), alle länglichen und scharfen Waffen: Messer, Dolche, Piken, wollen das männliche Glied vertreten«, schreibt Freud, »Dosen, Schachteln, Kästen, Schränke, Öfen entsprechen dem Frauenleib, aber auch Höhlen, Schiffe und alle Arten von Gefäßen.«
Keine Frage: unser Traum von Katze und Seeräuber war eine Erfindung, eine Konstruktion, um ein Beispiel für Sexualsymbole zu geben, wie Freud sie entschleierte. So gehört auch das Treppenhaus dazu – für Freud sind alle Arten von Treppen, Leitern und Stufen Symbole für den Koitus.
Freud nannte die Verständigung in Symbolen eine »Grundsprache«, die einst allen Menschen gemeinsam gewesen sei. Auch heute profitieren wir im internationalen Zusammenleben von Symbolen, die auch ohne Kenntnis der Landes-

sprache von jedem verstanden werden. Neben der Allgemeinverständlichkeit hat das Symbol die Vorzüge, ohne Zeitverlust, knapp und eindeutig bestimmte Sachverhalte auszudrücken. Es liegt nahe, daß der Traum als »gesehene« Nachricht sich gern des Symbols, der Allegorie, des Bilderrätsels und der Metapher bedient.

Zauberflöten

»Einst hatt' ich einen schönen Traum;
Da sah ich einen Apfelbaum,
Zwei schöne Äpfel glänzten dran,
Sie reizten mich, ich stieg hinan.«
(Goethe »Faust« I).

Es bedarf nicht der schwülen Blocksberg-Atmosphäre, damit wir diese Worte Fausts sofort verstehen, sowohl, welche Äpfelchen er meint, als auch, was das Hinansteigen besagt. Überhaupt haben Künstler, vor allem Maler und Dichter, die Symbolsprache benutzt, um »Unaussprechliches« am Zensor vorbei zum begierigen Publikum zu schmuggeln. Statt vieler Beispiele nur noch eins, das zugleich zeigt, daß man demselben Symbol durch Attribute eine charakteristische Färbung geben kann:

Ausschnitt aus einer Aufführung von Mozarts »Zauberflöte«, Auftritte des Tamino und des Papageno.

Mozarts Textdichter Emanuel Schikaneder (1751–1812) stattete die beiden Eindringlinge in Sarastros Reich mit demselben Requisit aus, der Flöte – eindeutiges und auch von der Vulgärsprache benutztes Phallus-Symbol –. Während Mozart aber den edlen Prinzen Tamino mit wahren »Zauber«-flötentönen charakterisiert, läßt er den derb-sinnlichen Vogel(!)fänger Papageno immer wieder fröhlich-einfältig seine simple Fünftonfolge wiederholen. Schikaneder als Direktor eines Volkstheaters kannte sein Publikum: es verstand auch ohne Programmheft, was da »gespielt« wurde.

Es – Ich – Über-Ich

Auf dem Bildschirm schließt sich ein Trickfilm an: Ein Haus in der Landschaft, dessen Fundament durchsichtig wird. Ein unterweltlicher Gnom tummelt sich dort, wirft sich über schwellende Felsformationen, die wie tausend Brüste aussehen, verbeißt sich gierig darin; ein anderer Gnom würgt einen dritten; ein riesiger Nagelstiefel zertrampelt ein menschliches Gesicht...

Um Freuds Modell der seelischen Instanzen, grob vereinfacht, im

Film darzustellen, vergleichen wir die menschliche Persönlichkeit mit einem Haus. Da gibt es einen riesigen Keller, in dem das Unbewußte nistet, also auch alle unsere Triebe. Sie drängen nach Erfüllung, Entladung, Befriedigung, Lust. Freud war, hierin ein echter Vertreter seiner viktorianisch-puritanischen Epoche, von seiner eigenen Entdeckung merkbar angewidert – er nannte diesen Bereich, sich schamhaft distanzierend, das ES.

Jetzt wird das Obergeschoß des Hauses durchsichtig: dort residiert eine Art Dorfgendarm, ein Sheriff. Er vertritt Recht und Ordnung, Gesetz und Moral, all das, was Eltern und Schule, Kirche und Staat uns beigebracht haben. Gewissenhaft setzt er dem Treiben im Keller seine Normen entgegen.

Freud gab dieser Instanz den Namen Über-Ich und verglich ihn mit einem Zensor. Das klingt unsympathischer als nötig – immerhin steht er für unsere Wertvorstellungen und die Gesetze menschlichen Zusammenlebens.

Obergeschoß und Keller des Hauses agieren so heftig, daß sich die Balken biegen – in der Beletage. Dort wohnt ein kreuzbraver Bürger, der nur seine Ruhe will und dafür ständig zwischen unten und oben vermittelt. Oft ist das nicht einfach: manchmal wird er fast zwischen Decke und Boden zerquetscht. Fast immer aber findet er einen Kompromiß (und wenn er noch so faul ist), einen Ausgleich: er ist ein »ausgeglichener« Mensch.

Freud nannte diese dritte Instanz das ICH – es entspricht unserem Bewußtsein.
Im Wachzustand funktioniert es einigermaßen – mit wieviel Raffinesse sich aber unsere Triebwünsche und Aggressionen dennoch selbst bei Tage am Moralzensor vorbeimogeln und als Versprechen, Vergessen, Verschreiben oder als scheinbar harmloser Witz zum Vorschein kommen, hat Freud mit Präzision und nicht ohne grimmigen Humor in seinen Büchern »Zur Psychopathologie des Alltagslebens« und »Der Witz« beschrieben.

Der Traum: »Königsweg ins Unbewußte«

Und wenn wir schlafen (vielmehr das: ICH)? Dann würde das ES seine Triebwünsche ungehemmt freilassen – und uns um den Schlaf bringen. Hier, so Freud, greift das ÜBER-ICH ein und verharmlost die Eindringlinge durch Verkleidung, Verstellung und Umschreibung durch Symbole. Ergebnis ist ein Kompromiß: der Traum. Freud entwickelte eine Technik, mit Hilfe der Assoziationen des Träumers den Weg rückwärts zu gehen, vom »manifesten«, also dem berichteten Traum, zum »latenten« Traumgedanken, zu dem, was »eigentlich« dahintersteckt. Stolz nannte Freud den Traum die VIA REGIA, die königliche Straße zum Unbewußten.

Ahnungsvoll stellte er seinem revolutionierenden Werk »Die Traumdeutung« die Worte voraus: »Acheronta movebo«, »ich werde die Unterwelt entfesseln« – ein mehrdeutiges Wort, das nicht nur das ES meinte, sondern auch die Reaktion seiner Zeitgenossen vorauszusehen schien: wütende Ablehnung und Spott bei der Fachwelt.

Was hinzukam, war Empörung, Haß und waren Mißverständnisse seiner Zeitgenossen, die in ihre viktorianische Prüderei eingeschnürt waren wie in ihre Korsetts. Schon Nietzsche hatte ihnen entgegengeschleudert: »In allem wollt Ihr verantwortlich sein! Nur nicht für Eure Träume! Welch elende Schwächlichkeit, welcher Mangel an folgerichtigem Mut! Nichts ist *mehr* Euer eigen als Euere Träume! Nichts mehr *Euer* Werk! Stoff, Form, Dauer, Schauspieler, Zuschauer, – in diesen Komödien seid Ihr alles Ihr selber! Und gerade hier scheut und schämt Ihr Euch vor Euch . . . Muß ich hinzufügen (. . .), daß wir wirklich nicht für unsere Träume, – aber ebensowenig für unser Wachen verantwortlich sind?« (Nietzsche, »Zweites Buch der Morgenröte«).

Was wir im Traum fertigbringen

Die Kamera schwenkt von einem laut klingelnden Wecker auf unseren Schläfer, der nicht nur nicht erwacht, sondern sogar selig zu lächeln beginnt.

Hat *der* einen Schlaf! Hört er den infernalischen Lärm nicht? Oder – hört er etwas anderes?

Überblendung: neben einem Weihnachtsbaum eine Hand, die ein Glöckchen schwingt – das Weckerklingeln hat sich in silbriges Läuten verwandelt. Ein strahlendes Kindergesicht taucht auf . . .
Überblendung auf den Schläfer: er dreht sich behaglich auf die andere Seite.

So etwas bringt jeder von uns fertig: störende Umweltreize ins Angenehme umzudrehen, um weiterschlafen zu können. Aber uns gelingt auch Komplizierteres.

Ein Problem wird »traumhaft« gelöst

Auf dem Bildschirm wieder eine Zeichentricksequenz: überhöht an einem Schreibtisch ein Mann – er schimpft und gestikuliert über die Tischkante hinunter zu einem Männchen, das geduckt auf einem Stuhl hockt.

Sowas kennt jeder: Ärger im Beruf. Nur: der eine kann ihn herausschreien, der andere muß sich dukken. Kleiner Mann, was nun? Dem Chef widersprechen? Das »fiele uns doch im Traum nicht ein«, wie man so sagt. Also läßt man sich zur Schnecke machen . . .

Auf dem Stuhl hockt jetzt eine winzige Schnecke, die jedoch plötzlich anschwillt, zu einem riesigen Ungeheuer wird und den Chef kurzerhand erdrosselt (s. Abb. unten).

»Ich hätte ihn umbringen können«, hatten Sie am Abend noch gesagt. Ihr Traum hat das wörtlich genommen. Damit ist Ihr Problem traumhaft gelöst, und Sie schlafen erleichtert weiter.

Verhüllt, verstellt, verdichtet: Traumtechniken nach Freud

Auf dem Bildschirm eine Bühne: unser Träumer trägt gerade eine weibliche Kleiderpuppe hinauf,

drei andere stehen bereits oben. Durch Stoptrick ist eine nach der anderen plötzlich bekleidet: die erste als Mutter, die anderen als Krankenschwester – Lehrerin – Geliebte. Der Träumer geht ins Parkett und betrachtet die Puppen.

Um knappe, konzentrierte Mitteilungen zu machen, benutzt der Traum nicht nur die Mittel des Symbols, sondern auch das der Verdichtung. Die Mutter, die unserem Träumer im Schlaf begegnet, kann auch für die anderen Frauen stehen – die Lehrerin, die Krankenschwester, die Geliebte. Der Traum meint dabei ein Wesensmerkmal, das all diesen Figuren gemeinsam ist.

Die vier weiblichen Puppen verwandeln sich in männliche; sie sind als Priester, Großvater, Koch und Soldat bekleidet.

Eine andere Form der Verdichtung kombiniert charakteristische Merkmale verschiedener Personen zu einer neuen –

– *durch Stoptrick werden die Puppen entkleidet* (s. Abb. S. 38), *sie verschwinden von der Bühne bis auf eine, die nun eine groteske Kombination darstellt, an der die Kamera hochschwenkt: Soldatenstiefel plus Priesterstola, Großvaterpfeife plus Soldatenkoppel, Priesterkreuz plus Kochmütze: der Soldatengroßvaterpriesterkoch.*

Ein abstraktes Modell, versteht sich. Aber jeder hat schon im Traum bekannte Gesichter seltsam verändert gesehen – »genau wie X, aber mit der Nase von Y und der Kopfhaltung von Z«. Um dahinterzukommen, was der Traum damit ausdrücken will, muß man als erstes gleich beim Erwachen herausfinden, welche verschiedenen Personen man in Erinnerung hat, und das Ergebnis sofort notieren. Wie man mit Hilfe dieser Stichworte aus dem eigenen Unbewußten überraschende Aufschlüsse über sich selbst erfahren kann, läßt sich verschiedenen Publikationen erfahrener Analytiker entnehmen, die gezielt für die Selbstanalyse geschrieben wurden. Dort finden sich auch Patiententräume, an der andere Techniken des Traums nach Freud herausgestellt werden: weitere Arten der Verdichtung, dann die Verschiebung (im Traum wird oft Unwichtiges hervorgehoben, um vom Eigentlichen abzulenken), die Regression (wobei frühere Lebensalter, vor allem die Kindheit samt dem ihr eigenen (Un-)Reifegrad den Traum bestimmen) und »Pars pro toto«, wo ein Teil für das Ganze steht (etwa wenn der Traum von einem simplen Knopf uns bedrückt, bis wir entdecken, daß er zum Kleid der

längst verstorbenen Mutter gehört).

»Schweinerei«!

»Die Behauptung, daß alle Träume eine sexuelle Deutung erfordern, gegen welche in der Literatur unermüdlich polemisiert wird, ist meiner »Traumdeutung« fremd. Sie ist in sieben Auflagen dieses Buches nicht zu finden und steht in greifbarem Widerspruch zu anderem Inhalt derselben.« (Freud, »Traumdeutung«, VI, E)

Der Vorwurf, für Freud »sei eben alles sexuell«, begleitet die Diskussion um ihn bis in unsere Tage. »Wird solche Kritik gar mit moralistischer Entrüstung vorgebracht«, schreibt hierzu Klaus Thomas, »und mit Affektausdrücken wie ›schmutzig‹ oder gar ›Schweinerei‹ belegt (wie dies noch heute vorkommt), so kennzeichnen solche Kritiker nicht nur ihre eigene Unwissenheit, sondern nicht selten beweisen sie für die eigene Person, wie richtig und notwendig die Forschungen Freuds über die Zusammenhänge von neurotischer Fehlhaltung und sittlicher Entrüstung sind.« Der Vorwurf eines Pansexualismus zeige, so vermerkt Freud selber grimmig, ». . . wie wenig Gewissenhaftigkeit Kritiker bei ihren Geschäften zu verbrauchen pflegen und wie gerne Gegner die klarsten Äußerungen übersehen, wenn sie ihrer Neigung zur Aggression nicht taugen«, und er ergänzt: »Anders sieht es aus, wenn man ›sexuell‹ in dem nun in der Psychoanalyse gebräuchlichen Sinne von ›Eros‹ gebraucht. Aber das interessante Problem, ob nicht alle Träume von ›libidinösen‹ Triebkräften (im Gegensatz zu ›destruktiven‹) geschaffen werden, haben die Gegner kaum vor Augen gehabt.«

Der Traum als Naturereignis: C. G. Jung

»Da geschah eines gewaltigen Donners Krachen, und alle Engel fielen auf ihr Angesicht. Dieweil der Herr mich so in Freuden auserkor, ward mein Fleisch zur Feuersflamme, meine Adern loderten hell, meine Knochen wurden wie Wacholderfeuer, meiner Wimpern Aufschlag gleich einem Blitzstrahl, meine Augäpfel rollten wie Feuerkugeln, die Haare meines Hauptes wurden zur brennenden Lohe, meine Glieder zu feurigen Fittichen, und ich erwachte.« (Thomas Mann, »Joseph und seine Brüder«).

Einen Großen Traum nannte C. G. Jung Erlebnisse wie diese – Visionen, die den Träumer überwältigen und nachhaltig erschüttern – fern vom Alltäglichen, ungreifbar für die emsige Suche nach Deutung und Bedeutung, jeder kleinkarierten Analyse überlegen. Träume, die auch hartgesottene Rationalisten sprachlos machen, Träume, in denen man die eigene kleine Persönlichkeit als Teil eines großen Ganzen zu erkennen glaubt, Träume als Erleuchtung, die ein Leben verändern können, die Religionen stifteten.

C. G. Jung (1875–1961), der wohl einflußreichste Schüler Freuds, sah diese Träume aus Schichten aufsteigen, die er noch unter dem persönlichen Unbewußten vermutete. Uralte Erfahrungen der Menschheit von Anbeginn ihrer Geschichte, ins Erbgut eingegangen, bilden, so Jung, dort ein gemeinsames Fundament, das kollektive Unbewußte. (Nietzsche: »In Schlaf und Traum machen wir das Pensum früheren Menschentums noch einmal durch.«) Ausprägungen dieser allen Menschen gemeinsamen Inhalte sah Jung in den Gestalten aus Märchen, Mythen und Sagen, die einander in aller Welt ähneln: Ritter und Helden, Riesen und Zwerge, die Große Mutter in allen Spielarten von der Hexe bis zur Mutter Kirche, der Alte Weise in vielen Gestalten vom boshaften Magier bis zum Propheten, aber auch beseelte Landschaften wie der abgründige

See, die unerreichbaren Berge, der verzauberte Garten. Jung konstatierte, daß die (verhältnismäßig seltenen) Großen Träume meist in persönlichen Krisensituationen auftreten und dem Träumer Hinweise zu deren Bewältigung geben können.

Jung, der (wie die meisten Schüler Freuds) bald andere Bahnen verfolgte als sein Meister, postulierte, nicht das Bewußtsein erzeuge den Traum, sondern er »widerfahre« dem Menschen wie ein Naturereignis. Er betonte die verschiedenen Funktionen der Träume: wir gleichen damit die eigene Über- oder Unterbewertung aus – wir sehen (besser als im Wachzustand) künftige Entwicklungen voraus – wir verarbeiten böse Erlebnisse schrittweise, indem wir sie nachträumen. Nacht für Nacht, so meint Jung, bemüht sich unser Traum, uns zu einer Synthese zwischen Bewußtem und Unbewußtem zu verhelfen – zu unserem eigentlichen Selbst, einem Begriff, der mehr umfaßt als nur das Ich.

Todesträume

»Ich gehe durch einen schönen Park, warme Farben des Altweibersommers; ich trage einen schweren Kranz und merke, ich bin auf einem Friedhof. Über einem offenen Grab ist ein Sarg auf zwei Balken gelegt. Ich stelle den Kranz ab und öffne den Sargdeckel: da drin liege ich selbst. Ich mache den Deckel zu und gehe die lange Allee weiter. Beim Aufwachen fühle ich mich merkwürdig erleichtert.«

»Gestorben«, rief der Regisseur, als diese Szene fertiggedreht war – gibt er ein besseres Beispiel dafür, wie angstlos und unsentimental wir im Alltag mit dem Tod umgehen können? »Ich will tot umfallen, wenn das nicht stimmen sollte«, sagt man beiläufig und redet davon, daß eine Liebe »stirbt«, Gefühle »abgestorben« sind, daß man »todmüde« ist. Niemand nimmt den Stoßseufzer einer überforder-

ten Hausfrau wörtlich, wenn sie ihre Familie erschöpft anfaucht: »Manchmal könnte ich Euch alle umbringen!«
An eine Szene dieser Art hatten wir zuerst gedacht, um das Thema »Tod« im Traum in unserem Film darzustellen – als bewußtes Gegengewicht zum frohen Schauder, mit dem im allgemeinen von Träumen mit Särgen, Unfällen und hoffnungslosen Krankheiten berichtet wird, möglichst mit dem Zusatz: »Und drei Wochen danach ist er tatsächlich gestorben!«
Weit verbreitet ist die Meinung, der Traum vom Tod eines Menschen verrate einen geheimen Todeswunsch, eine Aggression. Das muß um so mehr verwirren oder sogar Konflikte heraufbeschwören, wenn dieser Mensch uns nahesteht.
Die Berichte von Analytikern zeigen stattdessen, daß ganz andere Motive dahinterstecken können: Betrübnis darüber, daß ein Partner sich immer mehr zurückzieht, aber auch Sorge um dessen Gesundheit, oder eine Selbstbestrafung (indem man sich selbst den geliebten Menschen wegnimmt).
Sterben muß aber auch alles, was durch Neues abgelöst wird: bei einer Scheidung, einem beruflichen Einschnitt oder nach einem Ortswechsel können Träume vom Sterben (des alten Zustandes) auftreten. Wertvolle Hinweise gibt auch hier neben der eigentlichen Traumgeschichte die Stimmung, in der man sich während des Träumens und oft auch noch beim Aufwachen und tagsüber befindet. Erleichterung, Heiterkeit, ja nur Gelassenheit deuten eher auf eine übertragene Bedeutung des Todestraumes – so wie Traurigkeit, Angst und Bedrückung bei einem scheinbar harmlosen Traum zum Nachdenken und »Nach-Träumen« auffordern.

Traumforschung beginnt mit Schlafforschung

Märchen- und Sagenbilder, mythologische Dämmerung und Todessymbolik auf dem Bildschirm werden jetzt abgelöst durch elektrische Apparaturen, Meßgeräte, Elektroden und Kabel – das Schlaflabor der Max-Planck-Gesellschaft in München-Garching unter Leitung von Prof. Dr. Hartmut Schulz.

Symbole, Archetypen, Verschlüsselungen und Deutungen – ja, so möchte man nun doch einmal aufbegehren: nähern wir uns nicht dem 21. Jahrhundert? Gibt es keine exakteren Methoden zur Untersuchung des Traumes? Verfügen wir nicht schon über detaillierte Kenntnisse der elektrischen und chemischen Abläufe im Gehirn? Zeigen uns nicht die sensationellen

Elektronenrasteraufnahmen von E. R. Lewis (in F. Vester: »Denken, Lernen, Vergessen«) einzelne Neuronen mit ihren saugnapfartigen Synapsen, die jeden Impuls auf die Nachbarzelle übertragen? Die moderne Schlafforschung ist erst wenige Jahrzehnte alt, und sie begann mit der Entdeckung des deutschen Neurologen Hans Berger im Jahre 1929, daß die elektrischen Vorgänge im Gehirn durch Elektroden außen am Schädel aufgefangen und aufgezeichnet werden können: das Elektroenzephalogramm, kurz EEG. Bald wurde diese Messung auch an Schlafenden durchgeführt. Man lernte, mehrere deutlich unterschiedene Typen elektrischer Aktivität zu definieren und sie verschiedenen Phasen des Schlafes zuzuordnen. Als erstes stellte sich heraus, daß der Schlaf eines Menschen während einer Nacht periodisch durch die verschiedenen Stadien auf- und abschwingt. Die bis dahin gültige Vorstellung, der Schlaf sei ein passiver Zustand, der nur der Erholung diene, mußte aufgegeben werden.

Eine Seele wird vermessen

München-Garching, Schlaflabor der Max-Planck-Gesellschaft. Im Bild eine junge Frau im Nachthemd, in deren Gesicht eine Helferin kleine runde Hütchen befestigt – an den äußeren Augenwinkeln, mitten auf der Stirn, unter dem Kinn, an den Ohren, auf dem Schädel. Die von diesen Elektroden ausgehenden Drähte bündelt die Helferin zu einem Pferdeschwanz, während die junge Frau sich ins Bett legt. Schnitt auf den Aufzeichnungsraum: auf einem Monitor sieht man das Gesicht der Versuchsperson (man nennt sie hier Probandin), sie blinzelt, schließt die Augen und wartet auf den Schlaf. Schwenk auf ein breites Papierband, auf das mehrere Tintenschreiber gleichzeitig die Hirnstromkurven, die Muskelspannung und die Augenbewegungen aufzeichnen.

Warum die Augenbewegungen? 1953 hatten der Schlafforscher Nathaniel Kleitman und sein Mitarbeiter Eugene Aserinsky im Labor der Universität Chicago entdeckt, daß sich während der Phasen lebhafter Augenbewegungen von Schläfern (wovon man seit langem wußte) auch das Wellenmuster des EEG auffallend änderte. So auffallend, daß man bald vom »paradoxen« Schlaf sprach. Weckte man einen Schläfer in dieser Phase, so berichtete er fast immer einen Traum – ließ man ihn schlafen, erinnerte er sich am Morgen meist nicht, überhaupt geträumt zu haben. Man gab dieser Traumperio-

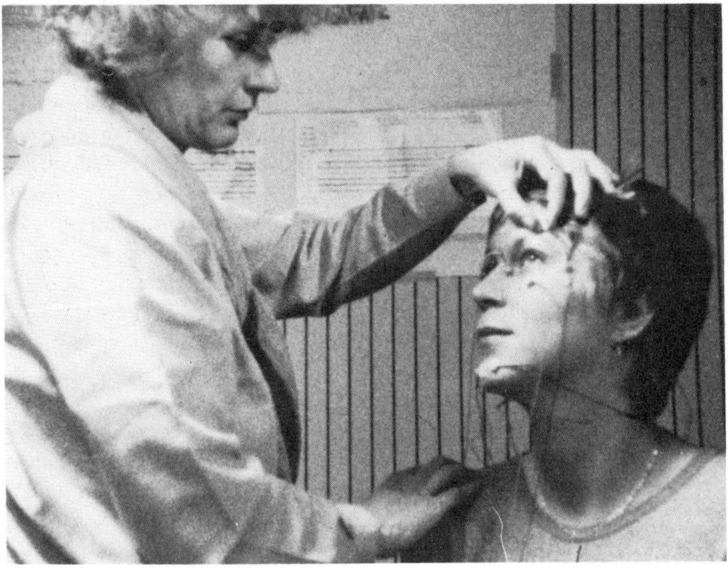

de den Namen »REM-Schlaf« (»Rapid Eye Movements« = schnelle Augenbewegungen) und nutzte sie als Erkennungszeichen für die Traumphasen des Schlafes. Auch Tiere träumen. Bei Hunden beobachtete man in Versuchsserien, daß sie im Traum offenbar jagten, kämpften und fraßen. Katzen machten Bewegungen, als ob sie Mäuse jagten. Pferde, die im Krieg oder bei Manövern Schlachten miterlebt hatten, schienen diese Schockerlebnisse im Traum abzureagieren.
Vermutlich träumen alle Säugetiere und Vögel. Der Neurophysiologe Snyder formulierte in diesem Zusammenhang die interessante These, der Traum solle für periodische Erhöhung der Blutzirkulation im Gehirn während des Schlafes sorgen. Sein Parade-Tier ist das Opossum, ein noch lebendes Relikt der Saurierzeit, das – so Snyder – im Gegensatz zu den Riesenechsen überlebte, weil es die Krise verschlief – und sich mit Träumen von der Außentemperatur unabhängig machte (nach »Psychologie heute«, Februar 1984).

»Rapid Eye Movements« (REM)

Auf dem langsam weitergleitenden Papierband im Schlaflabor haben die Aufzeichnungen mehrmals deutlich gewechselt. Vor dem Einschlafen war die Hirnstromkurve noch ein enges Gekritzel mit wenig Höhen und Tiefen, die Muskelspannung so eng geschrieben, daß die Ausschläge des Schreibers zu einem breiten schwarzen Zopf verschmolzen. Dann veränderte sich die Schreibweise – die Probandin sinkt durch die Schlafstadien 1, 2 und 3, bis sie nach etwa einer halben Stunde den Tiefschlaf erreicht und dort 30–40 Minuten verbleibt.

Jetzt scheint sich der gesamte Organismus tatsächlich zu erholen. Aber die Schaltuhr im Gehirn (wo?) tickt weiter, und eineinhalb Stunden nach dem Einschlafen kommt die erste REM-Phase: das EEG verändert sich, der Puls wird rascher, der Blutdruck steigt, bei Männern (vom Baby bis zum Greis) eregiert der Penis, die Augen rollen unter den geschlossenen Lidern hin und her, als sehe der Schläfer ein Tennismatch vor sich.

Wecken im REM-Stadium

Prof. Dr. Hartmut Schulz, der im Labor die Aufzeichnungen verfolgt hat, geht hinüber in den Schlafraum und weckt die Probandin behutsam. »Haben Sie etwas geträumt?« Schlaftrunken murmelt sie einzelne Wörter, konzentriert sich, berichtet

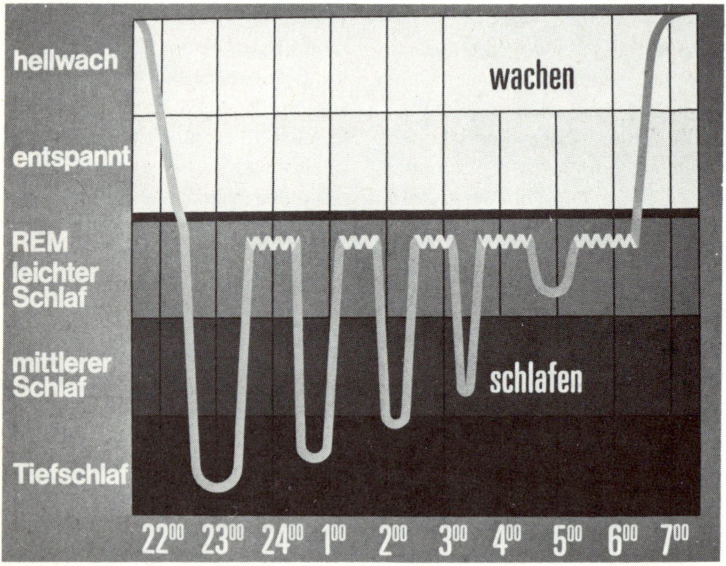

zusammenhängender: ihr Traum hatte sie in eine Wüste versetzt, »aber der Sand war wie Gras«. Bald darf sie weiterschlafen – und für die Versuchsleiter setzt sich die schlaflose Nacht fort.

Stabile Ergebnisse bringt natürlich erst eine große Zahl derartiger Experimente. Wieviel Mühe (und Kosten) das verursacht, wird klar, wenn man in Rechnung stellt, daß ein Versuchsleiter etwa zehn Nachtstunden arbeitet, um die Daten einer Nacht bei einer Testperson zusammenzutragen.

Dennoch sammelte sich inzwischen in aller Welt genügend Material, um festzustellen, daß die Schlafkurven gesunder Menschen, gleich ob Mann oder Frau, einem Grundmuster folgen: Vier- bis sechsmal wechselt der Schläfer zwischen dem Schlafstadium 1 (leichter Schlaf) und 4 (Tiefschlaf), und jedesmal schiebt eine geheimnisvolle Schaltzentrale eine REM-, also Traumphase dazwischen, die im Laufe einer Nacht immer länger wird. Insgesamt träumt jeder Mensch etwa eineinhalb Stunden pro Nacht.

Wer also behauptet, nie zu träumen, erinnert sich nur nicht mehr daran. Das hat verschiedene Ursachen: während Freud annahm, wir vergäßen unsere Träume, um uns vor einer Konfrontation mit den darin enthaltenen verbotenen Antrieben zu schützen, ist der Neurologe Allan Hobson der Meinung, die Mechanismen zum Speichern von Erinnerungen seien in der REM-Phase blockiert. Rosalind D. Cartwright, eine Pionierin der experimentellen Traumforschung, kam zu dem Ergebnis, daß Menschen, die ihr Leben ohne Schuld- und Angstgefühle zu gestalten vermögen, auch ruhiger träumen – und sich an ihre Träume nicht mehr erinnern.

Eigenartig, daß der Auftrag, einen Traum zu produzieren (etwa von seiten eines Psychotherapeuten), fast immer Erfolg hat; auch der eigene feste Vorsatz: »Ich behalte meinen Traum!«, eventuell verstärkt durch Autogenes Training, führt fast immer zu lebhaften Traumerinnerungen. Wobei das Erinnern verschiedene Stufen durchwandert. Inge Strauch ließ Versuchspersonen ihren Traum unmittelbar nach dem Erwachen auf Tonband sprechen, dann später eine zweite Fassung niederschreiben. Der Unterschied war eklatant: zeigte der spontane Bericht aus dem Halbschlaf ganz deutlich die Weitschweifigkeit und Verworrenheit des Traumes, so war der schriftliche Bericht unbewußt überarbeitet und geglättet.

Kongreß der Traumforscher

»Die Zukunft mag uns lehren, mit besonderen chemischen Stoffen die Energiemengen und deren Verteilungen im seelischen Apparat direkt zu beeinflussen. Vielleicht ergeben sich noch ungeahnte andere Möglichkeiten der Therapie; vorläufig steht uns nichts besseres zu Gebote als die psychoanalytische Technik, darum sollte man sie trotz ihrer Beschränkungen nicht verachten.«
(Sigmund Freud, »Abriß der Psychoanalyse«).

»Wir wissen heute eine Menge Dinge, die Freud gern gewußt hätte. Er war klug genug, sich klarzumachen, daß er das Gehirn und die Organisation und Arbeitsweise der Zellen studieren müsse, um ein Modell zu entwerfen, das ihm geholfen hätte, Träume zu verstehen. Tatsächlich versuchte er das um 1895. Nur: die nötige Anatomie und Physiologie gab es damals noch nicht, und Freud mußte es verwerfen. Heute verfügen die Wissenschaftler über Informationen zu Fragen, die Freud gerne beantwortet hätte. So können wir grundsätzlich über Freud sagen, daß er seiner Zeit weit voraus war.« (Allan Hobson, 1983)

»Freud wußte nicht, daß es eine *physiologische* Basis gibt, die mit dem Traumgeschehen verbunden ist«, ergänzt ein anderer prominenter Traumforscher, Milton Kramer. Er ist Spezialist für Schlafforschung an der Universität von Mississippi, USA, und traf sich im Herbst 1983 in Bologna zum internationalen Kongreß der Schlafforschung mit Kollegen aus aller Welt.
Bodo Kessler, Realisator unseres Filmes über Träume, beobachtete dort die Debatten und sprach mit den Forschern der verschiedenen Richtungen.

Hirnforschung kontra Seelenkunde?

In Bologna wurde die Polarität beider Forschungsansätze zum Traum deutlich: zwischen den Standpunkten »der psychoanalytische Ansatz war im wesentlichen spekulativ – es ist tatsächlich eine vorwissenschaftliche Theorie« (Allan Hobson), und der Meinung: »Träumen ist bedeutungsvoll« (Milton Kramer) klafft ein Abgrund. Manche Forscher äußerten in Bologna auch ihre Skepsis, ob man das Problem des Traums überhaupt in Angriff nehmen solle, ehe andere Fragen geklärt sind. John Antrobus vom City College of New York:

»Die Tatsache, daß wir den ganzen Tag über denken und mit unseren

Gedanken vertraut sind, läßt uns annehmen, daß das ein erforschter Vorgang sei. Tatsächlich aber sind unsere Wachgedanken höchst komplex. Auch mit den modernsten Computern gelingt es uns nicht, ihre Flexibilität zu simulieren. (...) Eine bestimmte Traumtheorie hat keinen Sinn – sinnvoll wäre, eine Theorie des Denkens zu entwikkeln...«.

Und Marino Bosinelli von der Università di Bologna:

»Warum wir träumen? Wir sind ja nicht einmal in der Lage zu sagen, warum wir schlafen!«

»Träume soll man vergessen!«

Im Bild ein moderner Computer, dann Schwenk auf ein Gehirnmodell: Simulationsversuch der Arbeitsweise unseres Gehirns mit neuesten Methoden.

Eine Gruppe von Theoretikern, so berichtet die Zeitschrift »Psychologie heute«, Februar 1984, experimentiert mit künstlichen Neuronennetzen (Neuronen sind informationsverarbeitende Nervenzellen im Neokortex, dem entwicklungsgeschichtlich jüngeren Teil der Großhirnrinde); die Funktionen natürlicher Neuronennetze werden mit einem Computerprogramm nachgespielt. Diese künstlichen Netze leisten dasselbe wie das lebendige Vorbild – bis hin zu Reaktionen auf Überforderung, die sich mit psychopathologischen Zuständen beim Menschen vergleichen lassen.

Zu dieser Gruppe von Forschern gehören auch Graeme Mitchison und Francis Crick, der vor drei Jahrzehnten für seine Arbeiten über die DNS[1] den Nobelpreis erhielt. »Auf eine einfache Formel gebracht«, so schrieben Crick und Mitchison 1983 in der Zeitschrift »Nature«, »behauptet unsere Theorie, daß es in unserem Gehirn keinen intelligenten Aufseher gibt, der jeweils darüber entscheidet, welche neuralen Aktivitäten unbehindert bleiben sollen und welche gedämpft werden müssen. Diese Wahl wird allein durch die Reaktion des Vorderhirns auf nicht-spezifische Signale aus dem Gehirnstamm entschieden.«

Crick und Mitchison fordern klipp und klar: »Träume soll man vergessen«, denn die Erinnerung an sie erhält möglicherweise Denkmuster am Leben, die das Gehirn bei seiner nächtlichen Instandhaltung in den Mülleimer geworfen hat.

Ist damit das Pendel zu weit nach der anderen Seite ausgeschlagen? Übersieht nicht, wer dem Traum

[1] Desoxyribonukleinsäure

jede Bedeutung abspricht, daß mit seiner Hilfe Generationen von Menschen aus seelischer Not erlöst und zu besserem Selbst-Verständnis geführt wurden?

Künstler nutzen ihren Traum

»Ich fliege in meinem Traum in einer fremden Galaxie, ich sehe Farben, schöne Übergänge zwischen Grün, Blau, Violett und Silber, ich empfinde Ordnungszustände, ich höre eine phantastische Musik ...«

Während Mary Bauermeister, eine Malerin, diesen Traum erzählt, zeigt sie ein Bild, in dem sie ihre Vision wiederzugeben versuchte.

»Aber ich bekam die Transparenz nicht heraus, die ich im Traum sah.«

Das gelang ihr erst mit Glasobjekten: »Jetzt schwimmt die Farbe so wie in meinen Träumen. Nun fehlt mir nur noch die Musik dazu, die ich hörte.«
Daß der Traum die Künstler aller Zeiten faszinierte, ist selbstverständlich: sie schöpfen aus denselben Quellen wie er, sie hören deutlicher als andere »das Klirren der Riegel in der eigenen Unterwelt«, wie Ernst Jünger einmal notierte.
Manchmal geschieht das nur zu bewußt: der unbestechliche Sigmund Freud wies Salvador Dali ab, der ihm seine Bilder vorführte. Er entdecke darin, so sagte er dem Maler, nicht das Unbewußte, sondern gerade das Bewußte.

Traum und Malerei

Die Kamera gleitet über ein Bild, nimmt eine Einzelheit nach der anderen unter die Lupe: übermannsgroße Vögel zwischen nackten Menschen, die sich Erdbeeren und Kirschen anbieten – eine naive Darstellung vom Garten Eden?

Im Gegenteil: »Der Garten der Lüste« von Hieronymus Bosch. Was heute nur noch der Kunsthistoriker entschlüsseln kann, verstand der mittelalterliche Mensch noch ohne Erklärung: die idyllischen Gruppen von Menschen in paradiesischer Nacktheit betrachteten sie als der Sünde verfallen, weil sie die prachtvollen Früchte als Symbole sexueller Lust erkannten – und die Vögel als Symbol der Unzucht, die Meeresfische als Symbol der Wollust, die Muschel als Sinnbild des Weiblichen. All dies wurde keineswegs gewaltsam hineininterpretiert, sondern ist aus Traumsymbolbüchern der Zeitgenossen Boschs herauszulesen.
Den Romantikern lag das Thema ohnehin nahe. Und für die Surrealisten wurde der Traum buchstäblich zum Vor-Bild.

Auf dem Bildschirm jetzt eine Folge von surrealistischen Gemälden: Magritte, Dali, die geheimnisvollen leeren Plätze bei Chirico, Bellmer, die offenen Türen bei Dorothea Tanning, die Holzstichcollagen Max Ernsts.

Sie malten, was uns am Traum verwirrt: die Aufhebung von Raum und Zeit, die Zerstörung vertrauter Größenverhältnisse, das Lebendigwerden von Dingen, die magische Verwandlung des Alltäglichen, das kühle Betrachten der schrecklichsten Greuel, die bizarre Logik des Als-ob.

Traum und Literatur

»Das Leben ist ein Traum«, nannte Calderon sein Schauspiel vom Vater, der seinen Sohn im Kerker aufwachsen läßt, weil eine Weissagung ihn als zukünftigen Mörder des Vaters bezeichnet. Grillparzer drehte Calderons Titel um – in »Der Traum, ein Leben« träumt der Bauer Rustan voraus, was ihm auf seinem geplanten Weg in die große Welt zustoßen werde – wieder erwacht, ernüchtert, beschließt er, seinem friedlichen Landleben treu zu bleiben. Strindberg schließlich baut sein Drama »Traumspiel« selbst wie einen Traum: Zeit und Raum wechseln kommentarlos, logische Fortführung und kausaler Aufbau werden vermieden, die Realität der einzelnen Szenen wirkt um so irrealer.

Die Tochter: »... daher sind die Welt, das Leben und die Menschen nur ein Trugbild, ein leerer Schein, ein Traum ...«
Der Dichter: »Mein Traum!«
Die Tochter: »Ein Wahrtraum!«

»Wohlorganisierte Träume« notierte auch Gottfried Keller, und er führte sie auf seine »Phantasie« zurück, »welche auch im Schlaf schafft und wirtschaftet«.
Ist, wie Wilhelm Stekel (1868–1939) in seinem Buch »Dichtung und Neurose« postulierte, der Neurotiker a priori schon ein Dichter? Ganz sicher nicht – wenn man von Dichtung mehr verlangt, als was auch das »automatische Schreiben« der Surrealisten im Halbschlaf hervorbrachte: eine Fülle greller und düsterer Bildfetzen, die nur für kurze Zeit durch ihre bizarre Anarchie fesseln kann.

Traum und Musik

»Heimlich mir graut, weil es hier munter will hergehn:
An meiner Leiter stand ein Weib; sie schämt und wollt mich nicht besehn;
bleich wie ein Kraut umfasert mir Hanf meinen Leib;

mit Augen zwinkend, der Hund
blies winkend,
was ich vor langem verzehrt,
wie Frucht so Holz und Pferd vom
Leberbaum.«

»Alles bricht in ein dröhnendes Gelächter aus«, lautet Richard Wagners Regieanweisung an dieser Stelle der »Meistersinger von Nürnberg«. Die Parallele ist offensichtlich: hinter Beckmessers mißlungenem Lied steckt Walthers Original – durch Umstellung und Verlesen entsteht bizarrer Unsinn, wie im Traum. Aber nicht genug, daß Wagner hier eine Traumtechnik verwendet – das Lied selbst ist ein Traumbericht, und der Zuhörer erlebt die Entstehung im 3. Aufzug mit.

»Das grad ist Dichters Werk,
daß er sein Träumen deut und merk.
Glaubt mir, des Menschen wahrster Wahn
wird ihm im Traume aufgetan:
All Dichtkunst und Poeterei ist nichts, als Wahrtraumdeuterei«, ermuntert Hans Sachs den jungen Walther, und als der klagt: »Durch Eurer Regeln gute Lehr' ist mir's, als ob verwischt er wär'« – verweist ihn Sachs auf die Dichtkunst , die den Traumgedanken wieder hervorlocken könne.

Die wesentlich grelleren Bilder, die Hector Berlioz (1803–1869) in seiner autobiographischen »Phantastischen Symphonie« mit Tönen malt, erinnern eher an fiebrige Opiumträume. Im 4. Satz vollendet der Traum, was der Komponist im Wachzustand von sich weist: er ermordet seine Geliebte aus Eifersucht, wird zum Richtplatz geführt und erlebt seine eigene Hinrichtung. »Der Schlaf der Vernunft gebiert Ungeheuer«, nannte sein Zeitgenosse Goya ein Bild.

Schöpferische Leistungen im Traum?

Im Licht eines dramatisch-flakkernden Kerzenleuchters erscheint ein Geiger mit wehenden Locken und üppigem Schlafrock und versichert glühenden Auges, er habe geträumt, dem Teufel seine Seele verschrieben zu haben, und der habe ihm etwas auf seiner eigenen Geige vorgespielt, »so wunderbar schön, mit so viel Kunst und Einsicht vorgetragen, daß auch der kühnste Flug der Fantasie sie nicht zu erreichen vermochte. Ich wurde so hingerissen, entzückt, bezaubert, daß mir der Atem stockte, und ich erwachte. Sogleich ergriff ich meine Violine, um wenigstens einen Teil der im Traum vernommenen Töne festzuhalten. Umsonst! Die Musik, welche ich damals komponierte, ist zwar das beste, was ich in meinem Leben gemacht habe«, aber – so

Tartini – das im Traum Gehörte sei unvergleichlich besser gewesen.

Der Teufel muß Kenner gewesen sein: was Tartini (1692–1770) notierte, war eine Corellische Kirchensonate reinster Prägung, und »teuflisch« ist nur die Schwierigkeit jener Passagen, die der Sonate den Namen gaben.
Es gibt mehr Anekdoten dieser Art: S. T. Coleridge (1772–1834) will sein umfangreiches Gedicht »Kubla Khan« im Traum vernommen und nach dem Erwachen hastig notiert haben – R. L. Stevenson (1850–1894) berichtete, seine Erzählung von »Dr. Jekyll and Mr. Hyde« einem Traum zu verdanken – C. F. Gauß (1777–1855) fand, so liest man, sein Induktionsgesetz im Schlaf – A. Kekulé (1829–1896) verdankt die ringförmige Benzolformel einem Traum.
Die hartnäckige Tradierung solcher Anekdoten spiegelt die Neigung wider, den »genialen Einfall« höher zu bewerten als zähe und erschöpfende (Forschungs-)Arbeit. Zweifellos gibt es viele Beispiele für Hinweise des Traumes, wo zum Beispiel etwas Gesuchtes verborgen sein könnte, wo eine Gefahr droht, wo man etwas vergessen hat – hier scheint es sich aber mehr um eine Fortsetzung unseres Wachdenkens zu handeln. Auch der im Schlaf erleichterte Zugang zu unserem Gedächtnis wird eine Rolle dabei spielen. Untersucht man nämlich die zuvor genannten Beispiele genauer, so verfliegt der geheimnisvolle Nebel.

Hunger nach dem »Manna der Metaphysik«

»Wieder gaukelten die Atome vor meinen Augen. Kleinere Gruppen hielten sich diesmal bescheiden im Hintergrund. Mein geistiges Auge, durch wiederholte Gesichte ähnlicher Art geschärft, unterschied jetzt größere Gebilde von mannigfacher Gestaltung. Lange Reihen, vielfach dichter zusammengefügt; alles in Bewegung, schlangenartig sich windend und drehend. Und siehe, was war das? Eine der Schlangen erfaßte den eigenen Schwanz, und höhnisch wirbelte das Gebilde vor meinen Augen. Wie durch einen Blitzstrahl erwachte ich; auch diesmal verbrachte ich den Rest der Nacht, um die Konsequenzen der Hypothese auszuarbeiten.«

Soweit der Bericht Kekulés über seine Entdeckung, die er demnach keinem Traum, sondern einem überreizten Zustand der Halbwachheit verdankte. Auch die Umstände, unter denen Gauß sein Gesetz gefunden hat, sollte man genauer lesen: es war »morgens vor dem Aufstehen.« Und Coleridge entwarf sein Gedicht nicht im Traum, sondern im Opiumrausch ...

Der Hunger nach dem »Manna der Metaphysik«, wie Werner Kemper es formuliert, läßt manche auch hier, wie in anderen Aspekten des Traums, der nüchternen Realität geheimnisvolle Lösungen vorziehen, die, so U. J. Jovanović (»Schlaf und Traum«) mit »unseren Resultaten nicht in Einklang zu bringen« sind.

Wie lange dauert ein Traum?

Eine bizarre Folge von Bildern reiht sich aneinander: ein Mann im Taumel der Französischen Revolution – greuliche Mordszenen – Verhaftung – er steht vor Gericht, das aus Robespierre, Marat und anderen Helden jener Epoche besteht – er verteidigt sich, wird dennoch verurteilt und auf dem legendären Karren durch Paris gefahren, von einer unüberschaubaren Menschenmenge begleitet – er wird aufs Schafott geführt und unter die Guillotine gebunden – das Messer fällt, er fühlt deutlich, wie ihm der Kopf vom Rumpf getrennt wird ...

... und fährt schweißnaß im Bett hoch: der Bettaufsatz hatte sich gelöst und war ihm auf den Nacken gefallen.

Dieser Traum des Amateur-Psychologen A. Maury wurde oft als Beispiel dafür genommen, daß Träume trotz überbordender Ereignisfülle nur Bruchteile einer Sekunde dauern können. Erst die Schlafforschung und die Experimente in der REM-Phase zeigen, daß subjektive und objektive Dauer des Traumes gleich sind.

Maury hatte demnach vermutlich den Schlag in den Nacken in einen bereits laufenden Traum eingebaut – man darf spekulieren, daß er vielleicht ein Weckerklingeln in Glockenläuten umgeträumt und seinem Traum eine glückliche Wendung gegeben hätte.

Kann man Träume von außen beeinflussen?

»... man glaubt, es habe gepoltert und gedonnert, wenn nur ein kleiner Nachhall im Ohre ist, und man glaubt, Honig und süßen Geschmack auf der Zunge zu haben, wenn nur ein Tröpfchen Speichel herabrinnt, und durch Feuer zu waten und zu verbrennen, wenn nur eine kleine Erwärmung an irgendeiner Stelle eintritt. Wird man wach, dann entpuppt es sich so.« (Aristoteles, »Über Weissagung durch Träume«).

Den Trauminhalt durch äußere Reize zu beeinflussen, wurde oft versucht. Gerade Maury hat hierzu Experimente angestellt, die Freud

in seiner »Traumdeutung« zitiert; sie laufen meist darauf hinaus, daß die Reize stark verändert in den Traum übernommen werden (ein Tropfen Wasser auf der Stirn: »ich bin in Italien, schwitze heftig und trinke Orvieto-Wein«; Kitzeln an Lippen und Nasenspitze: »eine Pechlarve wird mir aufs Gesicht gelegt, dann weggerissen, daß die Haut mitgeht« etc.).
Auch hier die Beobachtung: jeder macht aus demselben Reiz einen anderen Traum. All diese Experimente interessieren aber jene nicht, die einfach wissen wollen: wie komme ich hinter die Bedeutung meiner Träume?

Traum als Rollenspiel

»Ich sitze in einem Zug; wir rasen mit irrsinniger Geschwindigkeit durch einen langen Tunnel. Am Ende des Tunnels sehe ich ein helles Licht, und ich weiß, da draußen ist das Paradies. Die Sonne scheint, und es blühen Blumen, und ich möchte gern aussteigen. Neben mir im Zug sitzt ein Mann, den ich sehr liebe. Ich kniee vor ihm nieder und sage: »Bittebitte, steig doch mit mir aus – es ist schön da draußen.« Aber er sagt: »Nein, ich habe keine Lust, ich muß noch weiter.«

Das ist der Traum eines Mädchens, den sie in einer Gruppensitzung (s. Abb. S. 54) im Zist-Zentrum für Individual- und Sozialtherapie Penzberg vorbringt. »Was ist für dich das spannendste Element in deinem Traum?«, fragte die Therapeutin. Das Mädchen überlegt: »Die Situation, wo ich zum kleinen Kind werde. Und wer das ist, den ich so anflehe.«
Hier arbeitet man nach dem Prinzip von Fritz Perls, das voraussetzt, daß der Therapeut nicht mehr weiß als der Klient, also auch keine eigene Interpretation äußert, sondern den Klienten das, was er in seinem Traum sieht, selber entwickeln läßt. »Jedes einzelne Element deines Traumes bist du selbst«, begreift das Mädchen, und so spielt sie die beiden einander widerstrebenden Personen in ihrem Traum abwechselnd wie zwei Rollen in einem Stück, das sie selbst geschrieben hat.

Das Mädchen verkörpert jetzt den Mann: »Ich sitze erhöht – so. Ich bin so'n bißchen arrogant. Bin unheimlich schön, schlank – ich hab's nicht nötig, mich überhaupt mit der abzugeben.«
Dann legt sie sich auf den Boden, bettelt wie ein kleines Kind, »bittebitte . . .«

Wichtig bei dieser Art, Träume selber zu erfassen, ist, daß es nicht nur verstandesmäßig geschieht, sondern auch körperlich. »Rollen-

spiel erscheint vielen anfangs künstlich, aber es erleichtert das Sich-Hineingeben in das Gefühl ungemein.«
Der nächste Schritt ist dann, zwischen den abgespaltenen Teilen der eigenen Persönlichkeit einen Dialog herzustellen.

Das Mädchen versteht sich durch seinen Traum nun besser: »Einerseits müßte ich schon weiter sein, reifer, erwachsener – andererseits will das kleine Mädchen auch sein Recht, will nur in der Sonne spielen.«

Eine Traumkultur im Urwald: die Senoi

Überraschend die Erfahrung, daß dieses Verfahren keineswegs neu ist. Im Dschungel von Malaysia lebt ein kleiner Stamm, die Senoi, bei denen die Traumarbeit den größten Teil des Tages ausfüllt. »Träume werden von den Senoi als positive Kraft verstanden«, berichtet die Psychologin Gerda Cramer, die eine Expedition zu den Senoi unternahm. »Fast traumhaft erschien mir dabei die Verbindung von Traum, Imagination in gelenktem Tagtraum, Einübung und Umsetzung in reales Verhalten und kreativen Ausdruck.« Jeden Mor-

gen berichten sich Erwachsene und Kinder die Träume der vergangenen Nacht. Danach werden die eindrucksvollsten Berichte diskutiert und aufgearbeitet.
Was Mitteleuropäer sich heute verstandesmäßig klarzumachen versuchen, daß nämlich alle Gestalten des eigenen Traums – also auch die bösen, furchteinflößenden – Teil der eigenen Persönlichkeit sind, ist für diese Eingeborenen Jahrhunderte alte Selbstverständlichkeit.
Diese fast permanente Beschäftigung mit dem Traum ist dabei alles andere als ein weltabgewandter Rückzug aus der Realität, vielmehr hilft er den Senoi bei der Bewältigung der Wirklichkeit. Schon Kinder lernen dabei, Herr ihrer Ängste zu werden – man lehrt sie, Alptraumgestalten durch positives Wachträumen zu überwinden.
Daß die Technik der Senoi, mit dem Traum umzugehen, mehr als ein Kinderspiel ist, zeigt ihr Alltag: seit 300 Jahren gab es dort keine kriegerische Auseinandersetzung mehr.

Traum-Selbsterkenntnis unter Hypnose

»Ich war im Dschungel in einer Waldhütte, und vor der Hütte war ein Fell zum Trocknen auf Pflöcke aufgespannt. Und das Fell hatte noch einen Kopf dran, und der Kopf hat geredet. Er sagte, daß er so Angst hätte, daß die Hyänen kämen und ihn fräßen. Und dann kam aus dem Wald ein Mann, der gab dem Fell eine Beruhigungsspritze und mir ein Rezept für das Fell.«

Diesen Traum berichtete eine junge Frau dem Therapeuten Hubert Scharl. Er benutzt für seine Behandlung eine besondere Technik: die Hypnose.
»Das ist keine Narkose, keine Bewußtlosigkeit«, betont Scharl, »es findet kein ›Willensduell‹ statt. Vielmehr handelt es sich um einen kreativen Sonderzustand des Bewußtseins, in dem sich das Tor zum Unbewußten öffnet. Da der Patient alles hört, was man ihm sagt (und auch reden kann), vermag er auf diese Weise heilende Suggestionen aufzunehmen. Andererseits kann man den Hypnosezustand nutzen, um Patienten ihre Träume ein zweites Mal träumen zu lassen, wobei sie unter diesen besonderen Bedingungen die Bedeutung ohne Interpretation des Therapeuten selber finden.«

Die Frau liegt im Dämmerlicht auf einer Couch, der Therapeut ist an ihrer Seite. Der Traum wird besprochen, während sich die Träumerin in Hypnose befindet. »Das Fell ist jemand, dem es noch

schlechter geht als mir. Ich weiß nicht ... so schlecht geht's mir gar nicht. Ich muß dem Fell irgendwie helfen.«
Und wer ist das Fell?
»Ein Freund. Eine Freundin. Die Hyänen sind Leute, die ihr übel wollen. Ich schaffe das allein nicht. Aber da kommt jemand, und der beruhigt zuerst sie, und dann gibt er mir eine Anleitung, wie ich ihr helfen kann – einen Ratschlag. Ich bin nicht allein – da ist immer jemand, der mir hilft. Das ist gut.«

Frei sprechen während des Traumes?

»Wenn die Scheinaußenwelt des Traumes dem den Traum erlebenden Ich grundsätzlich entzogen ist, aber – zum mindesten nach unseren bisherigen Ergebnissen – nicht von außen dirigiert, sondern im Schläfer selbst hervorgerufen und gestaltet wird, muß es im Traum außer dem erlebenden ICH noch eine zweite Instanz geben, die an die Stelle der Außenwelt in der Wachwirklichkeit tritt und die Scheinaußenwelt des Traumes vor dem Traum-ICH aufbaut, inszeniert und im einzelnen gestaltet. Es treten sich also im Traum zwei Figuren gegenüber, einmal das den Traum erlebende ICH, das ich den Traumerleber *nennen möchte, und die die Scheinaußenwelt regierende Instanz, die ich den* Traumspieler *nennen will. Der Traum ist ein Stück, das zwischen diesen beiden Figuren und von ihnen gespielt wird.« (Eduard Dreher, »Der Traum als Erlebnis«.)*

Einen besonders interessanten Aspekt erhalten Drehers Gedankengänge, wenn man sie mit der Tatsache in Verbindung bringt, daß es möglich ist, wache Versuchspersonen in hypnotischem Zustand Bilderlebnisse vor dem inneren Auge erleben zu lassen. Die hierfür nötige Technik nennt Klaus Thomas »Hypnotische Imagogik«. Ihr Ablauf und ihr Gehalt entsprechen dem echter Träume – mit dem Vorteil, daß der Patient während der Imagogik frei sprechen und Anregungen des Therapeuten befolgen kann, etwa vergessene Traumteile zu erinnern oder Bedeutungen selber zu erkennen.
Diese Technik kann man auch für sich allein auf der Basis des Autogenen Trainings anwenden. Diese »Autogene Imagogik« hat Klaus Thomas in seinem Buch »Praxis der Selbsthypnose des Autogenen Trainings« genau beschrieben.

Träumte Abraham Lincoln seine Ermordung voraus?

»Soviel ist wohl gewiß, daß in besonderen Zuständen die Fühlfäden unserer Seele über ihre körperlichen Grenzen hinausreichen können, und ihr ein Vorgefühl, ja auch ein wirklicher Blick in die nächste Zukunft gestattet ist.« (Goethe)
»Eine objektive Sichtung und Kritik der vorhandenen Beobachtungen läßt feststellen, daß sich Wahrnehmungen ereignen, die teils so vor sich gehen, als ob es keinen Raum gäbe, teils so, als ob es keine Zeit gäbe.« (C. G. Jung)

Die historischen Beispiele, die in diesem Zusammenhang gerne zitiert werden, wollen nicht recht überzeugen: daß der amerikanische Präsident Abraham Lincoln (1809–1865) seine Ermordung vorhergesehen haben soll, war in einer Krisensituation wie dem Sezessionskrieg der USA nur realistisch. Dasselbe gilt für Calpurnia, Cäsars Gattin, die ein Traum veranlaßte, ihren Mann vor seinen Mördern zu warnen (falls dies überhaupt mehr ist als eine Erfindung Shakespeares). Napoleon schließlich, der seine Niederlage bei Waterloo vorausgeträumt haben soll, mag eine realistische Einschätzung seiner strategischen Möglichkeiten im (Halb-?)Schlaf zu Ende gedacht haben.

Auffällig, daß bei populären Kriminalfällen unter der Fülle der dann regelmäßig mitgeteilten »Wahrträume« keiner einen brauchbaren Hinweis enthielt. Ja, bei der Entführung des Lindbergh-Babys wurde die Einsendung von Träumen sogar erbeten, die Bezug auf den Fall haben könnten: von rund 3000 derartigen Einsendungen brachte nicht eine einzige der Lösung näher.
In vielen Fällen mag hinter der »Erfüllung« eines Traumes die Fähigkeit des Traumes stecken, im Wachzustand nicht wahrgenommene, im Gedächtnis aber dennoch gespeicherte Wahrnehmungen zum Bewußtsein zu bringen. Ann Faraday berichtet in ihrem bereits genannten Buch ein Beispiel aus eigener Erfahrung: nach dem Einzug in eine neue Wohnung träumte sie, vom Balkon zu stürzen. Nach dem Erwachen untersuchte sie das Geländer und stellte fest, daß es baufällig war. Diese Beobachtung hatte sie vermutlich bereits am Vortage gemacht, war jedoch zu abgelenkt gewesen, um sie wahrzunehmen.

Träume können seelische Krankheiten ankündigen

»Ich habe seit einiger Zeit Alpträume, aus denen ich mich nicht selber lösen kann, wie mir das sonst bei

unangenehmen Träumen möglich ist. Aber jetzt ist es so, daß ich in die Wohnung komme und durch irgendetwas – eine brodelnde Kaffeemaschine zum Beispiel – weiß: da ist jemand in der Wohnung, der hat kein Gesicht, nur eine riesengroße Keule, und er will mich erschlagen. Ich renne auf die Straße, bitte die Leute um Hilfe, die Polizisten – alle lachen mich aus. Das hat sich so gesteigert, daß ich denke, ich verliere den Verstand. Und diesen Traum habe ich in den letzten 10, 14 Tagen fast jede Nacht – ich traue mich schon nicht mehr zu schlafen.«

Dieser bewegende Bericht einer Besucherin der öffentlichen ZDF-Traum-Veranstaltung auf der Berliner Funkausstellung 1983 läßt keinen Zweifel: Hier hilft keine spielerische Selbstanalyse, hier ist keine gelassene Betrachtung mehr möglich – diese Träumerin braucht rasche Hilfe durch einen erfahrenen Psychotherapeuten.

Eine Erkenntnis, die sich schon bei antiken Autoren findet: Träume, die sich häufig wiederholen, haben besondere Bedeutung, und im vorliegenden Falle scheint sich durch den Traum eine schwere seelische Erkrankung anzukündigen.

Eine eigentümliche Wendung aber nimmt der folgende Bericht eines Mannes, der in der Pubertät immer wieder diesen Alptraum hatte:

»Ich begann zu fliegen ...«

»Alles war bedrohlich, riesig, angsterregend. Ich war immer auf der Flucht, mußte immer laufen. Jedesmal am Ende mußte ich auf einen Baum klettern, obwohl ich schon vorher wußte: das ist eine Sackgasse – ich werde abstürzen, ich werde sterben. So war es dann auch. Ich wachte auf nach dem Sturz, schlief wieder ein und hatte abermals denselben Traum. Plötzlich aber merkte ich innerhalb des Traumes: das kenne ich alles schon. Im selben Moment kam das Bewußtsein: ich träume.
Meine erste eigene Entscheidung in diesem Alptraum war, daß ich mir selbst einen Baum aussuchte. Ich erklomm ihn, konnte aber nicht springen, weil es so hoch war. Es gab dann einen Kipp-Punkt, wo ich halb stürzte, halb sprang. Während des Fluges begann ich das Gefühl des Fallens zu genießen, versuchte dann, den Sturz zu steuern. Das gelang – ich steuerte einen anderen Baum an, kam auf die Spitze, und weil das so schön war, sprang ich gleich wieder ... und so die ganze Nacht.
Das war im Traum das erste große Glücksgefühl, das ich empfunden habe.«

Scheinbares Erwachen im Traum – das hat jeder schon erlebt. Aber in den eigenen Traum einzugreifen, den gefürchteten Sturz in genießerisches Fliegen umzuwandeln – gibt es das?
Mary Baumeister, die darüber berichtete, wie sie Träume in ihre künstlerische Arbeit einbaut, kennt ähnliches:

Luzide Träume

»Ich habe als Kind sehr unter Schwindel gelitten, ich konnte nie auf Schaukeln gehen und Berge nur rückwärts runter, und ich träumte ein Leben lang immer wieder, daß ich an Bäumen oder Felsen hing und runterfiel. Ich merkte aber später in diesen Träumen, daß ich träumte – hatte trotzdem noch Angst. Ich hab' mir dann im Wachen vorgenommen: im nächsten Traum werde ich springen, anstatt Angst zu haben. Ich hab' das denn auch gemacht: ich sprang den Berg runter und konnte fliegen. Seitdem bin ich nicht mehr schwindlig.«

Als luziden Traum oder Klartraum bezeichnen neuere Autoren dieses Phänomen, »einer der aufregendsten Grenzbereiche der menschlichen Erfahrung« (Ann Faraday).
Der Klappentext zu Patricia Garfields Buch »Kreativ Träumen« verspricht noch viel mehr: »Kreatives Träumen läßt Sie herrliche Abenteuer und wunderbare Geistesflüge erleben. Sie können die

höchsten sexuellen und erotischen Empfindungen mit dem Partner Ihrer geheimen Wünsche genießen . . .«

Gespräch mit dem verstorbenen Vater

Prof. Paul Tholey berichtete ein eindrucksvolles Beispiel aus seiner eigenen Traumgeschichte:

»Ich bin von einem Tiger verfolgt worden, blieb stehen, weil ich wußte, es ist ein Traum, und frage den Tiger: ›Wer bist du?‹ Der Tiger hat sich in meinen verstorbenen Vater verwandelt. Das war selbstverständlich der Vater, wie er in meinem Gehirn, in meinem Gedächtnis repräsentiert ist – ich habe nicht wirklich mit einem Verstorbenen geredet! Ich konnte auf diese Weise früh in der Kindheit zurückliegende Konflikte lösen. Mein Vater und ich haben uns während des Traumes ausgesöhnt, und ich hatte keine Alpträume mehr, in denen mein Vater aufgetreten ist.«

Was ist schon Wirklichkeit?

Ausgeliefert zu sein an unsere Träume – von dieser Überzeugung gingen wir anfangs aus, und gelandet sind wir dort, wo der Traum nicht mehr hingenommen wird, sondern gesteuert – als sei der Schläfer wach und der Traum kein Traum: ein Thema führt sich selbst ad absurdum.

Aber gerade das fängt uns auch wieder ein, denn: Ist das Auf-den-Kopf-Stellen der Logik nicht beste Traum-Manier?

So erweist sich der Traum bis zuletzt als ein vertracktes Phänomen, irisierend und faszinierend, ob man ihn als Botschaft aus dem eigenen Inneren versteht oder, etwas distanzierter, als Kunstwerk, als stets neue, oft gescheite, zuweilen humorvolle Bilderfolge, in der wir beides, Autor und Zuschauer, sind.

Zugleich ist der feste Boden, in dem wir unser Bewußtsein sicher fundiert glaubten, ins Schwanken geraten, denn: wenn bestimmte Zentren des Gehirns uns eine ebenso glaubhafte Welt vorgaukeln können wie unsere fünf Sinne – was ist dann noch »Wirklichkeit«?

Der chinesische Dichter-Philosoph Dschuang-Dsi stellte vor vier Jahrtausenden dieselbe Frage: »Heute nacht träumte ich, ich sei ein Schmetterling und flöge auf einer Wiese voller Blumen. Nun, da ich aufgewacht bin, weiß ich nicht recht: bin ich nun ein Mensch, der geträumt, ein Schmetterling zu sein, oder bin ich ein Schmetterling, der jetzt träumt, ein Mensch zu sein?«

Sri Chinmoy
im Gespräch mit
Karl Schnelting:

»Der Traum verwandelt den einzelnen«

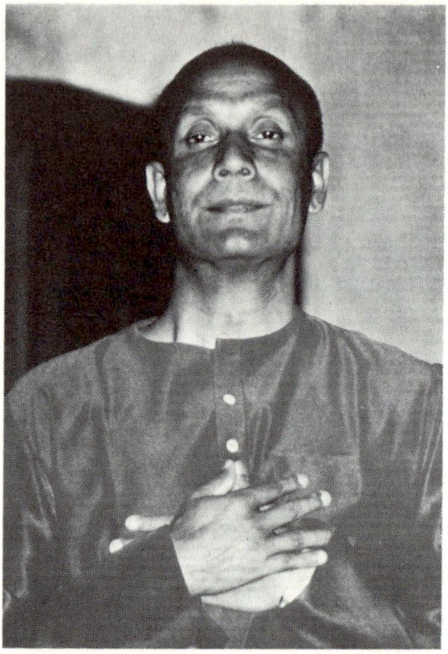

In der christlichen Tradition, und zwar sowohl in der Bibel wie in der Geschichte der Christenheit, ist die Haltung zum Traum nicht einheitlich. Die Anerkennung des Traums als Form unmittelbar göttlicher Offenbarung mischt sich mit der Warnung vor dem trügerischen oder gar dämonischen Charakter der Träume. Kann der Traum sowohl das eine wie das andere sein?

Nehmen Sie das Beispiel eines Messers. Sie können damit jemanden angreifen. Sie können damit aber auch eine Frucht schneiden, um sie mit einem anderen zu teilen. Ebenso kann der Traum einem guten oder schlechten Zweck dienen. Wie ein Traum zu beurteilen ist, hängt davon ab, von welcher Bewußtseinsebene er kommt.

Es gibt verschiedene innere Ebenen, niedrige wie höhere.

Woran erkennt man die Ebene eines Traumes?
Sehen Sie, ich kenne kein Wort deutsch. Aber wenn ich die Sprache einige Jahre studiere, werde ich sie kennen. Wenn jemand betet und meditiert, lernt er auch eine Sprache, d. h. er wird vertraut mit den verschiedenen Bewußtseinsstufen und erkennt schließlich, auf welcher Ebene sich ein Traum abspielt, ob auf der grob physischen, der vitalen, der mentalen, der psychischen oder in der transzendentalen Ebene der Seele. Und er weiß, ob ein bestimmter Traum von Gott inspiriert ist oder aus niederen Bereichen kommt.
Natürlich ist auch ein echter spiritueller Meister in der Lage, den Traum eines anderen zu deuten und zu sagen, aus welcher der verschiedenen Traumwelten er kommt; je nachdem hat derselbe Traum eine ganz verschiedene Bedeutung. Allerdings muß man sehr darauf achten, daß man den Traum in der Erinnerung oder beim Erzählen nicht entstellt oder unscharf werden läßt.

Können Sie denn doch allgemein etwas über die verschiedenen Traumebenen sagen?
Träume aus den niederen Schichten des Unbewußten sind ohne Wert, sie können uns nicht inspirieren. Träume auf der *physischen Ebene* können gut oder schlecht sein, je nachdem, ob sie von höheren Ebenen erleuchtet werden. Ein Traum auf der *unteren Vitalebene* bedeutet ständige Bewegung, Unruhe, Aufregung; er erscheint verrückt, chaotisch, durcheinander. Er ist wie ein Schlachtfeld, hier wird zerstört und getötet. Das Beste, was man tun kann, ist, den Traum zu vergessen. Oft realisiert sich ein Traum der vitalen Ebene später in der physischen Wirklichkeit, denn die physische und die vitale Ebene sind sich am nächsten. In der *höheren Vitalebene* kann man fliegen. Flugträume finden z.B. immer in der vitalen Ebene statt, Tierträume fast immer.
Auf der *mentalen Ebene* herrscht schon etwas Gleichgewicht, etwas Ausgeglichenheit und Ruhe. Kommt ein Traum aus der *psychischen Ebene*, empfinden wir Zuneigung, Mitgefühl und Sorge für die Personen, die wir sehen. Und spielt der Traum schließlich auf der seelischen Ebene, ist alles Licht, Freude, Friede.

Ist nach Ihrer Auffassung bei Träumen auf der seelischen Bewußtseinsebene die ewige Seele im religiösen Sinne im Spiel?
Ja, ich spreche von der Seele als Vertreter Gottes. Ihre Möglichkeiten sind unbegrenzt, weil sie eins

ist mit dem höchsten Wesen, mit dem Unendlichen. Unsere Seele ist die am weitesten entwickelte Realität, danach kommt das Herz, dann der Verstand, dann das Vitale und schließlich das Physische.
In solchen Träumen verfügen wir über alle Fähigkeiten der Seele: sie ist nicht in Raum und Zeit eingesperrt und frei von allen körperlichen Begrenzungen. Wir können viele Dinge sehen und tun, die wir im Wachzustand nicht sehen und tun können. Wir können uns frei in den verschiedenen spirituellen Bereichen bewegen.

Danach wären solche Träume wie eine Brücke zum Transzendentalen und nähmen einen unglaublich hohen Rang ein?
Das ist absolut richtig. In einem solchen Traum geschehen sehr wichtige Dinge, er erleuchtet und verwandelt den einzelnen zum Segen aller Menschen. Die Seele ist wie das liebste und schönste Kind der reichsten Eltern, die es stets mit Liebe, Frieden und Glück beschenken wollen.

Aber verzeihen Sie, wie können die Menschen, deren Bewußtsein sich nun einmal mit unserer körperlichen Existenz identifiziert und auf die mit den fünf Sinnen erfahrbare Alltagswelt ausgerichtet ist, solche spirituellen Erfahrungen machen?
Die Antwort ist: Meditation. Wenn wir meditieren, reinigen wir unseren Geist und unser Bewußtsein, und dann wird auch unser Traum rein und wird sich auf höheren Traumebenen abspielen. Das hängt allein von unserem inneren Fortschritt ab. Viele wollen nur äußeren Besitz, wollen die Welt beherrschen und wie Cäsar sagen: Ich kam, ich sah, ich siegte. Aber wenn man immer und immer wieder von derselben Nahrung gegessen hat, wird man eines Tages hungrig auf anderes und man strebt nach den schöneren Früchten einer höheren Wirklichkeit. Dann lieben wir die Welt nicht mehr, um sie zu besitzen, sondern wir lieben sie, weil wir in der Schöpfung Gott erkennen.

Viele Fernsehzuschauer haben mir geschrieben, ihnen seien ihre verstorbenen Verwandten im Traum erschienen. Ist das mentale Projektion, Halluzination oder Wirklichkeit?
Es ist wie mit echten und falschen Münzen. Halluzinationen kommen vor und sind Falschgeld. Auf der anderen Seite ist es absolut wahr, daß im Traum eine gegenseitige Verständigung zwischen Lebenden und sogenannten Verstorbenen stattfinden kann. Verstorbene Seelen können aus Mitgefühl für die Hinterbliebenen ganz leicht mit dieser Welt Verbindung aufnehmen und zu ihren Verwandten

im Traum sprechen, ihnen Ratschläge geben und sie anleiten. Spirituelle Menschen sind auch in der Lage, klar zu erkennen, wann es sich wirklich um den Besuch der Seelen Verstorbener handelt, und wenn sie weit genug fortgeschritten sind, können sie auch ihrerseits im Traum mit den Verstorbenen Kontakt aufnehmen. Aber solche Fähigkeiten auf den Traumebenen sind niemandes Monopol, jeder kann sie auf dem Weg der Meditation erwerben. Theoretisch hat jeder freien Zugang zu Tausenden von Erfahrungen auf der seelischen Ebene. Auch die Gottverwirklichung ist nicht mir vorbehalten.

Trifft es zu, daß Sie Ihre Schüler in aller Welt auf der inneren Ebene besuchen und ansprechen können?
Oh, viele, viele Male schon habe ich die Seelen meiner Schüler besucht, aber ich tue das nicht in meinen Träumen, sondern mit einer höheren Methode, über die ich dank der unendlichen Gnade Gottes verfüge. Meist ist es leichter, dem Schüler eine Botschaft zu übermitteln, wenn er seinerseits im Traumzustand ist.

Viele Menschen berichten von Wahrträumen, die ein Ereignis vorhersagen. Wie sehen Sie das?
Ja, viele Träume, die wir nachts erleben, werden zu Ereignissen in der äußeren Welt. Aber manchmal fängt jemand die Traumblüte, die vom Baum auf die Erde fällt und sich realisieren will, auf, und so kommt es nicht zu einer Manifestation in der physischen Wirklichkeit.

Kann man seine inneren Fähigkeiten zur Wahrnehmung von Wahrträumen verbessern?
Ja, wenn wir unser Bewußtsein von negativen Gedanken reinigen und unser Herz, das alles durchdringen kann, ausdehnen ins Unendliche, ins Göttliche. Dann können wir selbst in den Baum steigen, eine Frucht pflücken und sie auf die Erde bringen: dann werden Träume sehr leicht Wirklichkeit.

Was halten Sie von dem Satz, daß alles, was in der physischen Wirklichkeit geschieht, zuvor geträumt wurde?
Er ist absolut wahr. Der Traum der Menschen ist wie die Saat, und die Wirklichkeit ist die Frucht. Und auf höherer Ebene ist alles Existierende eine Vision, ein Traum Gottes, auch der Mensch und seine Träume. Auf der göttlichen Ebene ist Vision und Wirklichkeit identisch.

Kann man lernen, luzid zu träumen, also während des Träumens bewußt zu sein, daß man träumt?
Ja, natürlich, so daß man Realität

und Traum unterscheidet und bei Alpträumen z. B. keine Angst mehr hat. Wenn ich träume (aber meistens habe ich keine Träume, sondern Visionen), bin ich mir des Traumcharakters der Ereignisse bewußt.

Trifft es zu, daß ein Yogi sein volles Bewußtsein sogar während des Schlafes, also nicht nur während des Traumes, aufrechterhalten kann?
(lacht) Ja, obwohl er vielleicht schnarcht und jeder Umstehende denkt, er schläft, kann ein Yogi, der 7 oder 8 Stunden täglich meditiert, während des Schlafes voll bewußt bleiben und die innere Aktivität aufrechterhalten. Er erlaubt seinem Körper, sich auszuruhen, denn ein wenig Ruhe braucht der Körper, aber seine Seele ist dynamisch und aktiv und kann alles im Inneren wie im Äußeren beobachten. Aber dieser Zustand ist noch schwieriger zu erlernen als luzides Träumen, aber wenn man lange Jahre Yoga praktiziert hat, kann man sein Wach- und Schlafleben zu einem verbinden, und keine Minute geht verloren.

(Telefonisches Interview vom Februar 1984 mit Sri Chinmoy, dazu s. Biographie S. 218)

Franz Buob

Experimentelle Traumforschung

Schlafen und Träumen scheinen für das Experimentieren denkbar ungeeignet. Heißt experimentieren doch, unter kontrollierten und veränderten Bedingungen beobachten, messen. Dieses aktive Vorgehen ist aber ganz dazu angetan, den Gegenstand der Untersuchung, den Schlaf zu vertreiben.
Beim Träumen scheint es nicht besser zu sein. Auch hier kann der Experimentator das Träumen nicht direkt beobachten, nicht bei sich und nicht bei anderen. Die Träume sind schon immer vorbei, wenn er von ihnen hört. Er muß sich mit der Nacherzählung begnügen. Offensichtlich sind Gehirn- und Nervensystem beim Träumen und Schlafen beteiligt und das schien ein noch größeres Hindernis zu sein. Von da kam aber auch überraschend Hilfe: Man entdeckte nämlich, daß das Gehirn in seiner Aktivität schwache elektrische Ströme produziert.
1929 stellte Hans Berger, Psychiater, das Elektroenzephalogramm (EEG) vor und revolutionierte damit die Schlafforschung. Man konnte nun die Hirnströme des Menschen auch im Schlaf messen. Man klebt kleine Silberblättchen (Elektroden) auf die Kopfhaut, die durch Drähte mit dem Hirnstromschreiber verbunden sind, der in fortlaufenden Kurven jede Änderung der Hirnströme während des Schlafes aufzeichnet. Diese Hirn-

ströme sind also eine Botschaft der Aktivitäten unsers Gehirns, und zur Überraschung aller zeigte sich das Gehirn auch im Schlaf zeitweise bemerkenswert aktiv. Aber trotz der Kenntnis dieser Hirnströme, dieser Mitteilungen über die Gehirnaktivität, bleibt auch heute noch rätselhaft, was das Gehirn im Schlaf so eifrig treibt.

Wen könnte es da wundern, daß die Menschen zu allen Zeiten dem Schlaf und den Träumen besonderes Interesse entgegengebracht haben?

Die bizarre, groteske Welt der Träume beschäftigte alle Kulturen und Völker. Man war der Meinung, die Seele verlasse den Körper und irre durch fremde Welten, in denen normale Gesetze nicht gelten, oder man glaubte (und glaubt heute noch), Götter und Dämonen besuchten den Menschen, um ihm geheime Botschaften und Ratschläge mitzuteilen. Aber diese Ratschläge sind oft undurchsichtig, unklar, verworren, rätselhaft und verhüllt. Man braucht Erklärung und Deutung der Träume.

Schon im alten Ägypten waren Traumdeuter deshalb gefragt. In Griechenland gab es Hunderte von Tempeln, in denen man schlafen und träumen konnte und auch seine Träume erklärt bekam. Man erhoffte sich von den Träumen Auskunft und Hinweise über die Zukunft, Ratschläge für schwierige Lebensfragen und Hilfe bei Krankheiten.

Es gab schon früh Handbücher für die Traumdeutung und bis heute sind solche Traumbücher beliebt. Sie sind wohl alle beeinflußt vom berühmten Traumlexikon des Wahrsagers Artemidoros aus dem 2. Jahrhundert. Hatte die Traumdeutung in der Antike einen anerkannten und festen Platz neben anderen Wahrsagekünsten, so gab es doch auch kritische Stimmen. So liest man in der Bibel Jesus Sirach, der sagt: »Nur Narren verlassen sich auf Träume.«

Später im allerchristlichsten Spanien ließ dann die heilige Inquisition Traumdeuter gelegentlich hinrichten. Wen wundert es da, daß der Inkubus (»Der Drauflieger«), in der heidnischen Antike ein Dämon, der das Alpdrücken in den Alpträumen auslöste, daß dieser Dämon zum Teufel wurde, der nachts Frauen heimsucht und sie zu böser sexueller Lust verführt und nötigt. Bedurfte es da noch eines Beweises, daß solche Frauen Hexen sein mußten? Wehe der Frau! –, die in den Verdacht geriet, unter solchen Alpträumen zu leiden. Sie lief Gefahr, auf dem Scheiterhaufen zu enden. In Frankreich war bis 1873 die Traumdeutung unter Androhung von Geldstrafen verboten.

Mit dem Erscheinen der »Traumdeutung« von Freud 1899 begann eine neue Epoche. Freud hatte in wenigen Jahren aufgrund von Eigenbeobachtung offensichtlich eine schlüssige Theorie über Sinn und Zweck des Träumens entwikkelt und fand damit bald Anerkennung in Gesellschaft und Wissenschaft. Es entwickelten sich verschiedene Schulen und Richtungen dieser neuen Psychologie, Psychoanalyse, der Tiefenpsychologie, der Psychotherapie. Die Namen Freud, C. G. Jung, Adler sind heute beinahe jedem geläufig. Die Breitenwirkung bis in unsere Tage läßt sich kaum überschätzen.

In all diesen Schulen spielen Träume eine wichtige Rolle. Für Freud ist klar: die Traumdeutung ist der »Königsweg zum Unbewußten«; und es steht fest, daß in diesem Unbewußten entweder unsere persönliche eigene Geschichte bis in die Kindheit aufbewahrt ist und wirksam bleibt oder sogar die Geschichte bis in die Kindheit der Menschheit. Und diese Vergangenheit und Geschichte der Erfahrung, der Freuden, Enttäuschungen, Wünsche, Verdrängungen meldet sich in den Träumen in verschlüsselter Form und sendet Symbole, die uns zunächst verworren erscheinen. Deswegen bedarf es der Psychoanalyse, der Traumdeutung. Der Analytiker, der Traumdeuter, muß herausfinden, was die Träume für mein jetziges und künftiges Leben bedeuten.

Für Freud sind Träume »Wächter des Schlafes«; denn in den Träumen melden sich die verdrängten Wünsche der Triebe – vor allem infantile Sexualwünsche und andere geheime Absichten –, denen ein wohlerzogener Mensch natürlich nicht nachgeben kann, von denen er überhaupt nicht einmal reden soll. Die Seele hat sich nun in den Träumen ein Ventil geschaffen, diese Triebenergien (ohne den Schläfer zu wecken) loszuwerden (daher Wächter des Schlafes).

Natürlich trägt die Seele dem Verbotenen, Ungehörigen, Abnormen dieser Triebwünsche Rechnung und läßt sie nur noch in verhüllter, verstellter, symbolhafter Form im Träumen ausleben. Daß man in der Regel die Träume so schnell vergißt, zeigt nur, welchen Widerstand wir selbst noch gegen diese verschlüsselte Form der Wahrheit über unser wirkliches Selbst leisten.

Da die meisten Träume verworren, episodenhaft und ausgefallen sind, wird hinreichend deutlich, daß sie Symbole sind, versteckte Andeutungen. So sind für Freud alle länglichen spitzen Gegenstände, die dem männlichen Glied entfernt ähnlich sind, eben ein Symbol, eine versteckte Andeutung für Penis, genauso alles, was nach Tasche, Kasten, Kistchen, Box aussieht, in verhüllter, verstellter Weise, das weibliche Genitale meint.

Wer da einwenden wollte, von all diesen Bedeutungen wäre im Traum nichts zu finden, dem wird gesagt, das überrasche nicht, denn darin zeige sich die Arbeit, die der Traum leistet, diese geheimen sexuellen Triebe, verbotenen Wünsche zu verschieben, zu verhüllen, umzudeuten in unverfängliche Bilder, und es sei Aufgabe des Psychoanalytikers, diese »Traumarbeit« wieder rückgängig zu machen und herauszufinden, was da eigentlich in der Seele los sei.

Vielleicht lohnt es sich, an eine Besonderheit jener Zeit zu erinnern, in der Freuds Traumdeutung entstanden ist. Es gibt kaum eine Zeit in der abendländischen Geschichte, in denen das Tabu der Sexualität und der Nacktheit so rigoros war. Es war nicht nur verpönt, über Sex zu sprechen, sondern die Sexualität und Erotik war selbst zumindest unanständig, wenn nicht sogar schlecht. Was aber nicht hinderte, sich in geradezu infantiler Lust in Anspielungen, Andeutungen über Sex und Erotik zu ergehen. Gerade auf diesem Weg ergab sich die Möglichkeit, dem »Thema Nr. 1« (!) zum Recht zu verhelfen. Wenn man sich diese Situation klar macht, so scheint Freuds Traumdeutung direkt zu beschreiben, wie seine Zeit im wachen Zustand mit sexuellen Wünschen und Trieben umgegangen ist, wie zu seiner Zeit über persönliche Wünsche und Nöte in der Öffentlichkeit – ja selbst in der Familie – gesprochen oder richtiger eben nicht gesprochen wurde.

Die ganze neuere Schlaf- und Traumforschung stand (und steht heute noch) unter dem Einfluß dieser mächtig wirksamen Theorien der analytischen Traumdeutung. Man suchte lange Zeit experimentelle Bestätigung dieser Lehren. Erst in jüngster Zeit löste man sich von dieser Abhängigkeit und den Aufgaben. Wie schon angedeutet, ergaben sich mit der Entwicklung des Elektroenzephalogramms (EEG 1929) völlig neue Möglichkeiten der Schlaf- und Traumforschung. Dabei erlebte man die erste Überraschung – das Gehirn war auch während des Schlafes zeitweise ungemein aktiv, wie die gemessenen Hirnströme verrieten. Seither hat man in den Schlaflabors Tausenden von Menschen die Gehirnströme gemessen, aufgezeichnet und verglichen. Es zeigten sich typische Gehirnstromkurven im Wachen und im Schlafen, für Gesunde und zum Teil für seelisch Kranke. Im Jahre 1953 entdeckte Professor Kleitmann aus Chicago, daß sich die Augen im Schlaf in Zeitabständen (bei geschlossenen

Augenlidern) plötzlich hin und her bewegen. Man benannte diese Abschnitte REM (Rapid Eye Movement = schnelle Augenbewegung). Es zeigte sich gleich, daß in diesen REM-Phasen der Schläfer offensichtlich intensiv träumt, er schien diesem seinem Nachttheater zuzuschauen.

Heute mißt man aber noch sehr viel mehr, es bleibt so gut wie nichts unregistriert; neben den Gehirnströmen und den Augenbewegungen mißt man mit Hilfe des EKG (Elektrokardiogramm) den Herzschlag, die Hautfeuchtigkeit wird mit dem Elektrodermatogramm erfaßt, die Atmung mißt der Respirograph, alle Bewegungen – vom Umdrehen bis zu Zukkungen im kleinen Zeh – werden vom Elektromyogramm registriert; die Erektionen des Penis während des Schlafes werden genauso gemessen wie die Veränderungen des Kitzlers (Klitoris) und nicht zuletzt auch die Zusammensetzung des Blutes.

Aus all diesen Untersuchungen weiß man inzwischen, daß der Schlaf, und damit auch das Träumen, ein sehr komplizierter Vorgang sind. Stark vereinfacht läßt sich etwa folgendes sagen: Bei Ruhe, im Schlafen, treten längere Wellen auf als beim Wachen. Bei einem Erwachsenen, der wach, aber mit geschlossenen Augen ruhig sitzt, herrschen z. B. Alphawellen vor. Sobald er aber nur die Augen öffnet und sonst ruhig bleibt, werden diese Alphawellen sofort durch kürzere Betawellen abgelöst.

Auch beim Einschlafen, Dösen – dem ersten Schlafstadium – herrschen Alphawellen noch vor, aber ziemlich schnell folgt der leichte Schlaf (zweites Schlafstadium), dann der mittlere Schlaf (drittes Stadium) und schließlich kurz vor Mitternacht der erste Tiefschlaf (viertes Stadium). Diese Schlafstadien sind gekennzeichnet durch längere Wellen (Thetawellen) oder durch die noch längeren Deltawellen, die den Tiefschlaf anzeigen (Deltaschlaf). Der erste Deltaschlaf dauert etwa eine halbe Stunde und wird dann jäh unterbrochen. Der Schläfer bewegt sich, legt sich neu zurecht, die langwelligen Gehirnströme verschwinden und das Gehirn zeigt eine ähnliche Aktivität wie am Tage, die erste REM-Phase beginnt. Der Schläfer träumt. Das dauert etwa 10 Minuten lang, dann versinkt der Schläfer erneut in die Tiefschlafphasen. Nach 90 Minuten bewegt sich der Schläfer wieder, und es folgt die zweite REM-Phase. Der Schläfer träumt erneut, und das wiederholt sich zwei- bis dreimal, dabei werden die REM-Phasen immer länger und die Tiefschlafphasen erreichen nicht mehr die gleiche Tiefe. Zuletzt erreicht der Schläfer nur noch einen leichten Schlaf (Stadium 2), aus dem er in der Regel – wenn nicht direkt aus einer REM-Phase – erwacht.

Überraschendes Ergebnis – der Mensch schläft zwei Sorten von Schlaf, den REM-Schlaf, der sich durchschnittlich alle 90 Minuten einstellt, und in dem man offensichtlich besonders lebhaft träumt, und den Nicht-REM-Schlaf, in dem das Gehirn sehr viel geringere Aktivität zeigt, und der offensichtlich verschiedene Stadien des Tiefschlafes aufweist, wie man aufgrund der verschiedenen, längeren Wellen der Gehirnströme annimmt. Zunächst glaubte man, diese Non-REM-Schlafzeit sei der Erholungsschlaf und traumlos, inzwischen weiß man aber, daß auch hier geträumt wird, wenn auch offensichtlich nicht so häufig und bildhaft.

Natürlich versuchten die Forscher schon früh herauszufinden, was passiert, wenn man einen Menschen am Schlafen oder am Träumen hindert. Man versuchte es mit Freiwilligen und hielt sie drei, vier Nächte wach, in dem man sie ständig beschäftigte, begleitete, zum Spazieren herumführte. Das Schlafbedürfnis nahm so zu, daß sie sich auf nichts mehr konzentrieren konnten, sie bekamen zum Teil schließlich Wahnvorstellungen, Halluzinationen und wollten »partout« nicht mehr wach bleiben. Sie schliefen sozusagen im Stehen ein. Werden die Versuchspersonen weiterhin gehindert, so werden die meisten aggressiv, ärgerlich, und der Schlaf holt sich seine Zeit, wenn auch nur in Bruchteilen von Sekunden. Läßt man die Ärmsten schließlich einschlafen, fallen sie sofort in den tiefsten Tiefschlaf, der dann auch überdurchschnittlich lange anhält und dann erst durch eine REM-Phase abgelöst wird. Zunächst wechseln nur diese beiden Stadien REM-Phase und Tiefschlaf. Der Schläfer hält sich beim leichten Schlaf gar nicht erst auf. Nach wenigen solchen Phasen ist der verlorene Schlaf offensichtlich wieder ausgeglichen. Schlafentzug scheint also nichts anderes zu bewirken, als vermehrten Tiefschlaf, Delta-Schlaf, zum Ausgleich.

Was passiert nun beim Menschen, wenn man ihm die Träume nimmt, ihn zwar schlafen läßt in der Non-REM-Phase, jedesmal aber, wenn er zu träumen beginnt, erkennbar an den Rollbewegungen der Augen, aufweckt?

Die ersten Ergebnisse solcher Versuche – 1960 in Berichten referiert und von vorsichtigen Spekulationen der Wissenschaftler begleitet – führte schnell zu Schlagworten. Es hieß: »Wer nicht träumen kann, wird verrückt. Das klang aufregend und

interessant. Nur gab es nicht den geringsten Grund, so etwas zu behaupten.
Was geschah denn wirklich? Man hatte den Schläfer jedesmal bei Beginn einer REM-Phase geweckt, ließ ihn kurz danach wieder einschlafen. Die Einschlafphase gehört ja zum Non-REM-Schlaf. Statt wie normal, fünfmal pro Nacht zu träumen, also in die REM-Phase umzusteigen, zeigten sich schon in der zweiten Nacht sieben und mehr Traumphasen. Nach zwei, drei Nächten versuchte der Schläfer schon 20-, 30-, ja 50mal in der Nacht zu seinem REM-Schlaf zu kommen. Läßt man ihn schließlich wieder träumen, so werden die Traumphasen kurzzeitig verlängert, und bald stellen sich wieder typischer Verlauf und Verteilung ein. Direkter Schaden oder Schädigung läßt sich auch hier nicht feststellen. Es bleibt dabei, der Mensch kann sich nur mit großer Anstrengung und fremder Hilfe für kurze Zeit dem sanften Tyrannen Schlaf widersetzen. Das Wachbewußtsein mit all den Aktivitäten muß für Stunden oder Minuten zumindest dem Schlaf und den Träumen das Feld überlassen. Die Müdigkeit, richtiger die Schläfrigkeit, wird einfach unwiderstehlich. Trotz aller Forschungen der letzten Jahrzehnte wissen wir aber heute noch nicht, wie diese Erholung im Schlaf funktioniert, was denn »Erholen« hier überhaupt bedeutet. Kurz: wir wissen immer noch nicht, wozu wir schlafen und träumen.
Wenn wir auch nicht wissen, wozu wir schlafen und träumen, so hat man doch unzählig viele Male untersucht, *was* wir träumen. Im Schlaflabor hat man die Schläfer mitten in der REM-Phase aufgeweckt. Die meisten erzählten, man hätte sie gerade aus einem Traum herausgerissen. Man ließ sie die Träume erzählen und protokollierte sie; inzwischen könnte man ganze Bibliotheken mit diesen Traumprotokollen füllen.
Es zeigte sich, daß der Träumer meist selber mitten im Traum dabei war und das Traumerlebnis miterlebte, die Traumhandlung blieb meist nur stückhaft, sprunghaft und bizarr – die Menschen fliegen, sie fallen, verwandeln sich. Natürlich hat man Statistiken über die Traumthemen gemacht. Kinder träumen kaum von ihren Eltern, ihr großes Traumthema sind Tiere. In den Träumen von Frauen gibt es offensichtlich mehr freundliche Kontakte, mehr Gefühle, mehr familiären Inhalt als bei den Träumen der Männer. In 29% der Träume kommen Angehörige vor, die in bedrohlicher Situation sind. Sie sind verletzt, sterben oder sind tot. In 8% der Fälle wird der Träumer angegriffen oder verfolgt, er muß fliehen. 33% der Träume

spielen zu Hause, 15% in Verkehrssituationen und 10% auf Straßen und Plätzen, ebensoviele auf Parties, am Strand und bei Vergnügungen. Unglück (46%) ist häufiger als Erfolgserlebnisse (17%). Bei den Gefühlen überwiegen Angst und Wut. Insgesamt gibt es also mehr unangenehme als angenehme Träume, sofern man diesen Statistiken glauben will.

Aber die Traumforscher sind selber nicht glücklich mit den vielen Einteilungen ihrer Statistiken. Man stellte noch vor kurzem auf einem internationalen Treffen fest, es fehle eine einheitliche Definition vom Traum und von Trauminhalten. Man sucht nun etwas, das in allen Träumen vorkommt, was als vergleichbares Maß der Träume gelten könnte. Professor Hobson schlägt vor, die »bizarrness«, also den Anteil der Trauminhalte in Prozenten, die bizarr sind, die mit den Erfahrungen und Maßstäben des Wachbewußtseins nicht übereinstimmen, festzustellen. Erste Vergleiche zeigen, daß die Anzahl des Bizarren mit der Länge der Traumerzählungen zunimmt. Aber es bleibt natürlich auch hier die Schwierigkeit, daß der Träumer erst geweckt werden muß, damit er seinen Traum erzählen kann; daß also das Wachbewußtsein den Traum erzählt und nicht ein »Traumbewußtsein«.

Jede Analyse von Träumen hat also nur diese Traumerzählung zur Verfügung und nicht den »Traum« selbst, wie er im Schlaf abläuft. Wieweit stimmen beide überein? Wir wissen es nicht.

Schon vor Jahren ging die Schlagzeile durch die Welt, Forscher hätten die Substanz gefunden, die den Schlaf auslöst. Man nannte sie den Faktor S. Man hatte schläfrigen Tieren Gehirnflüssigkeit entnommen und sie munteren anderen Tieren eingespritzt, die daraufhin sofort müde und schläfrig wurden. Man konnte aber diese geheimnisvolle Substanz S, die Schlaf auslöst, nicht isoliert herausfinden.

Der Gedanke ist keineswegs abwegig, daß es eine solche Schlafsubstanz gibt, denn alle körperlichen Tätigkeiten und damit auch die Gehirnfunktion, benötigen Energie, das bedeutet wiederum Stoffwechsel, Stoffumsatz, der als biochemischer Prozeß abläuft. Solche Stoffwechselprodukte können nun vom Körper wieder an anderen Stellen zu anderen Zwecken verwendet werden. Das ist bei allen Lebensformen eine wichtige Form der Regelung und Steuerung des Organismus. Häufig sind mehrere Stoffe zusammen im Spiel, häufig sind nur ganz geringe Konzentrationen nötig. So kann man sich denken, daß eine Substanz während des Wachens entsteht, die die Müdigkeit, Schläfrigkeit steigert und schließlich im Schlaf

wieder abgebaut wird. Man vermutet, Serotonin gehöre dazu. Andere fanden, Adrenalin löse bei Tieren REM-Schlaf aus. Gäbe es diese geheimnisvolle Substanz S, hätte man das natürliche Schlafmittel gefunden, das natürlichen Schlaf ohne jegliche Nebenwirkung brächte. Vor einiger Zeit hat Professor Schoenenberger, Basel, ein Eiweißmolekül gefunden, das Tiefschlaf auslösen soll. Er nennt es DSIP (deep sleep inducing peptide). Die Wirkung ist umstritten.
Irgendwie scheint der REM-Schlaf mit dem Temperaturverlauf des Körpers verknüpft zu sein. Für verschiedene Vorgänge im Körper gibt die Temperatur den Takt an, sie ist eine innere Uhr. In der Nacht nimmt die Temperatur ab und erreicht ein Minimum gegen morgen, dann beginnt sie wieder zu steigen und erreicht ihr Maximum, ihren höchsten Punkt im Verlaufe des Nachmittags. Ohne äußere Einflüsse legen sich die meisten Menschen wenige Stunden vor dem Temperaturminimum schlafen, verfallen alle 90 Minuten in REM-Schlaf und wachen schließlich nach einiger Zeit nach dem Temperaturminimum wieder auf. Der REM-Schlaf scheint der ältere Schlaf des Menschen zu sein. Man nimmt heute an, daß der Non-REM-Schlaf entwicklungsgeschichtlich erst später dazu kam.

Vor einiger Zeit gelang nun einem amerikanischen Forscherteam (Prof. Hobson, Boston) eine sensationelle Entdeckung. Es fand nämlich eine Stelle im Hirnstamm, von der aus die REM-Phase ausgelöst wird. Während das Gehirn in der Non-REM-Phase sich ruhig verhält, zeigt es in der REM-Phase eine Aktivität, die ähnlich ist wie im Wachzustand. Riesenzellen in einer bestimmten Region im Hirnstamm beginnen plötzlich wild zu feuern und Impulse über die Nervenbahnen durch das Gehirn zu jagen. Diese regen verschiedene Zentren in der Hirnrinde an, unter anderem das Seh- und Hörzentrum. Und diese Aktivitäten produzieren offensichtlich Bilder und Höreindrücke, von denen wir aus unseren Träumen wissen. Auch die raschen Augapfelbewegungen werden von den Impulsen der Riesenzellen aus dem Hirnstamm angeregt. Diese raschen Augenbewegungen (Rapid Eye Movements) gaben dieser »aktiven« Schlafphase den Namen REM-Schlaf. Diese Impulse regen auch die weibliche Klitoris an sowie die Erektion des Penis.

Auch Herzschlag und Schwitzen werden durch diese Impulse verändert. Selbst das Bewegungszentrum im Gehirn wird aktiviert, Mienenspiel und gelegentliches Zucken von den Fingern und den Zehen z. B. verraten dies. Wieso bewegen wir uns nicht stärker?

Wieso schlagen wir nicht wild um uns oder beginnen im Schlaf in der REM-Phase herumzulaufen? Dem wurde vorgebaut, indem von denselben Nervenzellen Impulse ausgesendet werden, die die Befehlsleitungen zu den Muskeln abschalten, die Nervensignale kommen gar nicht hin. Während im Non-REM-Schlaf unsere Muskeln in Ruhespannung sind, so erschlaffen sie vollständig durch dieses Abschalten in der REM-Phase. Professor Jouvet aus Lyon hat diese Sperre im Experiment aufgehoben, und in der Tat fingen die Versuchstiere, Katzen, an, sich zu bewegen, aufzustehen, im Schlaf herumzugehen und zu fauchen. Diese Experimente machten deutlich, daß das Bewegungszentrum tatsächlich aktiviert ist.

Warum und wozu diese Riesenzellen offensichtlich regellos alle 90 Minuten im Schlaf feuern und diese Aktivitäten auslösen, weiß man noch nicht. Aber eine Reihe von Vermutungen über den »Traumschlaf« sind hinfällig, da offenbar physiologische, biochemische Prozesse und nicht psychische Bedürfnisse die REM-Phasen auslösen.

Forscher in Texas haben Versuchspersonen Brillen mit Speziallinsen aufgesetzt, so daß die Augen nur eine Bewegung von 5 Grad hin und her machen müssen, um ein Sehfeld von 30 Grad zu übersehen. Der Mensch gewöhnt sich schnell an diese verminderte Augenbewegung. Im REM-Schlaf zeigten die Versuchspersonen nicht auch diese verminderte Bewegung, wie man aufgrund der Gewöhnung vermuten könnte, sondern im Gegenteil eine überdurchschnittlich vergrößerte. Es scheint, als ob im REM-Schlaf die verminderten Bewegungen vom Tage ausgeglichen würden, was die Vermutung nahelegt, daß das Gehirn im REM-Schlaf Tagesaktivitäten, Ergebnisse der Tagesreize weiterverarbeitet und verändert.

Alles, was wir erlebt, erfahren und gelernt haben, unser Wissen, unsere Gefühle sind in unserem Gedächtnis aufbewahrt. Scheinbar längst Vergessenes steht uns plötzlich wieder klar vor Augen, gelegentlich können wir uns an Naheliegendes kaum erinnern.

Wo steckt denn diese ganze Erfahrung, dieses ganze Wissen, wo ist das alles gespeichert, wie funktioniert das Gedächtnis? Eine Zeitlang vermutete man, daß die Erfahrung und Information bei den einzelnen speziellen Zentren im Bereich der Hirnrinde auch gespeichert seien. Heute neigt man eher zu der Ansicht, daß größere Areale des Gehirns jeweils für diesen Speicher benutzt werden, daß die speziellen Zentren, wie das Sehzentrum, Hörzentrum, Sprechzentrum usw., primär die Ein- und Ausgabe der speziellen Signale re-

gulieren, sie verarbeiten und evtl. zwischenspeichern. Sie wären eine Art intelligente Terminals.
Für das Langzeitgedächtnis, dem Speicher für alle unsere Erfahrungen, Eindrücke und Erlebnisse, stehen aber im Gehirn Milliarden von Zellen zur Verfügung. Jede Erfahrung, jedes Erlebnis, jeder Sinneseindruck benötigt Millionen und Abermillionen Zellen zur Speicherung. Diese Zellen (Neuronen) werden über die Nervenleitungen gereizt, aktiviert und bilden dann insgesamt ein typisches Erregungsmuster für jede einzelne »weg«gespeicherte Erfahrung. Die Nervenleitungen sind aber mit den Nervenzellen nicht direkt verbunden. An den Kontaktstellen, den Synapsen, werden durch den Nervenreiz Stoffe mobilisiert, die das Signal über den Kontaktspalt biochemisch in die Zelle übertragen und diese aktivieren. Spezielle Stoffe an diesen Kontaktstellen (Glycoside) erleichtern diese chemische Signalübertragung. Diese Stoffe bilden sich vermehrt, wenn ein solcher Kontakt oft benutzt, geschaltet wird. Schließlich können schon schwache Nervenreize die Zellen einschalten. Das ganze Erregungsmuster entsteht also durch die Wiederholung (Lernen) viel schneller und leichter. Schließlich genügt schon ein unvollständiger Reiz, um ganze Netzwerke von Erregungsmustern aufzubauen. Wir haben die Erfahrung, die Situation, das Wissen wieder präsent.
Während wir wach sind, flutet eine ungeheuere Zahl von Reizen auf uns ein, werden vom Gehirn weiterverarbeitet, erzeugen da Nervenerregungen, bauen neue Netzwerke von Erregungsmustern der Gehirnzellen auf, aktivieren alte. Man vermutet nun, daß in den REM-Phasen, in denen das Gehirn ähnlich aktiv ist wie beim Wachen, weitere solcher Netzwerke von zusammengeschalteten Nervenzellen und Erregungsmustern aufgebaut werden. Unsere Tageseindrücke werden so verarbeitet und eingeordnet. Wenn man ein Problem »überschläft«, findet man die Lösung am nächsten Tag oft von selbst. Die Aufmerksamkeit am Vortage hatte den Zugriff auf die Lösung (auf die entsprechende Kombination von Erregungsmustern) verhindert.
Die Tatsache, daß gerade Säuglinge intensiven REM-Schlaf haben, könnte darauf hindeuten, daß diese Netzwerke im unfertigen Gehirn vermehrt aufgebaut werden (Prof. Jouvet, Lyon). Andererseits gibt es Forscher, die meinen, die ungeheuere Flut von Eindrücken, die wir nicht bewußt aufnehmen, würden so viele Schaltungen am Tage auslösen, die überflüssig, ja schädlich sind, zumindest hinderlich, die dann in diesen REM-

Phasen wieder gelöscht und korrigiert würden (Professor Crick, Mitchison, USA). Vielleicht geschieht in der Tat beides.

Interessanterweise ist die rechte Gehirnhälfte beim REM-Schlaf aktiver. Man vermutet heute, daß in der rechten Gehirnhälfte die Erinnerungen gespeichert werden, die eine ganze Situation wiedergeben, den Gesamteindruck festhalten, mit eingeschlossen auch die Stimmungen und Gefühle. Dagegen sollen in der linken Hälfte mehr Einzelheiten, Zahlen, Buchstaben, Wörter, motorische Geschicklichkeit gespeichert sein, die Erfahrung und das Wissen also zerlegt, analytisch verpackt und aufbewahrt. So konnte man feststellen, daß ein Mensch, der sich z. B. einem Musikstück hingibt und es als Ganzes genießt, Aktivitäten in der rechten Gehirnhälfte zeigt. Dagegen zeigt sich bei einem Menschen, der Musik studiert hat, der also beim Hören eines Musikstükkes an die Harmonielehre, Intervalle, Akkorde, Kompositionslehre, Kontrapunkt und Melodienführung denkt, die Musik also analytisch hört, die linke Gehirnhälfte aktiviert.

Was hat das aber mit unseren Träumen zu tun? Nun, auf dem Hintergrund dieser Modellvorstellungen von Gehirnfunktionen, die hier nur grob vereinfacht wiedergegeben sind, könnten Träume etwa so erklärt werden: die Träume entstehen erst beim Aufwachen. Tagsüber sind verschiedene Gehirnzentren (z. B. Seh-, Hörzentrum etc.) von Eindrücken und Reizen der Sinnesorgane aktiviert. Im REM-Schlaf sind die gleichen Gehirnzentren von den regellosen Impulsen aus den Riesenzellen im Hirnstamm aktiviert. In diesen Zentren entstehen also auch auf diese Weise verschiedene Bild-, Ton-Bewegungseindrücke, die beim Aufwachen durch die geordneten Reize von den Sinnesorganen sofort verdrängt werden. Wacht aber ein Schläfer langsam auf, verharrt etwas im dösigen Wachbewußtsein, so erwischt das Wachbewußtsein noch diese zufällig entstandenen Eindrücke, ordnet und verarbeitet sie als Information nach dem Programm des Wachbewußtseins. Durch diesen Vorgang wird der Traum produziert, an den der Schläfer sich wie an einen im Wachen registrierten Sinneseindruck erinnert.

Die grotesken und bizarren Trauminhalte erklären sich dann so: die Zentren (Hör-, Sehzentrum etc.) werden nicht durch geregelte Reize der Sinnesorgane aktiviert, sondern durch wildes Feuern der Riesenzellen im Hirnstamm. Diese »Sinnes«-Eindrücke entsprechen nicht der geordneten Welt der Sinneserfahrung. Ferner könnten noch Querschaltungen zwischen

sehr verschiedenen Netzwerken im Speicher auch zu »ungeordneten« Assoziationen führen.
Der Traum wäre aber auch insofern noch typisch für den Träumer, als ja die Regeln, Erfahrungen des Wachbewußtseins, diese zufällig produzierten Eindrücke zum Traum organisieren.
Die Inhalte der Zentren der REM-Phase hätten also für das Wachbewußtsein etwa die gleiche Funktion wie die Kleckse beim Rorschach-Test oder die hingeworfenen Worte für einen Assoziationstest.
Die Art, wie das Wachbewußtsein darauf reagiert, diese Stichworte organisiert, einen Sinn unterlegt, geben Aufschluß über seine Art zu denken, zu handeln und zu fühlen. Die Träume verlieren ihre zentrale Bedeutung, wie sie in jeder Form von Traumdeutung und Analyse behauptet wird. Träume sind zwar nicht Schäume, sondern eher abklingendes Blitzen wild feuernder Neuronen, eines physiologischen, biochemischen Prozesses, den wir noch nicht verstehen. Natürlich sind das keine gesicherten Ergebnisse der Forschung, sondern Arbeitshypothesen, Modellvorstellungen, Spekulationen, aber es sind eben nicht *bloße* Spekulationen. Neuere und neueste Methoden, die Aktivitäten im Wachen und im Schlafen, die biochemischen Prozesse im Gehirn zu beobachten, zu registrieren, ohne Eingriff von außen, dürften bald überprüfbare Ergebnisse bringen.
Wenn man die Traumdeutungen genauer analysiert, fällt doch in vielen Fällen auf, daß die Traumerzählungen für den Traumdeuter kaum eine Bedeutung haben. Andere Faktoren im Zusammenspiel von Traumdeuter und Träumer, von Analytiker und Patient, scheinen wichtiger zu sein, vor allem aber die Kunst der Auslegung und die Weltanschauung, die ein Analytiker erworben hat und mitbringt. Für viele Patienten mag der scheinbar »objektive« Traum eine Hilfe sein, um vertrauensvoll Anweisungen und Analysen des Arztes (Traumdeuters) anzunehmen. Ob dieses so begründete Vertrauen immer gerechtfertigt ist, hat man oft bezweifelt.
Interessante Ergebnisse und Aufschlüsse könnten vielleicht auch Experimente mit Yogis bringen. Ein Yogi lernt ja sein Wachbewußtsein zu reduzieren, die Eindrücke der Sinnesorgane abzuschalten, abzuschwächen und dennoch nicht in den Schlaf zu verfallen. In diesem Zustand der Versenkung, der Meditation, gelingt es ihm, Einfluß zu nehmen auf Bereiche, die uns normalerweise nicht direkt zugänglich sind, die zum unwillkürlichen Nervensystem gehören. Viel Erstaunliches ist da bekannt geworden. Viel-

leicht haben sie dadurch auch in diesem Zustand einen besseren Zugriff auf die Inhalte, die in der REM-Phase im Gehirn produziert werden.

Übrigens, jeder von uns kann dem Diktat des Wachbewußtseins und den festliegenden Reizen der Sinne entgehen. Wir alle können phantasieren, wir können Tagträume pflegen, da holen wir uns Erfahrungen und Erlebnisse aus dem Gedächtnis und setzen sie unabhängig von den sonst gültigen Regeln zusammen. Wir sind frei in den Assoziationen. Wir produzieren Phantasiegebilde, die auch einiges über uns und unsere Gemütsverfassung und Absichten aussagen.

Allerdings ist es für unseren Kulturkreis typisch, daß wir uns in erster Linie im Umgang mit den anderen und durch unsere Arbeit besser kennenlernen und entwikkeln, und nicht im radikalen Rückzug auf uns selbst.

Hans Bender

»Außersinnliches« im Traum

Es ist noch immer nicht selbstverständlich, daß in einer Übersicht über die mannigfaltigen Aspekte des Träumens auch die Frage des »Außersinnlichen« im Traum einbezogen wird. In der Tat ist es in der »scientific community« unserer Zeit noch vielfach umstritten, daß der Traum Kenntnisse offenbaren kann, die dem Träumer nicht auf dem normalen Wege der Sinnesorgane, durch rationale Überlegungen oder durch Intuition des Unbewußten vermittelt werden konnten. Seit jeher weiß der unverbildete Mensch von solchen Träumen, in denen seelische Vorgänge in einem anderen Menschen oder räumlich entfernte Ereignisse, von denen der Träumer nichts wissen kann oder selbst unerschließbar Zukünftiges sich manifestiert. In der Umgangssprache ist die Rede von »Wahrträumen«, in den Begriffen der Wissenschaft spricht man von »paranormalen« Träumen, die Kenntnisse vermitteln, die auf eine Erfahrung außerhalb der uns bekannten Sinnesorgane zurückgehen. Der Träumer, dem solches widerfährt, ist oft beunruhigt, ja erschreckt und wagt nicht, darüber zu sprechen, aus Angst, von robusten Zeitgenossen als jemand angesehen zu werden, der »nicht alle Tassen im Schrank hat«. Der Titel dieses Buches »Hilfe, ich träume!« trifft daher in besonderem Maße auf die Träume zu, die von dem Bewußtsein, ein »Wahrtraum« zu sein, begleitet sind.

Außergewöhnliche Erlebnisse

Das Freiburger Institut für Grenzgebiete der Psychologie und Psychohygiene e.V., das ich 1950 eröffnet habe, erhält eine kaum zu bewältigende Fülle von Berichten über außergewöhnliche Erlebnisse, die meist mit der Bitte um Beratung und Hilfe verbunden sind. Ein Beispiel – Frau I.B. schreibt: »Ich habe ein Problem, das mich Tag und Nacht beschäftigt, und ich alleine komme nicht weiter. Könnten Sie mir vielleicht einen Rat geben? Ich kann mich hier niemand anvertrauen.« Worum geht es? Als Kind schon fiel ihr auf, daß jemand, der ihr nahestand, starb, wenn sie von Heidelbeeren träumte. Nach einiger Zeit hat sich dies gewandelt. Sie stellte fest, daß solche Träume jetzt Warnträume waren. Sie träumte dreimal von Heidelbeeren im Zusammenhang mit einem Kind, das bei Nachbarn zur Welt kam. Das Kind kränkelte. Unter dem Eindruck des dritten Traumes rief sie die Nachbarn an und beschwor sie, das Kind ins Krankenhaus zu bringen. Nach Ansicht des Arztes hätte das Kind zu Hause die Nacht nicht überlebt. Die Symbolwahl bei solchen Wahrträumen läßt sich meist aus der Lebensgeschichte ableiten. Ich fragte Frau B., ob sie etwas über die Verknüpfung von »Heidelbeeren« mit »Lebensbedrohung« und »Tod« sagen könne. Sie hatte selbst darüber nachgedacht und glaubte, die Verknüpfung gefunden zu haben: Sie war ein Pflegekind. Als sie zehn Jahre alt war, starb eine Frau, die sich ihrer annahm und die sie wegen ihrer Mutterliebe verehrte. Sie erfuhr ihren Tod beim Heidelbeerpflücken. Ich muß noch hinzufügen, daß Frau B. den ersten Heidelbeertraum von dem Kind der Nachbarsleute hatte, als dessen Geburt noch bevorstand. Darin liegt das vermutlich Paranormale. Ein Heidelbeertraum, als das Kind schon kränkel-

te, könnte auf die ängstliche Überlegung zurückgeführt werden, daß ohne Krankenhaus eine kritische Situation eintreten könnte.
Noch ein Beispiel aus dem Material des Freiburger Instituts: Frau T. C.: »Ehe ich sterbe und die Geheimnisse mit ins Grab nehme, möchte ich Ihnen etwas davon anvertrauen. Ich habe Wahrträume, die genau so eintrafen, wie ich sie im Traum erlebt habe. Ich erlebe sie anders als einen gewöhnlichen Traum und bin sofort hellwach und weiß: Das hatte wieder etwas zu bedeuten.« Anlaß ihres Schreibens war ein sie sehr bedrückender Traum von Leichenteilen, die in einen viel zu großen Sarg eingebracht wurden. Im Traum war dieses schreckliche Bild undeutlich mit dem Sohn eines Nachbarn verbunden. Kurze Zeit darauf wurde dieser von einem Zug überfahren. Frau C. hat uns besucht und berichtete über zahlreiche, sorgfältig notierte Träume, die meist Todesfälle betrafen. Bei engen Beziehungspersonen weiß sie, wer gemeint ist, bei entfernteren Personen ist ihr dies oft nicht klar. Im Gegensatz zur Frau B. mit ihren Warnträumen glaubt sie, nicht eingreifen zu können. Bei einer einzigen Ausnahme, wo sie es versucht hat, beim Traum von einem Motorradunfall einer ihrer Brüder, ist dieser Eingriff mißlungen. Seitdem hat sie es nie wieder versucht. Mit solchen »außersinnlichen Erfahrungen« befaßt sich die Parapsychologie, die Wissenschaft von den »okkulten« Erscheinungen. Die Bezeichnung ist abgeleitet von der griechischen Vorsilbe »para« = »neben« und soll ausdrücken, daß in diesem Zweig der Wissenschaft Vorgänge untersucht werden, die »neben« den uns vertrauten, mit den gewohnten Kategorien unseres Weltverständnisses begreiflichen Phänomenen auftreten.
Von außergewöhnlichen Vorgängen ist mit einer bemerkenswerten Gleichförmigkeit seit der Antike die Rede. Durch die Jahrhunderte trifft man auf Berichte, nach denen Menschen außerhalb des Bereiches ihrer Sinnesorgane Kunde von Vorgängen erhalten haben, von denen sie auf normale Weise nichts wissen können oder auch von Vorgängen, wo unerklärte Einwirkungen auf Dinge der Körperwelt ausgeübt werden, wie es z. B. bei den umstrittenen Spukvorgängen geschieht. Nach vielen Widerständen hat die Parapsychologie Eingang in die Universität gefunden: In Europa gibt es Lehrstühle und Institute in Utrecht, Freiburg i. Br. und seit kurzem auch in Edinburgh. Für die paranormalen Erscheinungen hat sich neuerdings der Sammelname »Psi«[1] eingebürgert; man spricht

[1] Der 23. Buchstabe des griechischen Alphabets und der erste des griechischen Wortes Psyche.

von »Psi im Traum«, »Psi bei Tieren«, »Psi und Religion« und anderem mehr.

Paranormale Erscheinungen

Das Material der Parapsychologie stammt aus drei Forschungsquellen:

1. Die sogenannten »spontanen Phänomene«. So bezeichnet man Berichte aus allen Schichten der Bevölkerung über Erlebnisse und Vorgänge, die als außergewöhnlich empfunden werden. Ahnungen, Zweites Gesicht, Visionen, Wahrträume, Todesankündigungen, Erscheinungen werden immer wieder beschrieben, wie auch das Stehenbleiben von Uhren im Augenblick eines Todesfalls und das Zerspringen von Spiegeln, Klopflaute oder in äußerster Steigerung des Befremdlichen: Spuk. Aufgabe der Forschung ist es, Täuschungen (die zahlreich sind) von Tatsachen zu unterscheiden und die Tatsachen möglichst gut zu dokumentieren.
2. Wichtigste Forschungsquelle für die positivistische Wissenschaft ist das Experiment. Bei quantitativ angelegten Laboratoriumsversuchen wird mit statistischen Verfahren gearbeitet. So prüft man z. B., ob Karten mit geometrischen Figuren, der Sinneswahrnehmung unzugänglich, über die Zufallswahrscheinlichkeit hinaus, erkannt werden. Oder es wird geprüft, ob fallende Würfel auf psychischem Wege in einer Weise beeinflußt werden können, daß gewünschte Augenzahlen überzufällig oft auftreten.
3. Bei qualitativen Experimenten (z. B. außersinnliches Erkennen von Zeichnungen oder paranormale Beeinflussung von Träumen) werden neben beliebigen Versuchspersonen vor allem auch sogenannte »Medien« oder »Sensitive« untersucht, also Personen, bei denen Grund zu der Vermutung besteht, daß sie über besondere Psi-Fähigkeiten verfügen.

Im Bereich der »außersinnlichen Wahrnehmung« unterscheidet die Parapsychologie drei Formen:

- *Telepathie:* der direkte Kontakt mit einer fremden Psyche oder mit anderen Worten: die außersinnliche Wahrnehmung eines fremdseelischen Vorgangs,
- *Hellsehen:* die außersinnliche Wahrnehmung einer Tatsache, von der niemand Kenntnis hat und
- *Präkognition:* Hellsehen in die Zukunft. Für diese, in der Umgangssprache »Prophetie« genannte Form der außersinnlichen Erfahrung ist die Definition schwieriger. Unter Präko-

gnition versteht die Parapsychologie das Vorauswissen eines zukünftigen Ereignisses, für das kein ausreichender Grund bekannt ist, der es herbeiführt und das nicht als Folge des Vorauswissens eintritt. Die zweite Einschränkung bedarf einer Erklärung: Wenn ein Mensch träumt, er stürzt an einer bestimmten Stelle mit seinem Auto eine Böschung herunter und hat dabei das Gefühl, einen bedeutungsvollen Wahrtraum gehabt zu haben, kann der geträumte Unfall, sollte er sich wirklich ereignen, auf einen sogenannten »Erfüllungszwang« zurückgeführt werden: In ängstlicher Befangenheit durch seinen Traum reagiert der Träumer in einer gefährlichen Situation falsch und führt selbst herbei, was er anscheinend »prophetisch« geträumt hat. Psi-Informationen werden unbewußt empfangen und fast immer in einem veränderten Bewußtseinszustand. Unaufmerksamkeit, Dösen, Müdigkeit, Hypnose, Trance, Schlaf, aber auch Meditation und die sogenannte »sensorische Deprivation«, das Abschirmen von äußeren Sinnesreizen und eine möglichst große Einschränkung sogenannter »Leibreize« begünstigen Psi-Erfahrungen.

Internationale Untersuchungen über spontane Phänomene – die erste der genannten Forschungsquellen – zeigen mit bemerkenswerter Übereinstimmung, daß sich nahezu die Hälfte aller Erlebnisberichte auf Träume bezieht. Die vermutliche Psi-Information kann sich auf gleichzeitige, zukünftige oder zurückliegende Ereignisse beziehen. Die präkognitiven Fälle sind häufiger als die gleichzeitigen. In einer amerikanischen Stichprobe überwiegen sie um ein Drittel, in Materialsammlungen aus Kriegszeiten um nahezu die Hälfte. Manche Träumer haben ein Bedeutungsbewußtsein, sie wissen mehr oder weniger deutlich, daß ein Traum außergewöhnlich ist. Andere merken erst bei der Erfüllung, daß sie einen Wahrtraum gehabt haben. Die Übereinstimmung des Traumerlebnisses mit einer Realsituation ist leichter festzustellen, wenn die Darstellung des Ereignisses im Traum »realistisch« erfolgt; sie ist schwieriger, wenn sie in »symbolischer« Form durch Anspielungen und Gleichnisse geschieht. Zwei Beispiele mögen diese verschiedenartigen Darstellungsmittel verdeutlichen:

Psi-Informationen und Psi-Träume

Eine Mitarbeiterin des Freiburger Instituts pflegte ihre Träume aufzuschreiben. An einem 12. April hatte sie in ihr Traumbuch eingetragen: »An einer weißen Wand hängt das Bild der Mona Lisa. Davor steht ein Mann, groß, grauhaarig. Plötzlich dreht er sich um und sagt zu mir erstaunt: ›Sind Sie jetzt die Mona Lisa oder ist es die auf dem Bild?‹« Zwei Tage später erhielt ich einen Brief aus Paris von einem Herrn, der kurz zuvor die Träumerin flüchtig kennengelernt hatte. Er berichtete, daß er im Louvre gewesen sei und wieder einmal das Meisterwerk von Leonardo da Vinci bewundert habe. Dabei sei ihm eine erstaunliche Ähnlichkeit der Mona Lisa mit der Mitarbeiterin des Instituts aufgefallen. Von dieser Ähnlichkeit war nie die Rede gewesen. Die inhaltliche und zeitliche Übereinstimmung des Traumes mit dem Erlebnis des Louvre-Besuchers spricht für eine paranormale Information, wobei man nicht unterscheiden kann, ob es sich um Telepathie oder Hellsehen oder beides handelt.

Die Aufzeichnung des Traumes vor der »Erfüllung« schließt die Fehlerquelle der Erinnerungstäuschung aus, die bei Berichten über spontane Erlebnisse immer im Auge behalten werden muß: Jemand hat einen Traum, dann geschieht etwas, das Ähnlichkeit mit dem Traumgeschehen zu haben scheint, und schon werden beide Vorgänge einander angeglichen und damit wechselseitig verfälscht. Symbolische Wahrträume können die Psi-Eindrücke so verrätseln, daß sie vom Träumer nur unter besonderen Umständen erkannt oder vielleicht überhaupt nicht verstanden werden. Eine Holländerin – der Fall wurde von meinem verstorbenen Utrechter Kollegen W. H. C. Tenhaeff aufgezeichnet – träumte von dem Besuch eines guten Freundes. Dieser bat sie, eine gemeinsame Bekannte aufzusuchen und ihr zu sagen, daß es ihm gut gehe. Beim Verlassen des Hauses nahm er eine alte Jacke ihres Mannes mit. Sie erfuhr durch die Bekannte, daß er völlig unerwartet gestorben war und hielt den Traum nun für psi-verdächtig, doch konnte sie sich das Motiv der alten Jacke nicht erklären. Später stellte sich heraus, daß ihre Kinder dieses Kleidungsstück »das ewige Leben« zu nennen pflegten.

In den meisten Fällen beziehen sich solche »spontanen Phänomene« auf etwas Bedrohliches: Tod in mehr als vierzig Prozent der Berichte, Erkrankung, Verletzung, Lebensgefahr in zwanzig Prozent, Verlust von Eigentum – darunter oft auch Brand beim »Spökenkieken« in der Lüneburger Heide und in Friesland; oft auch auf Liebesverlust, sogar Eifersucht kann Psi-Erlebnisse auslösen. Angst scheint das hauptsächliche Motiv für die rätselhafte Durchbrechung

der Raum- und Zeitschranken zu sein.
Gewöhnlich stellt man sich den telepathischen Vorgang so vor, daß ein »Agent« sendet und ein »Perzipient« empfängt. Diese Vorstellung kann bei Laboratoriumsexperimenten zutreffen, wo versucht wird, einen bestimmten Inhalt auf eine Versuchsperson zu übertragen. Bei spontanen telepathischen Phänomenen ist es aber häufiger so, daß ein bestimmter psychischer Inhalt von einem unbewußt aktiven Informationsbedürftigen »abgezapft« wird oder daß sogar vorübergehend eine Art »Bipersonalität«, eine vorübergehende Verschmelzung zweier Persönlichkeiten entsteht. Ein mit mir befreundeter Arzt hat erlebt, daß eine junge Frau, mit der er parapsychologische Experimente durchführte, längere Zeit – es war nahezu ein Jahr – immer wieder den Inhalt von Briefen träumte, die seine private Sphäre betrafen und die er sorgfältig unter Verschluß hielt. Begonnen hat der für beide kaum zu ertragende telepathische Zwangskontakt damit, daß der Arzt von einer Patientin, die er in einem Sanatorium betreut hatte und mit der er französisch sprach, einen Brief erhielt, in dem die Schreiberin klagte, sie leide an einer chronischen Bronchitis und müsse ihre Kur in einem wärmeren Klima, als es der Schwarzwald bietet, fortsetzen. Könnte sie doch fliehen, schrieb die Patientin weiter, wie es eine Freundin getan habe oder sich verloben oder heiraten und damit vielleicht eine Änderung ihrer kaum mehr erträglichen Situation herstellen. Sie wisse, daß ihr Korrespondent, der Arzt, viel zu tun habe, und schreibe ihm daher zu jedem Sonntag einen Brief, in der Hoffnung, daß er dann Zeit fände, ihr zu antworten. Kurz nachdem der Arzt einen Brief erhalten und eingeschlossen hatte, erschien die junge Frau, mit der er im Laboratorium arbeitete und erklärte, sie müsse ihm einen merkwürdigen Traum erzählen. Sie sei Patientin in einem Sanatorium gewesen und habe halb deutsch, halb französisch gesprochen. Dann plötzlich ein Szenenwechsel: eine südliche Landschaft mit Palmen, strahlend blauem Himmel, neben ihr eine zierliche Person, eine Patientin, der sie besorgt einen Schal um den Hals wickelte. Sie machte einen Weg mit ihr und kam zu einem Plakat, auf dem »Flüchtling« stand – eine Werbung für einen Film. Sie dachte: »Wir sind ja auch Flüchtlinge«, ging weiter mit der Traumpatientin und plötzlich war dann eine dritte Person bei ihnen: ein Mann mit einem nicht deutlich zu erkennenden Gesicht. Man kam an eine Buchauslage – die Traumpatientin wollte einen Roman von Henri Bordeaux kaufen »La peur

de vivre« (Die Lebensangst). Die Träumerin riet ihr, doch lieber »La joie de vivre« (Die Lebensfreude) zu erwerben. Dann ein Szenenwechsel: Ein Schreibwarengeschäft, in dem die Träumerin einen Kalender kaufen wollte. Sie blätterte in einem Exemplar, das ihr angeboten wurde. Innen war jeder Sonntag angekreuzt und auf dem Deckblatt stand zu lesen: »Der Sonntagsbrief«. Sie wunderte sich noch, daß in dem Geschäft Gebrauchtes verkauft wurde. So ging es weiter. Kaum ein Brief, der Privates enthielt, wurde von dieser telepathischen Indiskretion verschont. Manchmal wurden realistisch ganze Sätze geträumt, manchmal der Inhalt in symbolischen Bildern dargestellt. Dieser Einbruch in die persönlichste Sphäre wurde für den Arzt und seine Mitarbeiterin immer unerträglicher. Später wurde ihm klar, daß der einzige Weg, diesen Einbruch in seine persönlichste Sphäre zu verhindern, gewesen wäre, sich nicht mehr für die Träume seiner Mitarbeiterin zu interessieren und keine Berichte mehr entgegenzunehmen. Das Motiv war klar: Die Frau interessierte sich für den Arzt und wollte über sein Privatleben Bescheid wissen.

Dieser telepathische Zwangskontakt zeigt, daß Telepathie, die direkte psychische Kommunikation, keineswegs ein Ausdruck größter existenziell verantwortlicher Nähe ist, sondern vielmehr ein psychischer Kurzschluß, der zunichte macht, was sich in der Entwicklung des Menschen aus dem Clan zu einer individuellen Persönlichkeit als kostbarstes Gut herausgebildet hat: der Bereich, der mit den Worten gekennzeichnet wird: »Gedanken sind zollfrei«, ein Bereich, den der französische Psychiater Pierre Janet, Zeitgenosse Freuds, die »pensée intérieure« nannte.

Ein absichtlicher Einsatz einer solchen telepathischen Verbindung, etwa um eine wichtige Nachricht zu übertragen, gelingt nur in seltenen Fällen: im allgemeinen sind Psi-Vorgänge nicht manipulierbar, sie können weder gelernt noch geübt werden, es kann nur ein psifördernder Bewußtseinszustand in der Erwartung von Psi-Ereignissen absichtlich herbeigeführt werden. Der Mangel einer absichtlichen Wiederholbarkeit von Psi-Vorgängen ist die größte Schwierigkeit für die wissenschaftliche parapsychologische Forschung und der Grund, warum der Parapsychologie von positivistischen Methodikern, für die beliebige Wiederholbarkeit ein Kriterium der wissenschaftlichen Erforschung eines Phänomens darstellt, der Wissenschaftscharakter abgesprochen wird. Diese methodisch rigide Forderung ist allerdings mehr und mehr fragwürdig geworden.

Bei Berichten über Psi-Träume, die nicht gleich nach dem Erwachen notiert oder verläßlichen Zeugen erzählt werden, muß man immer mit Erinnerungsfälschungen rechnen. Die sicherste Methode, ein wissenschaftlich einwandfreies Material zu gewinnen, ist die sogenannte »erwartende Beobachtung«. Ich will dieses Verfahren an einem Beispiel erläutern: Anfang der fünfziger Jahre kam in das Freiburger Institut für Grenzgebiete Frau Christine Mylius, eine damals am Freiburger Stadttheater tätige Schauspielerin. Sie erzählte, daß ein Teil ihrer Träume sich »erfüllt« habe. Deswegen – berichtete sie – führe sie ein Traumjournal, in dem sie auch notiere, was nach ihrer Ansicht der gleich nach dem Erwachen festgehaltene Traum bedeutet. Die Beispiele von Psi-Träumen, die sie berichtete, waren so interessant, daß ich ihr eine Untersuchung vorschlug. Ich bat sie, dem Freiburger Institut in kurzen Abständen – etwa alle 14 Tage – die Aufzeichnung ihrer Träume und ihren Deutungsversuch zu schicken und uns unverzüglich Bescheid zu geben, wenn sie der Auffassung war, ein Traum habe sich erfüllt. Sie möge dann die als Erfüllung in Anspruch genommene Situation genau beschreiben, wenn möglich Zeugenaussagen oder andere Dokumente beibringen und mir gestatten, Nachprüfungen vorzunehmen. Frau Mylius hat mit einer beispiellosen Zuverlässigkeit und Gewissenhaftigkeit dieses »Experiment mit der Zeit« bis zu ihrem Tode 1982 durchgeführt und uns regelmäßig ihre Traumberichte aus Hamburg geschickt, wohin sie bald nach unserer Vereinbarung gezogen war. Wir haben über 3000 Träume von ihr in unserem Archiv, aber die Kapazität des mit sehr beschränkten Mitteln arbeitenden Instituts reicht bei weitem nicht aus, allen »psi-verdächtigen« Träumen nachzugehen. Im September 1959 teilte uns Frau Mylius mit, daß sie mit Dreharbeiten für einen Film von Frank Wisbar – »Nacht fiel über Gotenhafen« – beschäftigt sei, in dem sie eine ostpreußische Flüchtlingsfrau darstelle, die mit dem ehemaligen KDF-Dampfer »Wilhelm Gustloff« von Gotenhafen, dem heutigen Gdingen bei Danzig, evakuiert wurde. Das Flüchtlingsschiff wurde von einem sowjetischen U-Boot im Januar 1945 torpediert. Nahezu 6000 Menschen ertranken. Der Film stellt die Untergangsszenen in drastischem Realismus mit wirkungsvoller Antikriegstendenz dar. Frau Mylius teilte uns während der Dreharbeiten zu verschiedenen Malen mit, daß sie Einzelheiten der Aufnahmesituationen offenbar vorausgeträumt hatte und nannte uns die Nummern der Träume in unserem Archivmaterial. So hatte sie zu einer Zeit, als der Film noch gar nicht geplant war, am 22. Mai 1959 geträumt: »Fahre in einem uralten, dreckigen Dampfer, der kaum mehr manövrierfähig ist und der schon stundenlang braucht, um aus dem Hafen zu kommen. Auch die Mannschaft sieht ziemlich verwahrlost aus und steht unter Alkohol.« Am 10. September 1959 fuhren Filmleute, Schauspieler und Komparsen mit einem rasch gecharterten, sehr alten, zwar manövrierfähigen, aber vom Kohlenbunkern sehr verschmutzten Dampfer von Bremerhaven nach Helgoland. Er brauchte mehr als drei Stunden, um aus dem Hafen zu kommen. Die Mannschaft sprach zusammen mit den Passagieren ausgiebig dem zollfreien Whisky zu. Als der zweite Steuermann das Ruder übernehmen sollte, mußte er wegen Volltrunkenheit vom Kapitän relegiert werden. Im Oktober 1959 wurden im Filmstudio Göttingen Aufnahmen für den Gotenhafen-Film und zugleich – zum Teil mit denselben Kulissen – für einen Komikerfilm gemacht, der von einer Vergnügungsexpedition nach Tanger an der afrikanischen Küste handelte und dort in einem Vergnügungslokal endete. Man hatte katakombenartige Bunker und Nachtlokale aufgebaut. Auf dem Außengelände des Studios filmte man die Einschiffung der Flüchtlinge in dichtem Schneegestöber und mit künstlichem Schnee. Der Filmarchitekt hatte dafür eine Schiffskulisse aufgebaut und fünfzig Meter davon entfernt, für die Komödie, eine Oase mit Sand und Palmen. Im Gotenhafen-Film tanzten zwei Luftwaffenhelferinnen, die im Film als die »Hoepfner-Zwillinge« bezeichnet wurden und in dem zweiten führte eine spärlich bekleidete Mulattin einen Bauchtanz vor.

Eineinhalb Jahre vor diesen Dreharbeiten, am 25. Juni 1958, träumte Frau Mylius folgendes: »Ein Traum voll von Eindrücken, die ich kaum in Worte fassen kann. Es ging um eine Expedition nach Afrika. Warum, weiß ich nicht, denn ich sehe keine Neger. Obwohl es sehr heiß ist, erlebe ich auch ein Schneegestöber vor einem Hintergrund, der sowohl eine Sandwüste als eine Schneelandschaft sein kann. Dann sehe ich – wie auf einer Bühne – Katakomben, Nachtlokale und andere große Räume nahe beieinander, wie in einem Filmstudio. Zwei spärlich bekleidete Tänzerinnen – sie müssen Zwillinge sein – führen eine Art Eingeborenentanz auf.« Alle zwölf Träume dieser Gotenhafen-Thematik, die ich zusammen mit J. Mischo unter dem Titel »Präkognition in Traumserien« in unserer »Zeitschrift für Parapsychologie und Grenzgebiete der Psychologie« veröffentlichte, wurden zu einer Zeit geträumt, als die Filme noch nicht geplant waren. Es waren also mit Sicherheit keine zureichenden Gründe vorhanden, aus denen die späteren Ereignisse hätten kombiniert werden können, und es bestand auch keine Möglichkeit, sie im Sinne der Erfüllungserwartung »herbeizuführen«. Für die Interpretation der offenkundigen Übereinstimmungen bleibt nur die Alternative: Präkognition oder Zufall. Im Zuge der Diskussion der Zufallshypothese wurde der letzte Traum geschulten Traumdiagnostikern mit der Bemerkung vorgelegt, die Träumerin habe diese Szenen erlebt, bei denen sie teilweise mitspielte, teilweise zusah. Ich bat die Beurteiler, sich darüber zu äußern, ob sie einen Bezug zwischen den Erlebnissen und dem Traum sähen. Alle antworteten, sie könnten nicht verstehen, daß ich überhaupt diese Frage stelle – es liege doch auf der Hand, daß es sich um eine Verarbeitung von »Tagesresten« handle, bei denen sich – wie das so oft geschieht – zwei Motive zu einem Traumbild verdichten. Die Psi-Gegner unter den Traumdiagnostikern zogen sich betreten zurück, als ich ihnen eröffnete, daß die Träume eineinhalb Jahre vor den Ereignissen geträumt worden waren.

Frau Mylius führte ein minutiöses Tagebuch, in dem sie die kleinsten Ereignisse sorgfältig notierte. Dies ermöglichte einen Einblick in die Motivation der vermutlich präkognitiven Träume. Es zeigte sich, daß der fragmentarische Zugriff auf die Zukunft hauptsächlich in Angst- und Streßsituationen erfolgte. Oft schien die im Traum vorweggenommene zukünftige Situation die Sorgen der Streßsituation zu heilen. Es bestand immer ein gefühlsmäßiger Zusammenhang zwischen der aktuellen Situation, in der die Träume geträumt wurden und der Zukunftssituation, die Übereinstimmungen mit den Träumen aufwies. War der Zusammenhang nicht offenkundig, so konnte er doch meist durch eine tiefenpsychologische Analyse aufgedeckt werden. In einem Buch »Traumjournal – Experiment mit der Zukunft« (dva, 1974) berichtet Frau Mylius, daß »ausgesprochene Wahrträume oder ihr Gegenteil, die in positivem Sinn richtungsweisenden, beruhigenden Träume«, etwas sehr Seltenes seien. Von einem Traum, schreibt sie, wolle sie berichten, der ausnahmsweise gutes Geld einbrachte, weil sie wagemutig seinem eindringlich symbolischen Fingerzeig gehorchte. Mitten in den Dreharbeiten zu einem anderen Frank-Wisbar-Film, in dem sie eine kleine, schlecht bezahlte Rolle spielte, bot ihr der Norddeutsche Rundfunk eine sehr gute und große Rolle in einer Sen-

dung an, die nach Proben am 3. und 4. Juli, einen Tag später stattfinden sollte. Dieser 5. Juli war aber auch angeblich der hundertprozentig sichere Drehtag für ihr schlechtes Engagement. Sie wollte absagen, erreichte aber am Abend des kritischen Entscheidungstermins niemand mehr beim Rundfunk. Deprimiert ging sie ins Bett und hatte folgenden Traum (Nr. 605 unseres Archivs): »Eine Lösung irgendeiner Art, die keiner voraussehen kann. Es gibt zwei Möglichkeiten, zweierlei Stilarten und Arbeiten von zwei Parteien, die sich in der Mitte treffen und sich gegenseitig akzeptieren. Ich sehe, wie die Lösung eines komplizierten Puzzlespiels, deutlich ein Bild, das mich mit großer Zufriedenheit und einem Glücksgefühl sondergleichen erfüllt: zwei Zahnräder fahren aufeinander zu, greifen mühelos ineinander. Um dem Ganzen noch mehr Nachdruck zu verleihen, sind die Räder ringsherum mit einem Blütenkranz geschmückt.«
Mit einem geradezu triumphierenden Hochgefühl wachte ich auf, rief den Rundfunk an und sagte die Sendung am 5. zu. Es war ein unglaubliches Vabanquespiel, das mir nicht einmal Herzklopfen verursachte, so sicher war ich meiner Sache. Der Traum mit seiner starken Symbolhaftigkeit hatte mir einfach die unumstößliche Gewißheit gegeben, daß irgendetwas mit dem Drehtag passieren würde. Ich wußte nur nicht, was!« Der Traum erfüllte sich. Der Aufnahmeleiter der Filmgesellschaft, der keine Ahnung von ihren Nöten hatte und noch weniger von ihrer leichtsinnig begonnenen zweiten Arbeit, teilte ihr mit, daß der Drehtag 5. Juli wegen der Erkrankung einer anderen Schauspielerin leider verschoben werden mußte.

Telepathische Träume

Die Erforschung telepathischer Träume trat in ein neues Stadium ein, als in den späten fünfziger Jahren von den Amerikanern Kleitman und Dement schnelle Augenbewegungen – rapid eye movements (sogenannte REM-Phasen) – als verläßlicher Anzeiger des Träumens entdeckt wurden. Wenn man eine Versuchsperson in diesen Phasen weckt, so bekommt man fast ausnahmslos lebhafte, sinnlich-anschauliche Traumberichte, die beim Wecken aus anderen Schlafphasen in dieser Form fehlen. Die REM-Phasen treten pro Nacht etwa 4–5mal auf und dauern ungefähr 20–25 Minuten. Nun konnte man unter kontrollierten Bedingungen versuchen, Träume auf telepathischem Wege zu beeinflussen. In einem Laboratorium für telepathische Traumexperimente schläft die Versuchsperson in einem isolierten Raum, Elektroden sind an Stirn und Kopfhaut angebracht, um die Hirnströme zu registrieren, zwei weitere messen in der Umgebung der Augen der Versuchsperson Änderungen der Spannung, die mit den Bewegungen des Augapfels in der Augenhöhle verbunden sind. Beim Eintreten einer REM-Phase wählt der Experimentator durch ein Zufallsverfahren aus vorbereitetem Material ein Bild und versucht, es telepathisch auf die träumende Versuchsperson zu übertragen. Unter Umständen unterstützt er es auch pantomimisch, so etwa einen Boxkampf durch entsprechende Armbewegungen. Hört die REM-Phase auf, wird die Versuchsperson durch ein Signal vorsichtig geweckt. Sie berichtet ihren Traum auf Tonband und schläft dann gewöhnlich wieder ein. Das Experiment kann im Laufe einer Nacht mehrfach wiederholt werden. Die Traumberichte von einer Versuchsperson oder von mehreren werden dann in Reihen von 5–8 zusammengestellt und einer Gruppe von Einstufern vorgelegt, die versuchen, sie den verwendeten Bildern zuzuordnen und Grad und Art einer eventuellen Übereinstimmung festzustellen. Die Identifizierung macht keine Schwierigkeiten, wenn die telepathisch übertragene Information im Traum in vollem Umfang realistisch dargestellt ist, sie wird aber schwieriger, wenn nur Fragmente, Symbole oder Anspielungen geträumt werden. Im Traumlaboratorium des Maimonides-Hospitals in Brooklyn, New York, erhielten M. Ullman, S. Krippner und S. Hellstein eindrucksvolle Ergebnisse in einer Versuchsreihe mit Reproduktionen von Gemälden berühmter Maler. In zwei Versuchsnächten war die Vorlage Salvador Dalis »Sakrament des letzten Abendmahls«, das Christus, surrealistisch im Wasser schwebend, umgeben von seinen zwölf Jüngern darstellt, ein Glas Wein und zwei Brotlaibe sind auf einem Tisch, Fischerboote in einiger Entfernung zu erkennen. Aus dem ersten Traum: »Da war eine Szene mit einem Meer. Es war von einer sehr merkwürdigen Schönheit und Anordnung.« Aus dem zweiten Traum: »Es gibt keinen genauen Grund, warum ich dies sage, aber irgendwie kommt mir ein Boot in den Sinn, ein Fischerkahn, relativ klein. Da war ein Bild in unserem Seafare-Restaurant, das mir in den Sinn kam, als ich zu beschreiben begann. Es ist ein sehr großes und eindrucksvolles Gemälde. Es zeigt – oh, ich würde sagen so ungefähr ein Dutzend Männer vielleicht, die ein Fischerboot an Land ziehen, gerade nachdem sie von dem Fang zurückgekehrt sind.« Aus dem dritten

Traum: »Ich schaute einen Katalog an, einen ›Christmas-Catalog‹, ›Christmas season‹.« In anderen Träumen taucht das Motiv »Der Heiler« auf, in wieder anderen Essen verschiedener Art. Die Einfälle der Versuchspersonen zu ihren Träumen weisen darauf hin, daß sie hintergründig wußten, daß es sich um ein religiöses Thema handelte. »Der Fischertraum läßt mich an das Mittelmeergebiet denken, vielleicht sogar in biblischer Zeit. Gerade jetzt fallen mir »Fisch« und »Laib Brot« und die »Speisung der Vielen« ein. Dann denke ich wieder an »Christmas«. Es hat mit der See zu tun – mit Wasser, Fischen, etwa dieser Art ...« Dieses Beispiel zeigt mit vielen anderen ein oft anzutreffendes charakteristisches Merkmal der telepathischen Information: Sie bleibt im Anschaulichen haften, so daß der eigentliche Sinngehalt nicht oder nur ungenügend erkannt wird. Manchmal stellen sich spontane Übertragungen ein, die nicht durch das Zielobjekt, sondern durch affektbesetzte Erlebnisse des Agenten bedingt sind. Sie entziehen sich dann einer Auswertung im Rahmen des Versuchsplans, sind aber aufschlußreich für die Affektbedingtheit des telepathischen Phänomens. Dr. Ullman notierte bei der Übertragung eines Zielbildes: »Ich kann mich kaum konzentrieren, da ich starke Magenschmerzen habe. Ich muß daran denken, daß ich mich einer Magenoperation unterziehen muß und vielleicht eine Bluttransfusion benötige.« Von dem Zielbild befand sich keine Spur in dem Traum der Versuchsperson. Sie träumte, daß sie in einer Klinik für eine Magenoperation vorbereitet werde und ihr eine Ärztin sage, sie werde eine Bluttransfusion erhalten. Die Nebenvorstellung hat infolge ihrer stärkeren affektiven Ladung das Zielobjekt überspielt.

Allen Psi-Phänomenen ist gemeinsam, daß sie sich vorwiegend in einem »affektiven Feld« abspielen. Telepathische Übertragungen geschehen fast immer zwischen Menschen, die gefühlsmäßig miteinander verbunden sind. Ebenso richten sich Vorschauerlebnisse auf Personen oder Situationen, die eine emotionale Bedeutung für den »Visionär« haben. Immer wieder wird in diesen Zeiten voller Sorge das Freiburger Institut gefragt, ob sich Krieg und Katastrophen, die uns bevorstehen, in Vorschauerlebnissen abzeichnen. Dazu ist zu sagen, daß sich nur in ganz seltenen Fällen kollektive Ereignisse ohne Bezug auf individuelle Ereignisse, in Psi-Erlebnissen manifestieren und weiter, daß eine hellseherische Vorschau immer nur hinterher, also nach dem Eintreffen des Vorausgesagten, als solche erkannt werden kann. Es ist prinzipiell unmöglich, im voraus Merkmale für die Echtheit einer anscheinend paranormalen Vorschau des Zukünftigen anzugeben. Diese Einschränkung sollte immer bedacht werden, wenn wir heute in einer Art Endzeitstimmung mit Weissagungen überflutet werden, die unter Berufung auf die Apokalypse, auf Nostradamus oder Fatima schreckliche Ereignisse vor der Jahrtausendwende voraussagen.

Ein Beispiel, wie Kriegsereignisse zunächst unerkannt im Hintergrund einer Vorschau stehen können, ist der Traum einer Frau Suchland, den wir gründlich untersucht haben. Kurze Zeit nach der Geburt ihres jüngsten Sohnes träumte sie, daß sie in einem ihr völlig fremden Land in den Dünen nach ihm suchte und mit ihren Händen den losen Sand an vielen Stellen durchwühlte. Noch ganz im Bann des Traumes erzählte sie dies ihrem Mann, der sich, wie seine Frau, von uns interviewt, an jede Einzelheit erinnerte. Er müsse ihr helfen, den Hans zu suchen. Er liege am Meer unter Dünensand. Der Säugling schlief währenddessen ruhig und friedlich in seinem Bett. Kurz nach dem Krieg erhielt Frau Suchland durch das Rote Kreuz die Todesnachricht ihres in französischer Gefangenschaft gestorbenen Sohnes. Nach endlosen Bemühungen erreichte sie die Verbindung mit zweien seiner Kameraden, die Zeugen seines Todes waren. Sie schickten eine Skizze des Fort Mahon, zwischen Abbéville und Boulogne an der Nordküste Frankreichs, und schrieben: Das Grab von Hans Suchland liegt bei Fort Mahon in den Dünen, achthundert Meter vom Meer.

Das bestürzende Phänomen der Präkognition führt notwendig zu der Frage, ob denn alles Zukünftige vorausbestimmt, determiniert ist. Diese Überlegung führt wiederum zu der Frage, ob ein durch Präkognition, durch paranormale Vorschau vorausgesehenes Ereignis vermieden werden kann. Die Diskussion über dieses Problem wird in der parapsychologischen Literatur unter dem Stichwort »Interventionsparadox« geführt. Mrs. Louisa E. Rhine, die kürzlich verstorbene Frau des amerikanischen Parapsychologen J. B. Rhine, eine Expertin der »spontanen Phänomene«, hat eine umfangreiche Untersuchung mit dem Ziel unternommen, herauszufinden, ob in dem einen oder anderen Fall von Vorschau eine Intervention erfolgreich stattgefunden hat, was von eminenter theoretischer Bedeutung wäre. Sie formuliert das Problem mit den Worten: »Wenn dem Begriff Präkognition die Bedeutung gegeben wird, eine festgelegte, determinierte Zukunft vorauszuschauen, dann kann eine solche Zukunft, der Definition entsprechend, nicht abgewendet werden; und umgekehrt: Wenn ein vorausgesehenes Ereignis abgewendet werden kann, dann war es kein determiniertes, festgelegtes.« Sie stellte eine Stichprobe von 1324 Fällen spontaner Präkognition zusammen. Eine kleine Zahl von Fällen aus diesem Material schien ihr die Bestätigung für eine erfolgreiche Intervention zu liefern. Besonders betonte sie drei Fälle, die ihr nahe an das Ideal eines erfolgreichen Eingriffs in das vorausgesehene Geschehen heranzukommen schienen. Eines der Beispiele: In einer Wachvision sah eine Mutter ihren ältesten Sohn Herbert tot in der Badewanne liegen. Dies beunruhigte sie derartig, daß sie immer lauschte, ob alles in Ordnung war, wenn er badete. Ihm erzählte sie nichts, vertraute aber die Vision ihrem jüngeren Sohn Peter an. Herbert, schon seit Jahren nicht mehr im Elternhaus, kam einmal während seiner Ferien nach Hause. Die Mutter erinnerte sich immer noch an ihre Vision. Als sie im Begriff war auszugehen, badete der Junge. Sie hörte ihn pfeifen und singen, brachte es aber nicht über sich wegzugehen. Nach einer Weile hörte sie das Wasser ablaufen, er jedoch war still. Sie öffnete die Tür und da lag er genau wie in ihrer Vision vor Jahren. Gas strömte aus, das Fenster war geschlossen. Ihr Sohn – schon betäubt – hätte nicht überlebt, wenn sie nicht Fenster und Türen aufgerissen und sofort den Arzt geholt hätte.

Wahrtraum und Wirklichkeit

Es ist überaus schwierig, folgendes Problem durch empirische Untersuchungen zu entscheiden: ob die Traumpsyche die präkognitive Vorwegnahme einer Gefahrensituation dramatisiert, also in unserem Beispiel etwa: Gefahr in der Badewanne (der präkognitive Inhalt) zum Tod in der Badewanne führt (die dramatische Ausgestaltung).

Bekannte Physiker, die sich mit Präkognition beschäftigen, vertreten die Auffassung, es bestünden keine theoretischen Schwierigkeiten in bezug auf Determination, Intervention und Willensfreiheit, wenn man darauf verzichtet zu sagen, man könne mit Präkognition irgendetwas Praktisches anfangen und sie nutzen, indem man sich nach einer Voraussage richtet. Zum Problem der Willensfreiheit ist noch zu bemerken, daß Entscheidung ein Phänomen »sui generis« ist, d. h. wir müssen uns entscheiden, unabhängig davon, ob wir es mit Determiniertem zu tun haben oder nicht.

Um die vielschichtige Motivationsbasis von »Wahrträumen« zu erfassen, sind oft tiefenpsychologische

Gesichtspunkte erforderlich. Psychoanalytisch geschulte Traumdiagnostiker sind nicht immer bereit, die Wirklichkeit von »Außersinnlichem« im Traum anzuerkennen. Sie gehen geflissentlich darüber hinweg, daß Freud selbst nach ursprünglicher Ablehnung 1922 und ausführlicher 1925 in einem Artikel »Die okkulte Bedeutung des Traumes« zugab, daß er bei aller durch die Tragweite, Neuheit und Dunkelheit des Gegenstandes gebotenen Vorsicht, sich doch nicht mehr für berechtigt halte, mit Äußerungen zum Problem der Telepathie zurückzuhalten. Das telepathische Phänomen sei zwar nicht ausschließlich an den Traum gebunden, aber solche Übertragungen träten anscheinend bevorzugt im Traum auf, indem das telepathische Material verändert und umgestaltet würde. Er regte an, das Phänomen telepathischer Träume in der analytischen Situation (Arzt-Patient-Verhältnis) zu untersuchen. Zahlreiche Analytiker – ich nenne nur Helene Deutsch, Hollos, Servadio, Eisenbud, Ehrenwald – nahmen diese Anregungen auf und fanden das Phänomen bestätigt. In einigen solchen Träumen schienen die Patienten den Analytiker zu »entlarven« und ihm Irreführungen vorzuhalten. Die Existenz von Vorschau-Träumen hielt Freud für nicht erwiesen, er konnte sie mit seinem Weltbild nicht vereinbaren. Sein geheimes Interesse an den Grenzgebieten war so groß, daß er am 1. August 1921 an den englischen Parapsychologen Hereward Carrington schrieb: »Wenn ich mein Leben noch einmal zu leben hätte, würde ich mich lieber der Parapsychologie als der Psychoanalyse widmen.« Sein Biograph Jones, der die okkulten Interessen Freuds unwillig bestätigte, hat eine Fotokopie dieses Briefes eingesehen. C. G. Jung hatte keine Bedenken, Psi und damit auch die präkognitiven Träume uneingeschränkt anzuerkennen. In einem Aufsatz »Seele und Tod« (1934) schrieb er: »Eine objektive Sichtung und Kritik der vorhandenen Beobachtungen läßt feststellen, daß sich Wahrnehmungen ereignen, die teils so vor sich gehen, als ob es keinen Raum gäbe, teils so, als ob es keine Zeit gäbe.« In Zusammenarbeit mit dem Zürcher Nobelpreisträger und Physiker Wolfgang Pauli entwickelte C. G. Jung eine Hypothese zum Verständnis nicht kausaler Zusammenhänge in der Natur, in die er auch die paranormalen Erscheinungen einbezog. Diese sogenannte »Synchronizitätstheorie« sagt aus, daß die Weltereignisse nicht nur durch eine naturgesetzlich faßbare Kausalität miteinander verknüpft sind, sondern daß eine Verbindung auch durch den »Sinn« gestiftet werden kann.

Wenn sich die Psyche in einer sogenannten »archetypischen Verfassung« befindet, d.h. wenn affektbesetzte Inhalte des tiefsten, kollektiven Unbewußten aktiviert sind, können Raum und Zeit für die Psyche relativ werden und sich außerhalb der Raum-Zeit-Dimensionen sinnvolle Übereinstimmungen mit Naturvorgängen oder dem Erleben anderer Psychen zeigen. Solche nicht-kausalen Übereinstimmungen nennt Jung »synchronistisch«, was nicht mit »gleichzeitig« verwechselt werden darf, sondern »gleichsinnig« bedeutet.

Stark affektbesetzte Inhalte des Unbewußten, vor allem wenn sie Grenzsituationen des Daseins betreffen wie Tod, Krankheit, Gefahr, Wagnis, Wandlung, Partnerschaft wirken nach Jung über die Grenzen der psychischen Binnenwelt hinaus als »Anordner«. Äußeres Geschehen könne ihnen sinngemäß entsprechen. Die Synchronizitätstheorie wird getragen von der metaphysischen Auffassung einer einheitlichen Welt, in der kein Abgrund zwischen Psyche/Geist und Materie besteht, sondern diese beiden Komponenten des Universums sich durchdringen. Der Traum, in dem sich mehr als die Hälfte der spontanen Psi-Erfahrungen offenbart, ist – so gesehen – nicht nur eine »via regia« (Königsweg) zum Unbewußten, wie Freud es formulierte, sondern eine »via regia« zum Sinn des Universums.

In einer Bevölkerungsumfrage hat das Allensbacher Demoskopische Institut die erwachsene Bevölkerung Westdeutschlands und Westberlins gefragt, was sie vom »Zweiten Gesicht« halte. 53 Prozent der Befragten gaben an, daß sie außergewöhnliche Informationen über Gegenwärtiges und Zukünftiges für wirklich oder möglich hielten, 36 Prozent meinten, so etwas gäbe es nicht, 11 Prozent waren unsicher. Diesen Meinungszwiespalt gibt es nicht erst in unserem technischen Zeitalter; er machte sich auch schon in früheren Jahrhunderten bemerkbar, wo Skeptiker von einer durch die Psyche erschlossenen »verborgenen Wirklichkeit« nichts wissen wollten. So nützlich die skeptische Haltung für die Aufdeckung von Täuschungen ist, so sehr blockiert sie in radikaler Ausprägung den Fortschritt in unserem Weltverständnis, insofern es sich noch nicht von den Fesseln des Mechanismus befreit hat. Skeptikern sollte man ein Wort von Freud empfehlen: »Wer sich als Skeptiker fühlt, tut gut daran, gelegentlich auch an seiner Skepsis zu zweifeln.«

Literatur:

Beloff, J. (Hrsg.): Neue Wege der Parapsychologie. Darin: Honorton, C.: Außersinnliche Wahrnehmung (ASW) und veränderte Bewußtseinszustände. Walter: Olten, 1980, S. 78–103.

Bender, H.: Unser sechster Sinn. Telepathie – Hellsehen – Spuk. Goldmann: München, 1982.

Bender, H.: Zukunftsvisionen, Kriegsprophezeiungen, Sterbeerlebnisse. Aufsätze zur Parapsychologie II. Piper: München, 1983.

Bender, H. (Hrsg.): Parapsychologie. Entwicklung, Ergebnisse, Probleme. Wissenschaftliche Buchgesellschaft: Darmstadt, 1980[4].

Freud, S.: Die okkulte Bedeutung des Traumes. Fischer: Frankfurt, 1971, GW I, S. 569–573.

Freud, S.: Traum und Okkultismus. Fischer: Frankfurt, 1971, GW XV, S. 32–61.

Jung, C. G.: Seele und Tod. Walter: Olten/Freiburg, 1971, GW VIII, S. 461–474.

Jung, C. G.: Synchronizität als ein Prinzip akausaler Zusammenhänge. Walter: Olten/Freiburg, 1971, GW VIII, S. 475–592.

Mylius, C.: Traumjournal. Experiment mit der Zukunft. Deutsche Verlagsanstalt: Stuttgart, 1974.

Wolman, B. (Hrsg.): Handbook of Parapsychology. Darin: Van de Castle, R. L.: Sleep and Dreams. Van Nostrand: New York, 1977, S. 473–499.

Paul Tholey

Der Klartraum – Hohe Schule des Traums

Was ist ein Klartraum?

Die Kunst des Träumens beginnt mit dem Klarträumen. Während man in gewöhnlichen Träumen seine kostbare Traumzeit im Zustand der Bewußtseinstrübung oder Verwirrung vergeudet, gelangt man in den Klarträumen zu erstaunlicher Klarheit in mehrerlei Hinsicht. Das Klarträumen gehört zu den faszinierendsten und aufregendsten Erlebnissen menschlicher Erfahrung. Mir ist kein Klarträumer bekannt – und ich kenne einige hundert –, der einen gewöhnlichen Traum einem Klartraum vorziehen würde.

Es gibt Klarträume, die sich im Hinblick auf die Erscheinungsweise des eigenen Körpers und der Umgebung überhaupt nicht von der Wachwirklichkeit unterscheiden. Wie können Sie sich ein erstes anschauliches Bild von einem Klartraum machen? Ganz einfach: Schauen Sie sich um und stellen Sie sich dabei vor, daß alles, was Sie jetzt sehen, bloß erträumt ist. So echt wie das, was Sie jetzt erblikken, können auch die Dinge im Klartraum aussehen; sie erscheinen also nicht unwirklich, bloß phantasiert oder vorstellungsartig wie im Tagtraum. Auch ihr eigener Körper erscheint im Klartraum echt. Das Armkneifen nützt überhaupt nichts zur Unterscheidung von Traum- und Wachzustand;

denn Sie haben jeweils das gleiche Gefühl im Arm.
Woran kann man aber erkennen, daß man sich im Traum befindet? Meistens daran, daß man etwas erlebt, was im Widerspruch zum Wissen über das Wachleben steht. Nehmen wir beispielsweise an, daß Ihnen plötzlich einfällt, daß Sie eigentlich weit weg in einem entfernten Urlaubsort sein müßten und nicht dort, wo Sie sich jetzt erleben, dann wäre es Ihnen unmittelbar klar, daß Sie träumen. Durch dieses Wissen würde sich nichts in der Traumwahrnehmung ändern. Sie wüßten jetzt zwar, daß Ihr physischer Organismus schlafend im Bett liegt, spürten aber weiterhin nur Ihren Traumkörper. Was würden Sie jetzt als geübter Klarträumer tun? Sie könnten das Fenster aufmachen, um einen genußreichen Flug zu starten. Haben Sie künstlerisches Interesse, so würden Sie sich vielleicht zu einem Gedicht oder zu einer Komposition inspirieren lassen. Als Sportler könnten Sie auf gefahrlose Weise gefährliche turnerische Übungen einstudieren. Sind Sie hingegen Wissenschaftler, dann würden Sie vielleicht prüfen, ob die Traumgestalten, die Ihnen begegnen, genau so gut oder gar besser rechnen können als Sie selbst. Wollen Sie etwas über sich oder Ihre Persönlichkeit wissen oder haben Sie seelische Probleme, dann könnten Sie sich durch eine Zeitreise in die Kindheit zurückversetzen lassen oder einen Traumratgeber um Hilfe bitten. Was hier an Beispielen genannt wurde, ist nur eine kleine Auswahl an Möglichkeiten, die im Klartraum verwirklicht werden können, und in unseren Untersuchungen von fortgeschrittenen Klarträumern auch tatsächlich verwirklicht wurden.
Klarträume können auch von Anfang an phantastische und symbolische Inhalte aufweisen. Zur Veranschaulichung schildere ich einen eigenen Klartraum:

»Ich werde von einem Tiger verfolgt; ich empfinde Angst. Plötzlich kommt es mir merkwürdig vor, daß es in der hiesigen Gegend Tiger geben solle. Nach einer kurzen Phase des Zweifels kommt mir der Gedanke, daß ich mich im Traum befinden müsse, worauf ich meine Flucht erleichtert fortsetze. Einige Augenblicke später fällt mir ein, daß ich überhaupt nicht fliehen muß, da mir ein Traumtiger ja gar nichts anhaben kann. Jetzt überlege ich mir, was ich tun soll. Einerseits habe ich Interesse daran, einen angenehmen Flug zu starten, andererseits interessiere ich mich für den Tiger. Ich entscheide mich dafür, den Tiger anszusprechen. Also lasse ich ihn an mich herankommen und frage ihn: ›Wer bist du?‹ Der Tiger ist zunächst völlig verdutzt

und verwandelt sich dann in die Gestalt meines verstorbenen Vaters. Als ich ihn frage, was er wolle, macht er mir mit drohenden Gebärden Vorwürfe der verschiedensten Art. Ich weise zwar einige Vorwürfe als übertrieben zurück, halte andere aber für berechtigt und entschließe mich dazu, mein Verhalten im Wachleben entsprechend zu ändern. Im gleichen Augenblick wird mein Vater freundlich, und wir reichen uns die Hand zur Aussöhnung. Ich fühle mich wie erlöst und wache danach auf.«

Dem Traumbeispiel ist nachzuschicken, daß mir mein Vater nach seinem Tod häufig als Alptraumfigur erschienen war, mit der ich mich kämpferisch auseinandersetzte. Nach dem geschilderten Traum erschien er mir nur noch als friedliche, manchmal sogar als helfende Traumfigur.

An dem geschilderten Traumbeispiel lassen sich unterschiedliche Aspekte der Klarheit im Traum gut veranschaulichen:

1. *Klarheit über den Bewußtseinszustand:* darüber, daß man träumt.
2. *Klarheit über die eigene Entscheidungsfreiheit:* darüber, daß man z. B. vor einer Alptraumfigur nicht auszureißen braucht, sondern etwas beliebig anderes tun kann.
3. *Klarheit des Bewußtseinszustands:* im Gegensatz zur Bewußtseinstrübung oder Verwirrung.
4. *Klarheit über das Wachleben:* darüber, wer man ist und was man sich für diesen Traum vorgenommen hat.
5. *Klarheit der Wahrnehmung:* dessen, was man sieht, hört, riecht, schmeckt und fühlt.
6. *Klarheit über den Sinn des Traums,* wobei unter Sinn sowohl die Bedeutung als auch der Zweck des Traums zu verstehen sind.
7. *Klarheit der Traumerinnerung:* man kann sich an Klarträume ebensogut erinnern wie an vergleichbare Erlebnisse aus dem Wachleben.

Für den Klartraumbegriff, wie er von mir eingeführt wurde, ist das Vorhandensein der Klarheit im Sinne von 1 bis 4 unerläßliche Voraussetzung; die Klarheit im Sinne von 5 bis 7 muß dagegen nicht unbedingt gegeben sein. Bei dem in der Literatur häufig gebrauchten Begriff des *luziden Traums* (engl.: »lucid dream«) wird nicht deutlich zwischen den unterschiedlichen Aspekten der Klarheit bzw. Luzidität unterschieden. Vielfach wird nur die Klarheit über den Bewußtseinszustand als Abgrenzungskriterium von gewöhnlichen Träumen genannt. Dies halte ich nicht für sinnvoll; der Gedanke, daß man träumt, tritt verhältnismäßig häufig auf, ohne daß es hierdurch zu einer wesentlichen Änderung des Traumerlebens kommt. Man betrachte hierzu das obige Beispiel, in dem das Traum-Ich trotz der Erkenntnis des Traumzustands seine Flucht noch fortsetzt. Erst durch die Erkenntnis der eigenen Entscheidungsfreiheit nimmt der Traum eine gänzlich andere Qualität an.

Lange Zeit gab es verschiedene Erlebnisberichte, die jedoch kaum ernst genommen wurden, weil es noch keine geeignete Technik zur Herbeiführung von Klarträumen gab – eine unerläßliche Voraussetzung für eine empirisch-wissenschaftliche Überprüfung der Berichte. Außerdem wurde das Klarträumen häufig mit okkulten und spiritistischen Vorstellungen in Verbindung gebracht. Dazu wird man leicht verführt, weil manche Klartraumerlebnisse so ungewöhnlich sind: Man kann zu fernen Orten und Zeiten, zu Lebenden und Toten, zu sinnlichen und außersinnlichen Welten reisen. Und da diese Reisen unglaublich echt empfunden werden, vergessen unkritische »Träumer« leicht, daß es sich »nur« um Traumerlebnisse handelt – oder, nur bildlich gesprochen, allenfalls um Reisen in die *»inneren Räume«* der eigenen Persönlichkeit.

Unsere Untersuchungen, an denen mehrere hundert Personen teilnahmen, haben gezeigt, daß Klartraumerlebnisse sich lückenlos in ein kritisch-realistisches Weltbild einfügen und sich mit den Methoden experimenteller Erlebnisbeobachtung systematisch untersuchen lassen. Die vielfältigen Möglichkeiten des Klarträumens sind überhaupt erst voll auszuschöpfen, wenn man dies erkennt.

Wie kann man das Klarträumen erlernen?

Es mag dem Verständnis der folgenden Ausführungen dienen, wenn ich zunächst schildere, wie ich selbst überhaupt auf den Gedanken des bewußten Träumens kam. Zu Beginn meines Psychologiestudiums (im Jahr 1959) hörte ich einige Behauptungen über Träume, die mir unglaubwürdig erschienen, so z. B. daß man im Traum keine Farben sehen könne. Da ich mich selbst an meine Träume nur sehr schlecht erinnern konnte, war es mir nicht möglich, diese Behauptung anhand meiner eigenen Träume zu überprüfen. Ich kam zu der Ansicht, daß man die fraglichen Behauptungen am besten überprüfen könne, wenn man während des Träumens systematische Beobachtungen über die Traumerlebnisse anstellte. Um die Durchführung solcher Beobachtungen zu ermöglichen, war es notwendig, eine Methode zu finden, die es erlauben sollte, sich während des Träumens der Tatsache, daß man träumt, bewußt zu werden. Hierbei ließ ich mich von folgendem Grundgedanken leiten: Entwickelt man bereits während des Wachzustands eine kritische Einstellung gegenüber seinem augenblicklichen Bewußtseinszustand, indem man sich die Frage stellt, ob man wacht oder träumt, so überträgt sich diese kritische Einstellung auch auf den Traumzustand. Aufgrund der Ungewöhnlichkeit der Traumerlebnisse kann man dann in der Regel erkennen, daß man träumt.

Ich stellte mir also tagsüber mehrmals (etwa fünf- bis zehnmal) die kritische Frage, ob ich wache oder träume. Obwohl hierbei niemals der geringste Zweifel darüber aufkam, daß ich mich im Wachzustand befand, zwang ich mich dazu, sehr sorgsam zu überprüfen, ob irgend etwas Auffälliges zu entdecken war, das mir einen Hinweis dafür geben könnte, daß ich mich im Traumzustand befand. Diese Überprüfung nahm jeweils die Zeit von ein bis zwei Minuten in Anspruch. Nach vier Wochen hatte ich den ersten Erfolg. Die kritische Frage nach dem Bewußtseinszustand tauchte während des Träumens auf, und ich konnte die Tatsache, daß ich träumte, daran erkennen, daß ich einer Person begegnete, von der ich wußte, daß sie verstorben war. Ansonsten konnte ich nichts Auffälliges entdecken. Ich befand mich mit anderen Personen in einer Wiesenlandschaft. Alles wirkte unglaublich echt. Ich konnte mich mit den Personen ganz »normal« unterhalten, konnte Blumen pflücken und ihren Duft wahrnehmen, beliebig anderes wie im Wachzustand tun. Ich war von diesem Erlebnis – vor allem wegen der unglaublichen Echtheit des eigenen Körpers und der Traumszenerie – zutiefst beeindruckt. Allerdings beschlich mich dann nach einiger Zeit ein etwas beklemmendes Gefühl; ich hatte ja noch nie etwas von derartigen Erlebnissen gehört und fragte mich, ob ich aus diesem ungewöhnlichen Bewußtseinszustand wieder herauskommen könnte. Als ich mir darauf eine Blume längere Zeit anschaute, schien diese zu verschwimmen, und ich wachte auf.

Dieser erste Klartraum hatte mich so fasziniert, daß ich unbedingt weitere erleben wollte, allerdings ohne beklemmende Gefühle der beschriebenen Art. Also mußte ich eine Methode finden, die es mir ermöglichte, jederzeit nach Wunsch aus einem Klartraum aufzuwachen. Bei der Suche nach einer solchen Methode stützte ich mich auf den bekannten Befund der physiologischen Traumforschung, daß während des Träumens rasche Augenbewegungen auftreten. Ich kam daraufhin zu der Vermutung, daß ich einen Traum beenden könnte, wenn ich während des Traumzustands die Blickbewegungen einstellte, indem ich eine ruhende Stelle fixierte. Diese Vermutung erwies sich, auch in Versuchen anderer Personen, als richtig. Starrt man eine Stelle in der Traumszenerie an, so beginnt diese zunächst zu verschwimmen, und man wacht gewöhnlich nach einer (geschätzten) Zeit von vier bis zwölf Sekunden auf.

Außer der oben beschriebenen Reflexionstechnik, die zu meinem ersten Klartraum führte, wurde in späteren Untersuchungen eine Reihe weiterer Techniken zur Herbeiführung von Klarträumen entwickelt. Zunächst läßt sich grob zwischen einer *Klarheit gewinnenden Technik* und einer *Klarheit bewahrenden Technik* unterscheiden. Die erstere führt dazu, daß man sich während eines Traums der Tatsache, daß man träumt, bewußt wird.

Klarheit gewinnende Technik

Bei der *Reflexionstechnik* sind im Hinblick auf das Stellen der kritischen Frage nach dem Bewußtseinszustand drei Faktoren für die Herbeiführung von Klarträumen verantwortlich:

– der Faktor der Häufigkeit,
– der Faktor der zeitlichen Nähe,
– der Faktor der Ähnlichkeit.

Dies bedeutet, daß man zur Herbeiführung von Klarträumen die kritische Frage möglichst häufig, möglichst noch kurz vor dem Einschlafen und möglichst in solchen Situationen des Wachlebens stellen soll, die eine große Ähnlichkeit mit Traumerlebnissen besitzen.

Wird nun während des Träumens tatsächlich die kritische Frage gestellt (Reflexionsphase), sind die Traumerlebnisse in der Regel weniger bizarr als in der vorausgehenden Traumphase. Deshalb ist es für die Erkenntnis des Traumzustands wichtig, daß man sich an die unmittelbar zurückliegenden Geschehnisse zu erinnern sucht. Man stößt dann eher auf ungewöhnliche Erlebnisse, als wenn man nur das gegenwärtige Geschehen betrachtet.

Mit der *Intentionstechnik* hingegen geht man einen etwas anderen Weg, um im Traum zur Erkenntnis zu gelangen, daß man träumt. Man stellt sich im Wachleben möglichst intensiv typische Traumsituationen vor, die einen zur Erkenntnis des Traumzustands veranlassen sollen. Noch günstiger ist es, wenn man sich zusätzlich vornimmt, im Traum gleichzeitig eine bestimmte einfache Handlung durchzuführen, z. B. seine eigenen Hände zu betrachten.

Die Intentionstechnik ist besonders wirksam, wenn man in den frühen Morgenstunden aufgewacht ist. Der geübte Klarträumer kann die Häufigkeit der Klarträume noch dadurch erhöhen, daß er sich während des Klarträumens vornimmt, in den folgenden Träumen ebenfalls zur Klarheit zu gelangen.

Bei der *Autosuggestionstechnik* suggeriert man sich möglichst unmittelbar vor dem Einschlafen in entspanntem Zustand, daß man einen Klartraum erleben wird. Bewußte Willensanstrengungen sind bei dieser Methode möglichst zu vermeiden. Die Wirksamkeit suggestiver Formeln läßt sich durch spezielle Entspannungstechniken, wie z. B. dem autogenen Training, erhöhen.

Aufgrund unserer Befunde ist die Reflexionstechnik die wirksamste unter den bisher beschriebenen Techniken zur Erzeugung von Klarträumen. Es lassen sich die verschiedenen Techniken aber auch wie folgt kombinieren:

- Man stelle sich tagsüber mindestens fünf- bis zehnmal die kritische Frage, ob man wacht oder träumt!
- Man versuche, sich dabei intensiv vorzustellen, daß man sich im Traumzustand befinde, daß also alles, was man wahrnimmt, einschließlich des eigenen Körpers, bloß erträumt ist!
- Bei der Prüfung der kritischen Frage achte man nicht nur auf das, was augenblicklich geschieht, sondern auch auf das, was zuvor passiert ist. Stößt man auf etwas Ungewöhnliches oder hat man Erinnerungslücken?
- Man stelle sich die kritische Frage grundsätzlich in allen Situationen, die für Träume charakteristisch sind, also immer, wenn etwas Überraschendes oder Unwahrscheinliches geschieht oder wenn man sich in einer extremen Gefühlssituation befindet.
- Besonders günstig für das Erlernen des Klarträumens ist es, wenn man Träume mit wiederkehrenden Inhalten hat. Erlebt man im Traum etwa häufig Gefühle der Peinlichkeit, dann stelle man die kritische Frage in allen peinlichen Situationen des Wachlebens.
- Hat man öfter Traumerlebnisse, die im Wachzustand nicht oder sehr selten auftreten, wie etwa das Erlebnis des Schwebens oder des Fliegens, dann versuche man, sich im Wachzustand intensiv in ein solches Erlebnis hineinzuversetzen und dies mit dem Gedanken zu verbinden, daß man träumt.
- Kann man sich nur schlecht an seine gewöhnlichen Träume erinnern, so wird schon durch

die Einübung einer kritisch-reflektierenden Einstellung die Erinnerungsfähigkeit an Träume verbessert.

- Man schlafe mit dem Gedanken ein, daß man während des Träumens zur Erkenntnis gelangt, daß man träumt. Es ist bei diesem Gedanken jegliche bewußte Willensanstrengung zu vermeiden.
- Man nehme sich vor, im Traum eine bestimmte Handlung auszuführen. Hierzu eignen sich z. B. einfache Bewegungshandlungen.

Klarheit bewahrende Techniken

Diese Techniken ermöglichen es, während des Einschlafprozesses die Klarheit über den Bewußtseinszustand zu bewahren. Sie lassen sich am erfolgreichsten in den frühen Morgenstunden anwenden: entweder unmittelbar nach dem Aufwachen aus einem Traum oder nach einer Phase der Wachheit. Je nachdem, ob man beim Einschlafen die Aufmerksamkeit auf die Bilder, den Körper oder nur auf das denkende Ich richtet, lassen sich verschiedene Techniken unterscheiden. Wir beschränken uns hier auf die Beschreibung der sogenannten Bildtechnik, bei der die Aufmerksamkeit auf den optischen Erscheinungen beim Einschlafen liegt. Diese sind meist von flüchtiger Natur, so daß es einige Übung erfordert, sie bewußt verfolgen zu können.

Trotz großer individueller Unterschiede läßt sich häufig folgende Sequenz von Erscheinungen beim Einschlafen, auch hypnagoge Bilder genannt, beobachten: Man sieht zunächst Lichtblitze und geometrische Strukturen von rasch wechselnder Form. Es folgen dann Bilder von Gegenständen oder Gesichtern, bis es schließlich zur Ausbildung ganzer Szenerien kommt, die zuerst nur kurzfristig aufblitzen, sich dann aber immer mehr stabilisieren. Weitere Einzelheiten zu den Klarheit bewahrenden Techniken sind an anderer Stelle veröffentlicht. Vielfach wird schon die Beschäftigung mit den gewöhnlichen Träumen als riskant angesehen. Dazu die der Gestalttherapie nahestehende Traumforscherin Ann Faraday (vergl. S. 118), der ich mich hierin anschließe: »Meine Antwort darauf lautet, daß Träumen ebenso gefährlich ist wie Leben – nicht mehr und nicht weniger.« Sie hält nach ihrer Arbeit mit Tausenden von Menschen in aller Welt Befürchtungen für unbegründet. Wie steht es aber mit den Klarträumen? In unseren Untersuchungen, an denen mehrere hundert Personen unterschiedlichen Geschlechts, Alters und Berufs teilnahmen, führte das Klarträumen in keinem einzigen Fall zu seelischen Störungen irgendwelcher Art, sondern umgekehrt zur Beseitigung solcher Störungen sowie zu einer Bereicherung des Traum- und Wachlebens. Natürlich zeigt sich in den Klarträumen manchmal Unangenehmes in der Widerspiegelung seelischer Probleme, aber solche Probleme lassen sich leichter erkennen und lösen, wenn man ihnen mit klarem Bewußtsein begegnet, als wenn man vor ihnen die Augen verschließt.

Es wurden ferner Bedenken laut, daß das Klarträumen eine Flucht vor der äußeren Wirklichkeit bedeute und zur Vernachlässigung von Alltagspflichten und sozialen Kontakten führe. Genau das Gegenteil trifft zu: Wer sich seiner *inneren* Wirklichkeit stellt, der findet sich auch in der *äußeren* besser zurecht. Dies steht jedenfalls im Einklang mit unseren bisherigen Untersuchungsergebnissen. In diesem Zusammenhang sei auch auf den malaysischen Stamm der Senoi verwiesen, dessen Angehörige von Kindheit an lernen, im Traum bewußt zu handeln. Diesem Stamm wird eine Reihe positiver Eigenschaften wie seelische Gesundheit, Demokratiebewußtsein, Friedfertigkeit und künstlerische Schöpfungskraft zugeschrieben (Cramer, vergl. S. 118). Sollte dies tatsächlich mit der Fähigkeit der Traumbeherrschung zusammenhängen, so wäre es wünschenswert, daß auch in unserer Kultur die Kinder zum Klarträumen angeregt werden, um somit günstige Voraussetzungen für ein schöpferisches Traum- und Wachleben zu schaffen.

Wie kann man auf das Geschehen Einfluß nehmen?

In unseren Untersuchungen gelang es erfahrenen Klarträumern, die Traumerlebnisse durch reines Wünschen zu beeinflussen. Sie konnten die Traumumgebung oder die eigene Person verwandeln, sowie sich an andere Orte oder in andere Zeiten versetzen lassen. Kam es zu wunschgemäßen Änderungen des Traumgeschehens, so wurden diese als eigenständig und nicht etwa in unmittelbarer Abhängigkeit vom Akt des Wünschens erlebt. Die wunschgemäße Manipulation der Trauminhalte im Klartraum war dementsprechend völlig verschieden von der wunschgemäßen Beeinflussung der Vorstellungen in den sogenannten Tagträumen. Hier ein Beispiel für einen Ortswechsel:

»... Innerhalb eines Flugtraums befand ich mich über dem Main und sah auf Frankfurt und Offenbach hinab. Da mußte ich an die Möwe Jonathan denken, der das

Fliegen mehr bedeutete als das Essen, und ich wünschte mir, so wie eine Möwe fliegen zu können. Ich wußte aber, daß das Meer noch ziemlich weit entfernt war. Da kam es plötzlich zu einem Erlebnis wie bei einem Filmriß, und ich befand mich unter Möwen am Meer, mit denen ich dann herumflog . . .«

Am leichtesten lassen sich im Klartraum Wünsche erfüllen, wenn man zu ihrer Erfüllung keiner Wunder bedarf. Den Träumern, die beispielsweise im Klartraum einer bestimmten Person begegnen wollten, gelang dies nur in Ausnahmefällen, wenn sie diese Personen einfach herbeizaubern wollten. Sie hatten dagegen häufig Erfolg, wenn sie nach der betreffenden Person riefen oder wenn sie einen bestimmten Ort aufsuchten, wo sie diese Person zu treffen wünschten.

In den Träumen hängt die Traumumgebung sehr stark von der inneren emotionalen Einstellung des Träumers ab, und zwar sowohl die Traumszenerie wie das Aussehen und Verhalten von anderen Traumgestalten.

Tritt der Träumer einer bedrohlichen Gestalt mutig entgegen, so mindert sich im allgemeinen deren Bedrohlichkeit, wobei die Gestalt häufig zu schrumpfen beginnt.

Es wurde bereits gesagt, daß die Blickfixierung zunächst zum Verschwimmen der Traumumgebung und dann zum Erwachen führt.

Erfahrene Klarträumer konnten die Auflösungserscheinungen in der Traumumgebung dazu nutzen, die Umgebung nach ihren eigenen Wünschen zu verwandeln. Das Aufwachen konnten sie dann dadurch verhindern, daß sie den Traum durch rasche Augenbewegungen wieder stabilisierten.

Wie kann man Klarträume nutzen?

Klarträume gehören nicht nur zu den bewegendsten Erlebnissen, die ein Mensch überhaupt haben kann, sondern sie lassen sich auch theoretisch und praktisch nutzen.

Nutzung im Bereich der Forschung

Die Klartraumtechnik erlaubt die gefahrlose Untersuchung außergewöhnlicher Bewußtseinszustände, die zur Zeit immer mehr in den Blickpunkt wissenschaftlichen Interesses rücken. Die Erforschung der »inneren Räume« mit Hilfe der Klartraumtechnik erscheint mir nicht nur interessanter, sondern auch wichtiger als die Erforschung des äußeren Weltraums mit Hilfe der Raketentechnik.

Die besondere Bedeutung des Klartraums für die experimentelle

Traumforschung besteht darin, daß der Klarträumer während des Traumzustands über einen vorher vereinbarten Augenbewegungscode einem »außenstehenden« Beobachter Informationen übermitteln kann. Umgekehrt kann dieser Beobachter auch dem Träumer Signale unterhalb der Weckreizschwelle zusenden, so daß hierdurch grundsätzlich eine wechselseitige Mitteilung zwischen Träumer und Beobachter möglich wird, wenn auch bisher nur einseitige Kommunikationen zwischen Träumer und Beobachter realisiert wurden. Es dürfte klar sein, daß sich hier völlig neue Perspektiven der experimentellen Traumforschung eröffnen.

Nutzung im Bereich der Kunst und des Sports

Im Klartraum sind manche Personen zu erstaunlichen schöpferischen Leistungen fähig. Während des Klartraums erblickt man Bilder, die als Motive für Gemälde und Plastiken genutzt wurden. Außerdem hört man Gedichte und Lieder, oft als eigene Eingebung, aber auch von anderen Traumgestalten vorgetragen oder vorgesungen.
Klarträume lassen sich ferner, ähnlich wie das sogenannte mentale Training, zur Verbesserung sportlicher Fertigkeiten nutzen. Vor allem kann man auf gefahrlose Weise riskante Übungen (z. B. Salti) einstudieren. Die Übungen müssen allerdings bereits in ihrer Grobstruktur beherrscht werden. Im Hinblick auf die Risikosportarten ist es außerdem von großer Bedeutung, daß ein Klarträumer, der sich seinen eigenen Problemen stellt, in starkem Maß an Selbstvertrauen und Mut gewinnt. Dies bestätigten jedenfalls die Mitglieder einer Sportgruppe, die nach dem Erlernen des Klarträumens enorme Verbesserungen in ihren sportlichen Leistungen zeigten.

Nutzung in der Psychohygiene und Psychotherapie

Mit Hilfe des Klartraums kann man einen eigenen Weg zum Unbewußten und darüber hinaus zur Integration der Gesamtpersönlichkeit beschreiten.
Zunächst ein eigenes Klartraumbeispiel. Vorauszuschicken ist, daß ich diesen Traum zu einem Zeitpunkt erlebte, als meine Arbeiten (nach vielen Jahren) plötzlich auf Anerkennung stießen, und ich von vielen Studenten als eine Art Guru betrachtet wurde.

»Nach einer längeren Traumphase mit dramatischem Inhalt unterhalte ich mich mit einem Jungen. Dieser

macht mir verschiedene Vorwürfe, die ich alle in eleganter Form zurückweise. Darauf sagt der Junge: ›Uns Kleinen kannst du ja was vormachen, aber es gibt einen, dem du nichts vormachen kannst. Der *wird dir sagen, was mit dir wirklich los ist.‹ Auf meine Frage, wer dies sei, sagt der Junge bedeutungsvoll: ›Der Mönch!‹ Mir ist sofort klar, daß dies ein weiser Mann ist, der hoch oben auf einem Berg wohnt, und ich breche sofort auf, um diesen Mann aufzusuchen. Mein Weg führt zunächst durch ein blumenübersätes Tal; dann geht es bergauf, wobei der Pflanzenwuchs immer spärlicher wird. Es scheint, als ob ich einen heiligen Berg besteigen würde. Der Weg wird immer steiler, zuletzt muß ich auf allen Vieren einen schmalen steinigen Pfad emporklettern, bis ich schließlich auf dem Gipfelplateau des Berges ankomme. Dort befinden sich zahlreiche Pilger, die erwartungsvoll auf ein kleines kuppelförmiges Gebäude starren, das in der Mitte des Plateaus steht. Es ist die Behausung des Mönches, der aber offensichtlich nicht anwesend ist. Da dreht sich plötzlich ein Pilger um, deutet auf mich und ruft: ›Da ist ja der Mönch!‹ Alle blicken jetzt auf mich, wobei mir klar wird, daß ich mich im Traum befinde. Fluchtartig verlasse ich das Plateau und laufe den Berghang hinunter. Auf dem Weg nach unten begegnen mir einige Personen, die ich anspreche, wodurch ich mit eigenen Problemen konfrontiert werde.«*

Meines Erachtens veranschaulicht dieser Traum gut, daß der Mönch oder der Guru, dem man nichts vormachen kann und der einem sagt, »was wirklich mit einem los ist«, im eigenen Innern zu suchen ist. Für mich selbst hatte diese Einsicht zudem die Konsequenz, daß ich mich künftig darum bemühte, nicht mehr für andere den Guru zu spielen.

Macht der Klartraum den Psychotherapeuten etwa überflüssig? Selbstverständlich nicht. Bei schweren seelischen Störungen, wenn eine Person glaubt, nicht mehr allein mit ihren Problemen fertig zu werden, ist unbedingt ein Therapeut aufzusuchen. Dieser kann übrigens auch die Klartraumtechnik zur Therapie heranziehen, wenn sie aufgrund der vorliegenden Störung angemessen erscheint. Jedenfalls hat der Psychotherapeut Norbert Sattler diese Technik bereits erfolgreich bei seinen Patienten angewandt. Der erste wichtige Schritt auf dem Weg zur Heilung besteht nach Sattler darin, daß der Patient den Einsichten, die er aus seinen Klarträumen gewinnt, mehr vertraut als dem, was der Therapeut ihm sagt. Tatsächlich sind die »Traumeinsichten« von besonderer Qualität; es

sind emotionale Erkenntnisse, die den Kranken betroffen machen.
Durch einen geeigneten *Umgang mit Traumgestalten* (tierischer, mythologischer oder menschlicher Art) lassen sich unangenehme Symptome im Traum- und Wachleben beseitigen.
Es wird davon ausgegangen, daß es sich bei manchen (nicht bei allen) Traumgestalten um Personifizierungen von Teilsystemen der Persönlichkeit (wie z. B. Trieben, Bedürfnissen, Zielsetzungen, Gewissensforderungen) handelt. So kann in der Bedrohung durch eine feindliche Traumgestalt ein innerseelischer Konflikt zum Ausdruck kommen, zu dessen Lösung man dadurch beitragen kann, daß man sich mit der betreffenden Gestalt einigt oder sie zumindest ihrer Bedrohlichkeit beraubt. Der erste Schritt zur Konfliktlösung besteht darin, daß man vor einer feindlichen Gestalt nicht flieht, sondern die Konfrontation mit ihr sucht. Der nächste Schritt besteht darin, daß man den Streit im offenen Gespräch zu schlichten versucht. Methoden der Auseinandersetzung wie körperlicher Angriff, Anspukken, Anschreien, aber auch Überlisten und Einschmeicheln halte ich für weniger wirksam. Es hat sich in unseren Untersuchungen gezeigt, daß ursprünglich angriffslustige Traumgestalten vielfach zu einer reiferen Form der Auseinandersetzung bereit sind, wenn das Traum-Ich selbst sich nicht zu primitiven Verhaltensweisen hinreißen läßt. Das Gespräch mit anderen Traumgestalten, das man als innerseelischen Dialog bezeichnen kann, gehört zu den faszinierendsten Klartraumerlebnissen und ist zugleich das wirkungsvollste therapeutische Prinzip des Klarträumens; vor allem deshalb, weil es die höchste Stufe der Klarheit während des Träumens ermöglicht: die Klarheit über das, was der Traum symbolisiert. Manchmal führt bereits die einfache Frage »Wer bist du?« dazu, daß sich die angesprochene Traumgestalt durch eine entsprechende Antwort zu erkennen gibt, wobei sich gleichzeitig ihr Äußeres wandeln kann. So muß man damit rechnen, daß sich etwa ein angesprochenes Tier in eine wichtige Beziehungsfigur, wie beispielsweise Vater oder Mutter, verwandelt. Offensichtlich ist die innere Bereitschaft des Träumers, durch das Gespräch etwas über sich und seine Situation zu erfahren, eine günstige Bedingung dafür, Widerstände zu überwinden und damit Traumentstellungen zu entlarven.
Bei der sprachlichen Auseinandersetzung sind zwar die Gefühlsregungen des Traum-Ichs nicht so heftig wie bei der kämpferischen Auseinandersetzung, dafür aber um so differenzierter und deshalb

besser geeignet, über eine Einigung mit der Traumgestalt zur Konfliktlösung beizutragen. Dabei kann die Einigung sehr Verschiedenes bewirken: so etwa die Wiedereinordnung (»Reintegration«) »abgespaltener« bzw. »verdrängter« Grundbedürfnisse oder die Anpassung verinnerlichter Beziehungspersonen an die Gesamtpersönlichkeit (»Assimilation von Introjekten«), aber auch die Anpassung von Bedürfnissen oder Zielsetzungen an Gewissensforderungen. Letztlich soll die Einigung dazu führen, daß die personifizierten Teilsysteme der Persönlichkeit nicht mehr gegeneinander-, sondern zusammenarbeiten.

Feindselige Traumfiguren, mit denen keine Einigung zu erreichen ist, sollte man durch klare Distanzierung oder, wenn nicht anders möglich, durch Kampf ihrer Bedrohlichkeit berauben. Sie repräsentieren meist Fremdkörper (wie z. B. Introjekte, Komplexe, übertriebene Gewissensansprüche) innerhalb der Persönlichkeit, von denen man sich befreien sollte.

Natürlich kann in der Bedrohung durch eine feindliche Traumfigur statt eines innerseelischen auch ein zwischenmenschlicher Konflikt zum Ausdruck kommen. Hiermit ist vor allem dann zu rechnen, wenn die Traumfigur eine aus dem Wachleben bekannte Person darstellt. Häufig kommt es auch zu einer Überlagerung der beiden Konfliktarten. Um welche Art von Konflikt es sich handelt, erfährt man am besten durch das Gespräch mit der Traumfigur. Bei den folgenden Ratschlägen handelt es sich um Prinzipien zum Umgang mit feindseligen Traumgestalten, wie sie sich bisher bewährt haben. Sie sind nicht als starre Verhaltensregeln aufzufassen, sondern als erste allgemeine Richtlinien für die Auseinandersetzung mit solchen Gestalten. Wie sich ein Klarträumer im konkreten Einzelfall zu verhalten hat, weiß er, sobald er einige Erfahrungen im Umgang mit den ihm begegnenden Traumgestalten gesammelt hat, selbst am besten.

1. Konfrontation: Fliehen Sie nicht vor einer bedrohlichen Traumgestalt, sondern bieten Sie ihr die Stirn, schauen Sie ihr in die Augen (nicht anhaltend, sonst wachen Sie auf) und sprechen Sie sie an! Als erste Fragen haben sich bewährt: »Wer bist du?« – »Wer bin ich?« – »Was willst du?« – »Können wir uns einigen?«

2. Streitgespräch: Ist keine unmittelbare Einigung möglich, versuchen Sie den Streit im offenen und sachlichen Gespräch zu schlichten! Weisen Sie Drohungen und Beschimpfungen ganz entschieden zurück!

3. Distanzierung: Halten Sie eine Einigung im Dialog für unmöglich,

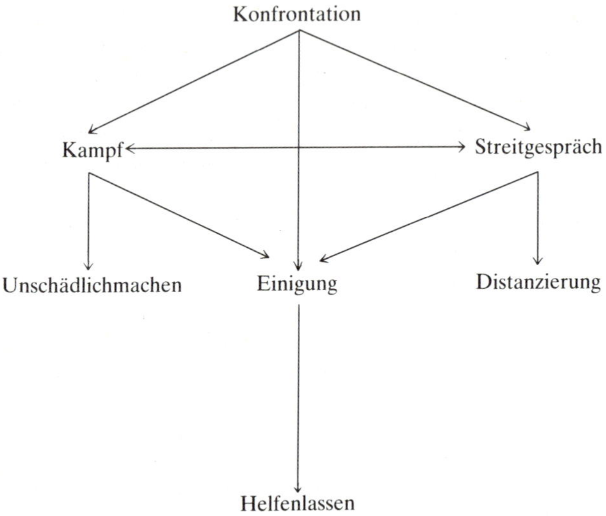

Prinzipien des Umgangs mit feindseligen Traumgestalten (Erläuterungen im Text)

so distanzieren Sie sich deutlich von den Angriffen der Traumgestalt!

4. *Kampf:* Ist mit dem Gegner kein Gespräch möglich, sondern geht er zum körperlichen Angriff über, weichen Sie keinen Schritt zurück, sondern zeigen Sie Ihre Verteidigungsbereitschaft durch Einnahme einer entsprechenden Haltung und durch einen offenen Blick! Wenn es nicht anders möglich ist, lassen Sie sich auf eine kämpferische Auseinandersetzung mit der Traumgestalt ein!

5. *Unschädlich machen:* Versuchen Sie einen Kampf mit dem Gegner, mit dem keine Einigung möglich ist, erst dann zu beenden, wenn Sie diesen geschwächt, getötet oder verjagt haben, so daß er Ihnen keinen weiteren Schaden zufügen kann!

6. *Einigung:* Versuchen Sie sich mit dem Gegner unmittelbar nach der Konfrontation oder, wenn dies nicht möglich ist, nach einer sprachlichen oder kämpferischen Auseinandersetzung zu einigen. Je nachdem, ob Sie mit ihm sprechen können oder nicht, kann die Einigung im Sinn einer Übereinkunft oder nur im Sinn einer Aussöhnung durch freundliche Gebärden erfolgen.

7. *Helfen lassen:* Fragen Sie eine

Traumgestalt, mit der Sie sich geeinigt haben, zunächst ganz allgemein, ob sie Ihnen helfen kann! Anschließend können Sie spezielle Angelegenheiten des Traum- oder Wachlebens nennen, in denen Sie Hilfe in Anspruch nehmen möchten.

Die bisher erzielten Befunde geben zu der Vermutung Anlaß, daß man feindselige Traumgestalten immer ihrer Bedrohlichkeit berauben kann, wenn man ihnen in der beschriebenen Weise offen begegnet. Eine Einigung ist dagegen, wie aus dem Gesagten hervorgeht, nicht immer möglich. Noch seltener erhält man von einer ursprünglich bedrohlichen Traumgestalt Hilfe. Dafür können aber freundlich gesinnte Traumfiguren spontan als Helfer oder Ratgeber auftreten.

Im folgenden sollen einige Beispiele für den Umgang mit Traumgestalten dargestellt werden. Das erste Beispiel zeigt, daß manchmal bereits die Konfrontation mit einer feindlichen Traumgestalt genügt, um eine heilsame Wirkung zu erzielen, ohne daß es hierzu einer »Bewußtmachung« der hinter den Trauminhalten steckenden seelischen Probleme bedarf. Das Beispiel stammt von einer Studentin, die sehr unter Alpträumen litt:

»Ich bin in einem Haus, in dem ich früher als Kind gelebt habe und das oft in meinen Träumen vorkommt (das weiß ich bewußt aber erst seit diesem Traum hier). Dort stehe ich hinter der Tür unserer alten Wohnung in Erwartung einer Gruppe von Leuten, die kommen und mir Böses antun wollen. Ich möchte wegrennen, weil alles in mir vor Angst zusammenschrumpft und Abhauen die einzige Möglichkeit zu sein scheint, diese existentielle Angst loszuwerden. Da fällt mir ein: ›Tholey hat gesagt, man braucht nicht wegzurennen; ich kann die Leute auch fragen, was sie von mir wollen.‹ Also habe ich mich auch dazu entschlossen. Das war die schlimmste Zeit: In Erwartung der Katastrophe den Drang, sich da rauszuretten, zu unterdrükken und das Ganze auf sich zukommen zu fühlen. Dann kommen sie zur Tür herein: eine Gruppe von Menschen in langen Gewändern, wie Furien; als erster kommt ein überlebensgroßer Mann mit kaltblauem Gesicht und glühenden Augen auf mich zu. Ich nehme allen Mut und alle Angst zusammen und blicke dem Mann in das Gesicht und frage so böse, wie ich kann: ›Was machen Sie hier? Was wollen Sie von mir?‹ Der Mann schaut mich an, und seine Augen werden ganz traurig, und sein Blick wird hilflos und er sagt: ›Wieso? Du hast uns doch herbestellt. Du brauchst uns doch für deine Angst.‹ Und da schrumpft der Mann zu normaler

Größe, sein Gesicht wird normal und seine Augen glühen nicht mehr.«

Die Studentin, die zuvor unter Alpträumen gelitten hatte, fühlte sich nach diesem Traum wie erlöst. Die Alpträume kehrten nicht wieder, und sie reagierte auch im Wachleben weniger ängstlich als zuvor.

Die rasche und nachhaltige Beseitigung von Ängsten in dem geschilderten sowie in ähnlichen Fallbeispielen läßt vermuten, daß in den betreffenden Klarträumen Spannungen abgebaut (psychoanalytisch: »Affekte abgeführt«) werden konnten. Der Abbau der Spannung zeigt sich hierbei häufig nicht nur in einem Verlust der Bedrohlichkeit, sondern in einem Schrumpfen der Traumgestalten, aus denen, um es mit den Worten eines Klienten zu sagen, »die Luft wie aus einem Ballon entweicht«.

Im Gegensatz zu dem beschriebenen Beispiel führte aber die Konfrontation mit feindlichen Traumfiguren meist zu einer Bewußtmachung der hinter dem Traum stekkenden Probleme. Man betrachte hierzu den eingangs geschilderten Traum, in dem sich der Tiger in die Gestalt des Vaters verwandelt. Derartige Verwandlungen sind übrigens besonders dann zu erwarten, wenn man zu einer reifen Auseinandersetzung mit der Traumgestalt bereit ist. Läßt man sich hingegen auf eine primitiv-aggressive Form der Auseinandersetzung ein, dann können sich umgekehrt menschliche Traumfiguren in primitive Wesen verwandeln. So führte in einem Klartraum die kämpferische Auseinandersetzung eines Mannes mit seiner Mutter dazu, daß diese sich zuerst in eine bösartige Hexe und danach in ein Ungeheuer verwandelte.

Der folgende Klartraum ist ein gutes Beispiel für den angemessenen Umgang mit feindlichen Traumgestalten:

»... Ich höre jetzt aus dem Nebel einen Mann mit böser Stimme rufen, ich solle nur näherkommen, wenn ich etwas erleben wolle. Obwohl mir das nicht ganz geheuer ist, nähere ich mich dem Mann. Durch den Nebel sehe ich, daß er etwa zwei Meter groß ist. Der Mann schreit plötzlich: ›Faßt ihn!‹ Sofort stürzt ein riesiger Bär auf mich zu. Ich bleibe kampfbereit stehen. Da schrumpft das Tier und wird zu einem harmlosen Teddybär. Als nächstes Untier kommt eine Riesenechse auf mich zu – sie verwandelt sich in eine kleine Eidechse. Schließlich rennt ein wilder Wolfshund auf mich zu, der dann, als ich mutig stehen bleibe, zu einem Schoßhündchen wird. Ich frage den Mann, ob er nicht einsehen würde, daß er mich nicht mit solch primiti-

ven Methoden besiegen könne. Er antwortet: ›Doch; ich gebe auf!‹ Als ich ihn bitte, mir ein Gedicht aufzusagen, antwortet er: ›Was, jetzt soll ich dir auch noch ein Gedicht aufsagen! Na also gut!‹ Das Gedicht handelt von Odysseus, mit dem ich mich in meiner Jugend identifiziert habe. Es stellt aber nicht die positiven, sondern die negativen Seiten dieses ›Helden‹ heraus. Es wird mir sofort klar, daß es sich um Schwächen meiner eigenen Person handelt, die sich in jüngster Zeit unangenehm bemerkbar gemacht haben, und ich entschließe mich voller Schuldgefühl, etwas dagegen zu tun. Im gleichen Augenblick kommt der Mann auf mich zu und sagt mir freundlich: ›Jetzt ist es mir angenehm, in deiner Nähe zu sein.‹ Als ich ihn daraufhin frage, ob er mir noch einen Rat geben könne, gibt er mir einen wichtigen Hinweis für mein Verhalten in einer aktuellen Konfliktsituation, die mich vor dem Einschlafen beschäftigt hat...«

Der Träumer handelt deshalb richtig, weil er sich durch die primitive Kampfesweise der Traumgestalt, die aus dem Hintergrund Tiere auf ihn loshetzt, nicht aus der Ruhe bringen läßt. Er sieht andererseits aber ein, daß er bestimmte Schwächen besitzt, die ihm durch das Gedicht aufgezeigt wurden. Vermutlich hat hier bereits die innere Bereitschaft, gegen diese Schwächen anzukämpfen, zur Aussöhnung mit der Traumfigur sowie zu deren Hilfsbereitschaft geführt.

Die Tatsache, daß bisher bevorzugt auf Klartraumbeispiele mit bedrohlichen Traumgestalten hingewiesen wurde, mag vielleicht den Eindruck erwecken, daß solche Gestalten relativ oft beim Klarträumen auftreten; genau das Gegenteil davon trifft zu. Der geübte Klarträumer begegnet immer häufiger freundlich gesinnten Traumfiguren, die ihm mit Rat und Tat zur Seite stehen.

Hier sei nur ein einziges Beispiel angeführt. Es stammt von einem Mann, der aufgrund verschiedener äußerer Umstände in einen Zustand schwerer Depression geraten war. Er schlief mit dem Gedanken ein, im Traum einen Helfer um Rat zu bitten. Im Klartraum begegnete er dem »Tod«, der in der Gestalt eines Kapuzenmannes auftrat. Der »Tod« machte ihm auf eindrucksvolle Weise klar, wie nichtig eigentlich seine Probleme waren, und daß er sich doch über sein Leben freuen sollte. Für den Träumer war dies ein entscheidendes Schlüsselerlebnis, das zu einer sofortigen Behebung seiner seelischen Verstimmung führte. Bei der Einsicht, die der Träumer durch den »Tod« übermittelt bekam, handelt es sich natürlich nicht um eine Botschaft eines übernatürlichen Wesens, sondern um eine der eigenen Person entstammende Erkenntnis. Der Traum – und speziell der Klartraum – liefert aus einer ganzen Reihe von Gründen besonders günstige Voraussetzungen für solche Erkenntnisse; dies gilt in besonderem Maß, wenn man die innere Bereitschaft dazu mitbringt, sich im Traum helfen zu lassen.

Die Begegnung mit dem »Tod« weist eine überraschende Parallele zu einer – dem Träumer unbekannten – Stelle in Castanedas »Reise nach Ixtlan« auf. Dort wird der Tod als der einzige weise Ratgeber bezeichnet, der immer dann als Helfer auftritt, wenn einem nichts mehr zu glücken scheint. Auch andere Klartraumerlebnisse, wie beispielsweise Begegnungen mit einem Doppelgänger oder außerkörperliche Erscheinungen, besitzen eine auffallende Ähnlichkeit mit den bei Castaneda (vergl. rechts) geschilderten Erlebnissen. Diese Phänomene sind so eindrucksvoll, daß man leicht zu mystizistischen oder okkulten Annahmen verführt wird. Ist man sich jedoch darüber im klaren, daß es sich lediglich um Traumerlebnisse handelt, so lassen sich wichtige Erkenntnisse aus diesen gewinnen.

Abschließend ist zu sagen, daß hier nur ein kleiner Ausschnitt aus der Vielfalt der Klartraumphänomene erwähnt werden konnte. Dabei ist zuzugestehen, daß es bisher keine umfassende Traumtheorie gibt, die all diese Phänomene erklären könnte. Das ist aber nicht verwunderlich, da die bisher bekannten Theorien von Personen stammen, die noch nicht einmal erahnen konnten, was ein reiches Traumleben zu bieten hat. Auch meine eigenen Untersuchungen sind lediglich als erste Streifzüge durch ein neu erschlossenes Gebiet zu betrachten, auf dem künftig mit völlig neuartigen Entdeckungen zu rechnen ist.

Literatur

Castaneda, C.: Reise nach Ixtlan, Frankfurt 1976.

Cramer, C.: Traumzeit im Dschungel. Psychologie heute, 1, S. 63–79, 1982.

Faraday, A.: Deine Träume – Schlüssel zur Selbsterkenntnis. Frankfurt: Fischer, 1978.

Tholey, P.: Bewußtseinsänderung im Schlaf: Wach' ich oder träum' ich? Psychologie heute, 12, S. 68–78, 1982.

Wieland Schmied

Der Traum in der bildenden Kunst

Zehn Bildinterpretationen

I.

Nach der klassischen Mythologie sind Schlaf und Tod Kinder der Nacht. Hypnos (lateinisch Somnus), der Schlaf- und Traumgott, ruht im Haus des Schlafes, umgeben von seinen drei Söhnen Morpheus, Phantasos und Icelos. Das Haus des Schlafes ist zugleich das Haus der Träume, die Zusammengehörigkeit von Schlaf und Traum wird schon im lateinischen Wortstamm von somnum (Schlaf) und somnium (Traum) deutlich.

Zwei Tore führen ins Haus der Träume und aus ihm heraus: das hörnerne und das elfenbeinerne. Aus dem hörnernen Tor kommen die Wahrträume, aus dem elfenbeinernen die trügerischen, die uns narren. Schon Homer unterscheidet diese beiden Tore des Traumes, die Vergil in seiner Äneis eingehend charakterisiert. Das Bild der zwei Tore zeigt uns, was die Alten unter dem Traum verstanden: der wahre Traum war die Offenbarung einer höheren Macht – der Götter der Griechen oder des einen Gottes der Bibel –, die ein Ereignis enthüllt, das in der Zukunft liegt oder an einem fernen Ort bereits jetzt eingetreten ist. Der falsche, der trügerische Traum dagegen führt in die Irre und nur allzuleicht auch ins Verderben. Der Traum war seiner ursprünglichen, eigentlichen und unverfälschten Bestimmung nach also ein Medium der Offenbarung, der Prophezeiung, der Verkündigung. Durch den Traum sprach die Welt der Götter zu uns und zeigte uns in den Gesichten etwas von unserem Wesen, unserem Auftrag, unserem Schicksal. Befanden wir uns im Einklang mit ihnen, war alles in Ordnung. Was wir im Traum erfuhren, war verbindliche Wahrheit. Wir mußten nichts tun, als dem Traum zu folgen, um an unser Ziel zu gelangen.

II.

Eine reiche Ikonographie rankt sich um das Haus der Träume und seinen Gott. Der Elefant weist auf das falsche, das elfenbeinerne Tor, Kuh oder Stier stehen für die hörnerne Pforte. Wolken kündigen das Heraufziehen der Träume an. Somnus ist ein silbergraues Füllhorn in die eine Hand gegeben, in der anderen hält er Mohnstengel, die das Haupt des Schlafenden berühren. Über einem schwarzen trägt er ein kürzeres weißes Gewand. Allerhand Getier hat der Mythos, haben seine Dichter und Maler in immer anderen Konstellationen dem Traumgott zugeordnet: Eidechse, Eule, Fledermaus, Katze, Pferd ...

Den zahlreichen Attributen des Somnus entspricht die Wandlungsfähigkeit seiner drei Söhne: Icelos erscheint am liebsten in Tiergestalt – als Wild, als Vogel, als Schlange. Phantasos verwandelt sich gerne in Geäst und Gestein, in Wasser und Erdreich, lebt im Wind, der in den Bäumen rauscht. Morpheus ist der wandlungsfähigste unter ihnen. Er kann in vielfacher Menschengestalt auftreten, tauscht beständig die Masken, wechselt die Gesichter und Gewänder.

Analog zu ihren Erscheinungsformen haben wir Eigenschaften und Bedeutung der Kinder des Hypnos zu verstehen. Morpheus verkörpert die Traumallegorie und die Traummetamorphose, Phantasos repräsentiert den Traum der Künstler, die Quelle der Inspiration und Phantasie, Icelos bringt den Alptraum, den Angsttraum mit sich. Der Maler, der den Traum malte, meinte damit nicht den eigenen konkreten Traum, sondern allgemein Rolle und Funktion des Traumes, wie er ihn aus Mythos, Tradition und Geschichte kannte. Wenn das Wort »Traum« als Bildtitel oder Bildthema erschien, beschwor der Künstler nicht, was er selbst geträumt hatte, sondern er beschrieb die Bedeutung von Träumen im Sinne einer Offenbarung, einer Einsicht in andere Bereiche. Jahrhunderte hindurch wurden so Träume gemalt: als Traumallegorie, meist

deutlich getrennt nach den verschiedenen Sphären: der Schläfer, der Träumende auf der einen Seite, auf der anderen – oder eingefaßt in eine Kreisform über oder unter ihm – der Inhalt seines Traumes. Die Kunsthistoriker sprechen von Trauminnenbild und Traumaußenbild. Dieses zeigt den Träumer, jenes den Traum selbst. Dieses Schema gilt bis hinauf zu Ingres, wenn er »Ossians Traum« malt. Fehlt die Unterscheidung – wie bei Bosch –, sind wir nicht sicher, was wir sehen: sind es Träume, Visionen, Beschwörungen, handelt es sich um okkultes Bildgut einer Sekte, um die Ankündigung der Apokalypse, um den Einbruch des Phantastischen?
Auf eine einzige Ausnahme vom Typus des Traumbildes wird immer wieder verwiesen: auf Dürers »Traumgesicht«, das die unmittelbare Niederschrift eines wirklichen Traumes ist, den er Pfingsten 1525 hatte, und den er, dem Zeitempfinden entsprechend, apokalyptisch als Katastrophe deutete, als sintflutartigen Regenfall. Tatsächlich steht Dürers Aquarell in der Kunstgeschichte ganz isoliert da, ohne irgendeine Parallele zu den Zeitgenossen.

III.

Die Art der Gestaltung und des Verständnisses von Traumbildern ist in den einzelnen Perioden der Kunstgeschichte mehrfach Wandlungen unterworfen gewesen. War der Traum einst Inbegriff der Offenbarung höherer Mächte, so setzt sich immer stärker die Auffassung des Traums als Täuschung, als Schein, als Trugbild durch. In demselben Maße, in dem die eine Epoche tragende Glaubenseinheit brüchig wird, gerät auch der Glaube an Sinn und Funktion des Traums ins Wanken. Zuerst wird die Verbindlichkeit, der Wahrheitsgehalt, die Realität der Traumgesichte in Frage gestellt, dann ihre innere Struktur in Zweifel gezogen. So erscheint der Traum schließlich als Gegenbild einer rational geordneten und beherrschbaren Erfahrungswelt, in dem die Gesetze der Logik auf den Kopf gestellt sind.
Seit dem Manierismus wird zunehmend der trügerische Charakter des Traumes hervorgekehrt, seit der Aufklärung der Traum in immer dunklere, abseitigere Zonen des menschlichen Geistes verbannt – bis die Romantik diesem Bild des Traumes aus einer nochmals veränderten Perspektive widerspricht. Für Novalis, Schlegel, Schelling, Schleiermacher, G. H. Schubert tritt im Traum das Indivi-

duelle zugunsten psychischer Gesetzmäßigkeiten oder Lebensprozesse zurück, die allen gemeinsam sind – so wie das individuelle Unbewußte in ein umfassendes überindividuelles Unbewußtes eingebettet ist, das in den Traum des einzelnen zu dringen und sich dort zu manifestieren vermag.

Generell darf gesagt werden, daß die vor allem in der Ikonographie noch fortlebenden alten mythologischen Vorstellungen im 19. Jahrhundert einer wachsenden Psychologisierung unterliegen. Aus dem Traum wird die Träumerei in der Natur, aus dem in verschiedenen Gestalten personifizierten Traumgeschehen die Seelenstimmung, deren Spiegel die Landschaft ist. So ist Hans Thomas »Traum« zu verstehen, so ist Arnold Böcklins »Toteninsel«, so sind seine harmonisch in Mittags-, Nachmittags- und Abendlandschaften eingebetteten Pans- und Faunsfiguren, seine Nixen und Najaden zu deuten, so – als Seelenlandschaft – ist schließlich auch seine große Lebensallegorie »Vita somnium breve« zu lesen.

IV.

Im 20. Jahrhundert gewinnt der Traum auch für die bildende Kunst neue Bedeutung. Gestützt auf die revolutionären Einsichten von Freuds »Traumdeutung« (erste Auflage 1899), kann André Breton im ersten »Surrealistischen Manifest« 1924 die »Allmacht des Traumes« proklamieren. Was sich bei einigen Vätern der Moderne – so bei Goya, Füssli und Blake, bei Moreau, Redon und Ensor – angekündigt hat, erscheint nun in zentraler Rolle und in einem neuen Licht. Es ist ein gewandelter Begriff des Traums, der die Künstler beherrscht. Nicht die Person des Träumers und seine Rolle in Mythos oder Geschichte, nicht die ikonographische Einkleidung und Ausdeutung des Traumes stehen im Blickpunkt der Darstellung, sondern die Gesetze und Bedingungen, unter denen der Traum erlebt wird, sein Hineingreifen in unsere Wirklichkeit, die wiederkehrenden archetypischen Figuren, die er uns zeigt, die alogische und doch gefühlsmäßig plausible Art, mit dem er Details verknüpft, die teilweise Aufhebung von Kausalität und Schwerkraft, der Wechsel zwischen Unschärfe und bedrohlicher Klarheit, die suggestive Kraft seiner Atmosphäre . . .

Wiederum handelt es sich, wenn Künstler an einem Traumbild arbeiten, in der Regel nicht um die Wiedergabe eines bestimmten konkreten Traumes, sondern um etwas Prinzipielles: gewissermaßen um den Traum an sich, um eine Summe aus vielen Träumen,

um das Wesen der Traumwelt, in der alle Träume angesiedelt und zu Hause sein könnten ...
Gibt es eine allen gemeinsame »Traumwirklichkeit«, die uns im Zustand des Wachseins fremdartig und unkenntlich erscheint, in der Raum und Zeit ohne Einschränkung ineinanderfließen und alle Gestalten unablässig ihre Erscheinung tauschen? Und wie, wenn es sie gibt, sieht diese gemeinsame »Traumwirklichkeit« aus? Wie eine Strandlandschaft von Yves Tanguy? Erfüllt von den organisch gewachsenen Architekturen eines Paul Klee? Bevölkert von den wandernden, schwebenden, fliegenden Vagabunden wie in den russischen Dörfern eines Marc Chagall? Von der Leichtigkeit des Spiels wie die irdischen Sternenhimmel eines Joan Miró? Oder von der unerbittlichen Schärfe der Felsformationen von Salvador Dali? Von somnambulen Figuren durchschritten wie eine antike Tempelstadt bei Paul Delvaux? Oder in unablässiger Metamorphose begriffen wie die Welt eines Max Ernst?
Wenn es solche allgemeine »Traumwirklichkeit« tatsächlich geben sollte – wie Freud und C. G. Jung glaubten – so sieht sie doch überall dort, wo wir ein Stück von ihr zu fassen bekommen, anders aus.

V.

Wenn die Surrealisten, wie André Breton postulierte, an die Allmacht des Traums glaubten, so bedeutete das nicht, daß sie, verzaubert von irgendwelchen Traumgesichten, die Realität verlassen wollten, sondern daß sie die Realität von den Träumen, vom Unbewußten mit neuen Energien erfüllen, mit neuen Spannungen aufladen wollten. Ihr primäres Interesse galt nicht den Träumen als Ausdruck einer wie immer vorgestellten jenseitigen Welt, sondern unserer Realität, von der sie sich den weitesten, tiefsten, umfassendsten Begriff zu machen versuchten. Und dieser erweiterte Realitätsbegriff schloß eben die Träume, die Ausschweifungen der Phantasie, die Halluzinationen eines überreizten Bewußtseins als psychische Triebkräfte ebenso mit ein wie die Erkenntnis der rational erfahrbaren Welt.
Max Ernst hat diesen angestrebten Zustand einer Überwachheit, in der sich die Sphären mischen und Realität und Imagination, Bewußtsein und Unbewußtes, Taghelle und Traum nicht mehr voneinander zu scheiden sind, wohl am besten beschrieben:
»Wenn man also von den Surrealisten sagt, sie seien Maler einer stets wandelbaren Traumwirklichkeit, so darf das nicht etwa heißen,

daß sie ihre Träume abmalen (das wäre deskriptiver naiver Naturalismus), oder daß sich ein jeder aus Traumelementen seine eigene kleine Welt aufbaue, um sich in ihr gütlich oder boshaft zu gebärden (das wäre ›Flucht aus der Zeit‹), sondern daß sie sich auf dem physikalisch und physisch durchaus realen (›surrealen‹), wenn auch noch wenig bestimmten Grenzgebiet von Innen- und Außenwelt frei, kühn und selbstverständlich bewegen, einregistrieren, was sie dort sehen und erleben, und eingreifen, wo ihnen ihre revolutionären Instinkte dazu raten...« (»Jenseits der Malerei«).

Wenn Salvador Dali seine nach der »paranoisch-kritischen« Methode gewonnenen Bilder einmal »handgemalte Traumphotographien« nannte, so steht das nur scheinbar mit dem Diktum von Max Ernst in Widerspruch, das ausschloß, Surrealisten könnten einfach ihre Träume abzumalen versuchen.

Für Dali ist der Traum (wie für viele andere Künstler) in diesem Zusammenhang vor allem eine Metapher. Sein Traumbegriff ist in überreichem Maße mit Elementen einer halluzinierten, »eingebildeten« Realität, Produkten eines krankhaft überreizten Bewußtseins gesättigt – und kommt so dem psychischen Automatismus nahe, den André Breton als Pendant des Traums in seine Definition des Surrealismus einschloß.

VI.

Was hier über die verschiedenen Arten von Traumbildern und die ihnen entsprechenden unterschiedlichen Bildtypen in der abendländischen Kunstgeschichte nur in groben Strichen skizziert werden konnte, soll im folgenden anhand ausgesuchter Bildbeispiele aus den letzten 250 Jahren etwas näher erläutert werden.

Wir beginnen mit den »Carceri«, den imaginären Gefängnissen von Giovanni Battista Piranesi.

Piranesi, 1720 in Venedig geboren, hat die vierzehn Blätter dieser – später erweiterten – Folge zwischen 1742 und 1745 in Rom radiert. Sie markieren einen Wendepunkt in der Darstellung des Phantastischen: zum ersten Mal wird es mit rein formalen Mitteln beschworen, mit den Mitteln einer manipulierten Geometrie, einer verkehrten Perspektive, inkongruenter Räume, irrealen Lichteinfalls. Diese nüchterne Einsetzung wohlkalkulierter Elemente zur Erzielung halluzinatorischer Effekte blieb auch auf die Darstellung des Traums nicht ohne Einfluß. Die Namen Piranesi, Füssli, Grandville, Redon bezeichnen im 18. und 19. Jahrhundert vier unterschiedliche Möglichkeiten, den Traum und die Traumwelt mit den Sprachmitteln der bildenden Kunst auszudrücken. Wenn Füssli vor allem die tradierten ikonographischen Details einsetzt, um die unheimliche Atmosphäre der Traumwelt zu erzeugen, so ist es bei Grandville die ständige Metamorphose der Gegenstandswelt im Traum, die er durch die Analogie bildnerischer Formen nachzubilden versucht. Wenn Redon den Traum durch das traumhafte Verschwimmen und Ineinanderübergehen der Einzelformen beschreibt, dann ist es bei Piranesi die rational berechnete Überschärfe, mit der er die irrational-bedrohende Wirkung des Traums erzeugt.

Tatsächlich entsprangen – der Überlieferung nach – die Visionen der »Carceri« den Fieberträumen des jungen venezianischen Architekten, der auf Wanderungen durch die Campagna vom Sumpffieber ereilt, beziehungsweise von einem Malariaanfall niedergestreckt worden sein soll. Man mag an der Authentizität dieser Überlieferung zweifeln –, auf jeden Fall ist sie ein weiterer Beleg dafür, daß sich Zeitgenossen wie Nachfahren Piranesis seine »Carceri« nur als »Träume« zu erklären vermochten. In welchen Bereichen unserer Psyche auch immer ihr Ursprung gelegen haben mag –, unbestritten ist ihre Wirkung. Wie wenig andere Werke haben sie von ihrem ersten Auftauchen an die seltsamsten Träume provoziert. »In der Tat«, so schreibt Marguerite Yourcenar in ihrem Piranesi-Essay, »gehören die ›Carceri‹ zu jener Gattung halb hypnotischer Werke, bei denen man meint, die Gestalten hätten sich, von einem Hinschauen zum anderen, von der Stelle gerührt, wären verschwunden oder aufgetaucht und die Stätten selbst hätten sich geheimnisvoll verändert.«

Victor Hugo sprach vom »nächtlichen Geist« Piranesis und den »entsetzlichen babylonischen Träumen, die er träumte«, und ähnlich haben ihn Poe, Baudelaire und Mallarmé verstanden.

Die schönste Beschreibung der »Carceri« aber stammt von Thomas de Quincey – der die Blätter dabei überhaupt niemals gesehen hatte. Er kannte sie nur aus Schilderungen von seinem Freunde Samuel Taylor Coleridge. Viele Details, die er nennt, sind falsch, auch ihre Titel – er bezeichnete sie einfach als »Träume« –, und dennoch hat das innere Auge dieses Dichters und Essayisten ihr Wesen genau erfaßt, wenn es Piranesi selbst auf den verschlungenen Treppen sich emporschleppen sieht, deren Geländer zerbrochen sind, immer nahe an Abgrund und Absturz, und dann der Gestalt des Architek-

ten ein weiteres, ein drittes Mal ansichtig wird auf höheren Windungen der Treppe, in immer schwindelnderer Höhe und in immer vergeblicherem Bemühen, seinen Räumen zu entkommen, »und wieder hebe deine Augen, und eine noch luftigere Treppenflucht tut sich auf, und wieder quält sich Piranesi hinauf, und so geht es weiter, bis die unvollendete Treppe und Piranesi sich in der Finsternis verlieren, die von oben auf die Halle drückt.« Thomas de Quincey meint in den »Träumen« Piranesis denselben Raum wiederzufinden, der ihm in seinen eigenen Opiumvisionen erschienen ist, eine böse, sich selbst wiederholende Unendlichkeit: »Mit derselben Intensität endlos wachsend und sich vervielfachend, entfaltete sich die Architektur in meinen Träumen.«

VII.

Francisco de Goya hat die achtzig Blätter seiner »Caprichos« zwischen 1796–1798 radiert. Die erste Auflage kam 1799 heraus. Im Februar jenes Jahres bot er sie im »Diario de Madrid« als eine »Sammlung von Drucken launiger Themen« zum Kauf an, »zum Preis von 320 Reales pro Serie von

G. B. Piranesi, Aus den »Carceri«, Blatt VII

80 Drucken.« Verkauft wurden ganze 27 Exemplare. Eine Ausstellung der Entwürfe zu den »Caprichos« an der Madrider Akademie mußte nach wenigen Tagen geschlossen werden, da sie einen Skandal hervorrief – so launig, wie der Künstler seine Themen interpretiert wissen wollte, empfanden Kollegen, Hof, Regierung und Inquisition sie offenbar nicht.
Ursprünglich hatte diese Folge »Sueños«, »Träume«, heißen sollen, und unter vielen der Vorzeichnungen steht noch die Bezeichnung »Traum« oder »Vision«. Das wohl berühmteste Blatt der »Caprichos« ist die Nummer 43. Sie trägt den programmatischen Titel: »Der Schlaf der Vernunft gebiert Ungeheuer«. Wir dürfen auch übersetzen: »Der Traum der Vernunft erzeugt Ungeheuer«, denn »sueño« kann im Spanischen beides bedeuten, Schlaf und Traum. Nach der ersten Konzeption sollte sie der ganzen Folge der »Sueños« als Titelblatt voranstehen. Dann schien es Goya geraten, den Plan zu verändern, die Serie umzustellen, dieses Blatt eher in der Mitte zu verstecken, einige andere Blätter ganz wegzulassen und überhaupt den Akzent stärker auf die »launigen Themen« zu legen. Die »Caprichos« sollten nicht als Kritik der Gesellschaft, sondern als Spiel der Phantasie erscheinen, als spontaner künstlerischer Einfall, der

F. de Goya, »Der Schlaf der Vernunft gebiert Ungeheuer«

F. de Goya, Vorzeichnung von »Der Schlaf der Vernunft gebiert Ungeheuer«

keine Entsprechung in der Wirklichkeit haben muß. Als erstes Blatt eröffnete nun ein Selbstporträt die Folge der »Caprichos«.

Capricho 43 zeigt uns einen Alptraum. Der Künstler ist über seinem Werkzeug – Papier, Tuschpinsel, Feder – eingeschlafen. Er sitzt an seinem Arbeitstisch, hat den Kopf in die Arme geborgen, als wollte er sich vor dem andrängenden nächtlichen Getier schützen: Eulen, Fledermaus, Uhu. Sie scheinen direkt in seinen Traum zu dringen, und er ist machtlos gegen sie. Will Goya mit diesem Blatt sagen: wenn die Vernunft im Künstler schläft, wird er von Monstern genarrt? Oder meint er nicht dies: der Künstler sieht im Traum, daß die Vernunft überall um ihn schläft, und daß ihr Schlaf diese Schreckgespenster gebiert, die ihn realiter im täglichen Leben umgeben und in den Wahnsinn zu treiben drohen?

Goya hat diesem Blatt im sogenannten Prado-Kommentar eine Erläuterung beigegeben – die freilich alles offen läßt, wie die Radierung selbst. Sie lautet: »Die Phantasie, von der Vernunft verlassen, bringt unmögliche Monstren hervor. Vereint mit ihr ist sie die Mutter der Künste und der Ursprung der Wunder.«

Auf der Vorzeichnung von 1797 las sich diese Selbstinterpretation ein wenig anders. Da hatte es geheißen: »Universal-Sprache. Der träumende Autor. Seine einzige Absicht ist, schädliche Gemeinplätze zu verbannen und mit diesem Werk von Caprichos das unerschütterliche Zeugnis der Wahrheit zu verewigen.« Der Traum als Universal-Sprache? Gar als unerschütterliches Zeugnis der Wahrheit? Das scheint auf eine ganz andere Auffassung des Traums zu deuten. Auf jeden Fall erscheint er hier als Ort der Inspiration: der träumende Maler empfängt die Idee der Caprichos, die er getreulich aufzeichnen wird. Die spätere Interpretation kehrt das Verhältnis von Traum und Vernunft um: steht der Entwurf im Zeichen der Herrschaft des Traums, so huldigt die Radierung der Vernunft: nur im Zusammenwirken mit ihr kann die künstlerische Phantasie ihre Wunder wirken.

In dieser Diskrepanz der beiden Aussagen (die zeitlich kaum auseinanderliegen) dürfen wir nicht nur das Bemühen des Künstlers sehen, seine eigentlichen Absichten – Spott über menschliche Schwächen, Kritik an sozialen Mißständen – zu tarnen, sondern auch den Gegensatz zwischen zwei zeitgenössischen Auffassungen des Traums erkennen, die einander diametral widersprachen. Die eine ist die Kants. In seiner Auseinandersetzung mit Swedenborg »Träume eines Geistersehers« begreift er den Traum als trennendes, isolierendes, unverbindliches Element, während die wache Welt, die Welt der Vernunft, uns allen gemeinsam ist. Die andere Auffassung des Traums steht schon im Zeichen der Romantik und denkt mit ihr ein allgemeines, überindividuelles Unbewußtes, zu dem wir im Traum Zugang haben. Es spricht die Wahrheit, auch wenn es uns Monstren zeigt.

VIII.

Johann Heinrich Füssli – »the wild Swiss«, wie die Engländer den Emigranten zugleich respektvoll und mit leichtem Schauder nannten – hat immer wieder Träume gemalt. Der Traum, das Leben als Traum, der Traum als Leben, als Bühne, als Maskerade, war sein großes, umfassendes Thema, dem er immer neue Verwandlungen abgewann. Auf vielen seiner Bilder finden wir Schlafende, Träumende – und daneben oft auch den Reigen der Figuren, die in ihre Träume schauen. Auf fast allen Bildern erscheinen Menschen, die »außer sich« sind – schlaftrunken oder schlafwandelnd, von einem Alptraum qualvoll niedergestreckt, von Dämonen heimgesucht – oder aus Traumgesichten aufschrekkend, aus tiefer Bewußtlosigkeit erwachend. Füsslis Figuren scheinen vom Wahnsinn umgetrieben, von einer Vision erfüllt, von einer Rolle besessen – oder blindlings einem Traum zu folgen. Als Schlafende sind sie den Spukgestalten wehrlos preisgegeben, als Akteure die Schauspieler ihrer inneren Gesichte. »Seine Geister sind Sturmwind, seine Diener Feuerflammen!«, schrieb Lavater über seinen Zürcher Landsmann Füssli. »Er geht auf den Flügeln des Windes. Sein Lachen ist Spott der Hölle und seine Liebe – tötender Blitzstrahl. Jupiters Adler! Belial, der mit einem Fußtritt stampft ein ganzes Gestad zum Abgrund! ...« Lavaters Urteil gibt uns einen Geschmack der theatralischen, detailvernarrten und oft überladenen Einkleidung, die Füssli seinen Gedanken und Empfindungen, seinen Obsessionen und Träumen gab. Da konnte ihm nichts kostbar oder erlesen genug sein: biblische Träume, antiker Mythos, nordische Sagenwelt, Edmund Spenser's »Faerie Queene«, Shakespeare's »Sommernachtstraum«, Milton's »Verlorenes Paradies«, Jesajas Vision, Malengins Erscheinung, Zettels Traum und seine bösen und närrischen Metamorphosen – überallher nahm er seine Anregungen, erhitzte sie, verkehrte und verdunkelte sie, steigerte sie ins Maßlose und Widersinnige. Dabei war Füssli seinem Wesen nach – bei aller ungebändigten

Wildheit des Temperaments – Zweifler und Grübler, keinesfalls ein »Geisterseher«. Er glaubte nicht – wie sein Zeitgenosse und Freund William Blake – an Erscheinungen. Aber vielleicht ist gerade von dieser generellen Skepsis her sein Hang zu Übertreibung und Überhitzung zu verstehen.

Füsslis Bild »Die Nachtmahr« – ein Thema, das er zwischen 1780 und 1790 mehrfach variiert hat – ist eine Darstellung des Alptraums. Der Alp erscheint als koboldhaftes Wesen in Tiergestalt. Er hockt auf dem Leib eines schlafend hingestreckten Mädchens, dessen Kopf und Arme über die Bettkante herabgesunken sind. Ein geisterhaftes Roß, die Nacht-Mahr oder Nacht-Mähre, blickt durch einen Vorhangspalt aus leeren glühenden Augen erschrocken und schaudernd auf die Szene.

Das Gemälde, das uns den Alpdruck der Träume geradezu physisch spüren läßt, ist auf verschiedenen Ebenen lesbar. Einmal auf der biographischen. Es heißt, Füssli habe sich durch seine Nachtmahr-Bilder von der unerwiderten Leidenschaft zu der jungen Anna Landolt, einer Nichte Lavaters, befreien wollen, indem er ihr aus London als nächtliche Boten – zusammen mit wollüstigen Träumen und allen bösen Wünschen – Geistermähre und halb katzen-, halb affenartigen Kobold ins ferne Zürich sandte. In einem Traum habe er die Geliebte besessen, schrieb Füssli an Lavater – im Bild »besitzt« sie nur der Alp.

Auf einer zweiten Ebene werden wir an frühere Darstellungen des Alptraums erinnert, die das Thema unter verwandten ikonographischen Vorzeichen gestalten: so an den »Schlafenden Stallknecht mit einer Zauberin« von Hans Baldung Grien (1544), wo der erschreckt zurückgewendete Kopf des Pferdes und eine Hexe mit Fackel im Fenster nach dem offenbar Bewußtlosen schauen; so Giulio Romanis Fresko »Traum der Hecuba« im Palazzo Ducale zu Mantua, wo der am Kopfende der Lagerstatt geschnitzte Pferdekopf den vom flackernden Licht einer Fackel beschienenen Schlaf der Hecuba bewacht, so Marcantonios Kupferstich (nach Giorgione) zum gleichen Thema, so Reynolds »Tod der Dido«. Füssli besaß eine große Sammlung von Stichen. Zu einem Druck nach Romanos »Hexenmeister« bemerkte er in seinen Aphorismen, er sei »ein Ideengefüge, schwanger mit den eigentlichen Elementen von Träumen . . .«

Auf einer dritten Ebene finden wir schließlich vielfache Anregungen aus dem Bereich von Dichtung und Mythos. So spricht Mercutio in Shakespeare's »Romeo und Julia«

J. H. Füssli, »Die Nachtmahr«

von »Queen Mab«, die Nacht für Nacht mit wehender Mähne durch Hirn und Blut der Liebenden galoppiert und sie von Liebe träumen macht... Doch läßt sich der Alp noch sehr viel weiter zurückverfolgen – wir erkennen ihn wieder in einem der niederen Dämonen der Antike, dem Pan verwandt, der für Alpdrücken, Völlegefühl und Atemnot verantwortlich war. Bei den Römern verwandelte er sich zum viel beschworenen »Incubus« oder »Succubus«, aus dem im Mittelalter der Buhlteufel einer Hexe wurde. Einen solchen Buhlteufel hat Füssli dem begehrten Mädchen auf den Leib gesetzt.

IX.

Die beiden letzten Zeichnungen, die Grandville wenige Wochen vor seinem Tode, im Februar 1847 geschaffen hat, sind wohl seine berühmtesten geworden. Er bezeichnet sie als »Nächtliche Visionen und Verwandlungen«. Beide haben Träume zum Gegenstand, und beide handeln vom Tode: der erste von der unausweichlichen Verurteilung zum Tode und ihrem zwanghaften Vollzug, die zweite vom Sternenweg der Seele nach dem Tode. Im einzelnen tragen sie die Titel: »Erster Traum: Schuld und Sühne« und »Zweiter Traum: Ein Himmelsspaziergang«. Grandville wußte, daß er sterben würde. Als Freunde den Ernst seiner Krankheit bezweifelten und ihn zu trösten versuchten, schüttelte er den Kopf und sagte zu einem von ihnen – »mit traurigem Lächeln« nach einem Augenzeugenbericht, indem er auf die Zeichnung des »Zweiten Traums« anspielte: »Glaub mir, mein lieber Guiand, ich fühle es, bald werde ich aus viel größerer Nähe meine Sterne studieren können.«
Grandville war ein Meister der Mensch-Tier-Karikatur. In seiner Kunst, zweibeinige, aufrecht gehende Wesen zu schaffen, mit den Köpfen von Affen, Krokodilen, Hunden, Katzen, Käfern, Fröschen, Vögeln, Fischen – Wesen, die sich wie Menschen kleiden, wie Menschen bewegen – und Torheiten reden und Gemeinheiten begehen wie Menschen, in dieser Kunst war er von niemandem übertroffen. Der organische Übergang zweier Wesen, die Verwandlung, die Metamorphose – das war sein Metier. Nie hat er es in den Dienst einer weiter ausgreifenden, ehrgeizigeren Aufgabe gestellt als in seinen beiden letzten Blättern. Die Metamorphosen scheinen hier – auch wenn sie immer noch einem genau kalkulierten Ziel zustreben, das ihrem Ausgangspunkt beinahe

Grandville, »Himmelsspaziergang«
(»Une promenade dans le ciel«)

spiegelbildlich entspricht – wie absichtslos und selbstverständlich, vollziehen sich frei wie die Assoziationen eines Traumes, die die Mondsichel in einen Pilz, den Pilz in einen Schirm, den Schirm in die gespreizten Flügel einer Fledermaus, diese in einen Blasebalg, in zwei von einem Pfeil durchbohrte Herzen, in eine Spule mit durchgesteckter Nadel, schließlich in einen von drei Pferden gezogenen Wagen und ins Sternbild des Wagens verwandeln. »Es ist der verrückte Zug seines Talents, der bei Grandville wichtig ist«, schrieb Charles Baudelaire über Grandville. »Ehe er starb, versuchte er mit einer zähen Anspannung des Willens, die Bilderflucht der Träume und Schreckensgesichter in eine bildnerische Form zu zwingen, und dies mit der Genauigkeit des Stenographen, der den Wortlaut einer Rede aufzeichnet.«

Die beiden Traumzeichnungen Grandvilles werden von zwei Briefen begleitet, die er an Edouard Charton, den Herausgeber des »Magazine Pittoresque«, Mitte Februar und Anfang März 1847 richtete. Ihm hatte er die Zeichnungen zur Publikation übergeben – und im »Magazine Pittoresque« sind sie dann auch, umgesetzt in Stahlstiche, postum erschienen. Im ersten Brief heißt es: »Zunächst, wie wird unsere Überschrift lauten? Metamorphosen im Schlaf? Transformationen, Deformationen, Reformationen der Träume? Kette der Gedanken beim Träumen im Alpdruck, Träume der Ekstase usw.? Oder etwa: Harmonische Umbildungen im Schlaf?« Schließlich meint er den »wahren Titel« gefunden zu haben: »Nächtliche Versionen und Verwandlungen«.

Dann machte er sich Gedanken über die Erklärung – Grandville hat nie vergessen, daß er sich an ein breites Publikum wendet: »Nachdem Sie die Leser darüber aufgeklärt haben, daß die Zeichnung in der Art zu betrachten ist, daß man links oben auf dem Blatte beginnt und dann die sich herabsenkende Linie der verschiedenen Figuren bis zum äußersten unteren Ende verfolgt, wo der Traum endet, können Sie ungefähr so diesen ersten Traum erklären ...«

Grandville war sich der Neuartigkeit seiner Arbeit sehr wohl bewußt. Ausdrücklich wies er Charton darauf hin: »Bisher wurde, wie ich glaube, in keinem Werke der Kunst der Traum auf diese Art verstanden und ausgedrückt ...« Deswegen wird auch die Erläuterung so wichtig: »Sie können dann etwa die Leser hinweisen auf die Kunst der Umbildung und Rückwandlungen der Gestalten, die Kunst dieser Übergänge, die immer aufeinander folgen gemäß einem moralischen Sinn ...«

Im zweiten Brief geht es ihm um

die Plausibilität der Assoziations- und Formenkette vom Mond über Pilz, Schirm, Fledermaus zum Sternbild des Wagens. Er erklärte diesen Traum als den einer jungen Frau, der alle diese Gegenstände aus ihrer persönlichen Erfahrung sehr wohl vertraut sind. Schließlich sagt er: »Nach meiner Meinung träumt man von keinem Gegenstand, den man nicht gesehen oder an den man nicht gedacht hätte, während man wach war, und er ist die Verbindung dieser verschiedenen, oft in weit entfernten Zeitabständen gesehenen oder gedachten Gegenstände, welche diese so fremdartige, so wesensverschiedene Einheit der Träume bildet, übrigens abhängig von der stärkeren oder schwächeren Aktivität des Blutkreislaufes.«

X.

Odilon Redons Gesinnung war der eines Naturforschers verwandt, eines Wissenschaftlers, der vor den Wundern der Natur staunend verharrt und sie so getreu wie möglich zu registrieren und zu überliefern versucht. Sie war die eines Mannes, der wußte, daß es ihm gegeben war, in noch unbetretene Zonen des Unbewußten und Unterbewußten vorzudringen und noch nicht Gesehenes zu Gesicht zu bekommen. Auch das künstlerische Element seines Wesens zielte auf nichts anderes als die Treue der Wiedergabe der Vision und des Traumes. Zu dieser Treue gehörte aber nicht nur die präzise Aufzeichnung bestimmter scheinbar nebensächlicher Details, sondern vor allem die Vermittlung der lebendigen Suggestion. Wichtiger als die einzelnen Phänomene war die Aura, in der sie erschienen, der Zusammenhang, in dem sie standen, der Kosmos, dem sie sich einfügten und den sie im Kleinen widerspiegelten.

Odilon Redon war beides: Naturforscher und Träumer, und beides von früh an und bis ins hohe Alter, und beide Seiten seines Wesens, beide Blickrichtungen seiner Weltsicht waren nie im Widerspruch, das wimpernlose, weit offene Auge, das in so vielen seiner Lithographien über die Himmel der Ozeane hinzieht, das Auge, das alles einregistriert und aufnimmt, – und die geschlossenen Lider der Träumenden, der Blick nach außen und der Blick nach innen.

Träumen, Forschen – das gehörte für Odilon Redon zusammen, das war nicht zu trennen, seit den Tagen der Kindheit auf dem verwilderten Landgut Peyrelebad bei Bordeaux, zu dem er immer wieder zurückkehrte, und das er, als die Familie es schließlich verkaufen mußte, nicht müde wurde, in Gedanken zu umkreisen.

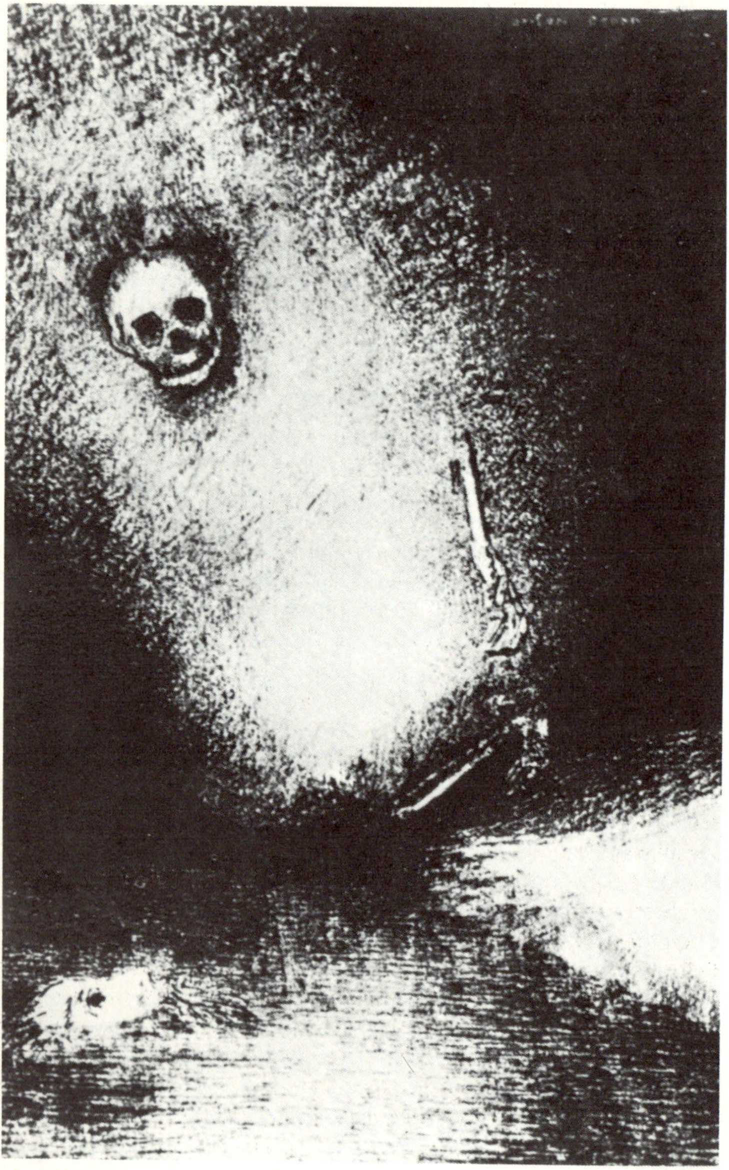

Im Zentrum des Werkes von Redon stehen die Lithographien – und in seinen späten Jahren die Pastelle. Redon hat die Lithographie zu einer künstlerischen Höhe und zu einer Subtilität des Ausdrucks geführt wie vor ihm vielleicht nur Rembrandt die Radierung. Zwischen 1879 und 1899 hat Redon die – mit wenigen Ausnahmen – bedeutendsten Blätter in zwölf großen lithographischen Zyklen zusammengefaßt: die Suiten umfassen 114 seiner insgesamt 172 Lithographien. Ein dreizehntes Mappenwerk, 1890 publiziert, enthält die Reproduktionen von Zeichnungen, die er zu Baudelaires »Les Fleurs du Mal« schuf.

Zwei der Zyklen, der erste und der neunte, nehmen schon im Titel Bezug auf den Traum: »Im Traum« – »Dans le Rêve« (1879) – und »Traumbilder« – »Songes« (1891) – und enthalten nicht auch die anderen (»Für Edgar Allan Poe«, »Die Ursprünge«, »Goya zu Ehren«, »Die Nacht«, »Die Versuchungen des Heiligen Antonius«) überwiegend Traumgesichte? Selbst die am stärksten auf einen konkreten Anlaß bezogene Folge, die als (sehr freie) Illustration zu einer literarischen Vorlage konzipierte Suite »Der Geschworene« – »Le Juré«, erschienen 1887, kulminiert in einem so durch und durch visionären Blatt wie »Der Traum erfüllt sich im Tod«. Auch viele der Einzelblätter verweisen ausdrücklich auf ihren Ursprung im Traum, so die frühe Radierung »Traumvision«, oder reflektieren das Thema Traum in vielfacher Weise, so die späten Lithographien »Der Flügel«, »Obsession«, »Schlaf«. Der Titel »Dans le Rêve« – »Im Traum« – habe sich ganz von selbst eingestellt, sagte Redon später in einem Brief an Mellerio: »Er bezeichnete meine Stimmung in der Atmosphäre jener Tage.« Diese Stimmung sollte ein Leben lang anhalten.

O. Redon, »Der Traum erfüllt sich im Tod«

Alle bedeutenden Symbolisten besitzen ein zentrales Motiv, um das ihre Phantasie unermüdlich kreist und das ihre Anschauung immer aufs Neue inspiriert. Für Redon war dieses Motiv das Auge – das Auge, das manchmal als einziges Wesen da ist, und doch alles aufnimmt und alles umfaßt. Überall sind diese Augen, und wo sie sind, beherrschen sie alles, riesengroß sind sie unter Menschen, eigene Wesen, sie tauchen auf in den niedersten Formen des Lebens als Ausdruck ihrer Beseelung, in der Sumpfblume, im Seepferdchen, sie wachsen aus der Erde, und als Urzelle tummeln sie sich im Schlamm des ersten Schöpfungstages.

Schon im ersten der zwölf großen Zyklen, »Dans le Rêve«, Blättern, die nicht wie die Grandvilles die

Traumlogik nachzubilden versuchen, sondern einen umfassenden Traumzustand suggerieren, erscheinen die Augen. Das erste Blatt der Folge, »Entfaltung«, zeigt einen nach oben schauenden Kopf im Profil, dessen Auge ins Chaos fixiert ist, in einer offenen Weltkugel schwebend – wie in einem Augapfel. Im zweiten Blatt, »Keimen«, hat sich der Blick nach unten gesenkt – das Weltall wird durch das Auge befruchtet, Sterne und durch Augen beseelte Sterne – Köpfe – treiben durch einen kosmischen Raum.

Das zweite Blatt der »Traumbilder« von 1891, »Und dort drüben das Sternidol – die Apotheose« zeigt uns einen meditierenden Bogenschützen (das Sternbild des Schützen?), der über den Wassern in einer transparenten Sphärenkugel, einem Auge, wohnt. Das Auge als Haus, als Behausung, in der wir für immer wohnen werden. Redon findet immer neue Bilder und Bedeutungen des Auges – bis hin zu »Yeux clos« (»Geschlossene Augen«), einem Einzelblatt von 1890. Seit dem Erscheinen dieses entrückten Gesichts mit den Zügen seiner Frau, träumend, schauend, taucht in seinem Werk immer wieder – als Lithographie, als Zeichnung, als Gemälde – das Motiv der geschlossenen Augen auf als das letzte und vielleicht tiefste Bild nach innen gerichteten Sehens. In Redons Tagebuch findet sich unter dem Datum des 14. Mai 1888 diese Eintragung, die geeignet ist, Licht auf seine Intentionen zu werfen. Da heißt es: »Wenn Michelangelo versicherte, es sei töricht, die Schuhe eines Menschen seinen Füßen vorzuziehen, besagt dies, daß er der menschlichen Natur ins Innere blickte, in den lebendigen, tätigen Kern ... Welch gesteigerter, geistiger Vorgang unter den geschlossenen Lidern seines Sklaven! Er schläft, und der quälende Traum, der hinter dieser marmornen Stirn dahingleitet, versetzt uns in eine erregende, denkende Welt. Der Schlaf des Sklaven, der unsere Würde weckt.«

So scheint auch Redons geheimnisvolles Antlitz mit den geschlossenen Augen den Betrachter, indem es ihn zur Meditation verführt, an dem nie endenden Traum teilnehmen zu lassen, den es träumt.

XI.

Wieviele Bilder von Henri Rousseau zeigen einen Traum? In welcher Welt lebt der Zöllner, der den verrücktesten Scherz als bare Münze, die absonderlichste Einbildung als pure Wirklichkeit nahm? Wir wollen uns hier auf zwei der bekanntesten Bilder von Henri Rousseau konzentrieren, auf »Die schlafende Zigeunerin« von 1897

H. Rousseau, »Die schlafende Zigeunerin«

und »Der Traum« von 1910. Beide Bilder haben eine Reihe von Gemeinsamkeiten, und es sind gerade diese Gemeinsamkeiten, die den traumhaften Charakter der beiden Bilder bestimmen. Beide Bilder zeigen uns nächtliche Szenen, und jedes Mal wird diese nächtliche Szene vom Licht einer silberweißen Mondscheibe am oberen Bildrand erhellt – scheinbar. Denn außer dem Mondlicht haben diese beiden Gemälde noch eine andere, verborgene Lichtquelle: alle Gegenstände leuchten aus sich heraus, erstrahlen durch ein geheimes inneres Licht. So steht die Leuchtkraft der Farben im reinsten Widerspruch zum fahlen Mondlicht.

In beiden Bildern finden wir die Figur einer träumenden Frau – einmal als die schlafende Zigeunerin, die sich inmitten der Wüste zur Rast niedergelegt hat, das andere Mal als die nackte Yadwigha, die auf einem Plüschsofa inmitten des Urwaldes eingeschlummert ist. Die Lider der schlafenden Zigeunerin scheinen einen Spaltbreit geöffnet – und lassen an die schmale Mondsichel denken –, Yadwigha dagegen träumt offenbar mit offenen Augen... Hier wie dort umgibt Friede die träumende Frau, die wilden Tiere greifen sie nicht an. Der wandernde Löwe schnuppert an der schlafenden Zigeunerin, bald wird er weiterziehen. Die Löwen des Urwaldes äugen eher erschrocken als angriffslustig durch die wuchernde Vegetation. Sie werden ihr so wenig etwas tun wie Elefant, Vogel und Schlange. In beiden Bildern erklingt Musik: im »Traum« spielt ein Zauberer auf einer Flöte, neben der schlafenden Zigeunerin liegt eine Mandoline, deren Weisen sie im Traum zu lauschen scheint. Ein Krug mit Wasser muß ihr die Feuchtigkeit der reichen Dschungelvegetation ersetzen.

Zu beiden Bildern besitzen wir eine Erläuterung von Henri Rousseau selbst. Mit Brief vom 10. Juli 1898 bot er die »Schlafende Zigeunerin« dem Bürgermeister seiner Geburtsstadt Laval zum Kauf an – und erhielt nie eine Antwort. Rousseau schrieb: »Verehrter Herr Bürgermeister! Ich habe die Ehre, mich an Sie als Ihr Landsmann zu wenden, der durch sich selbst Künstler wurde und den Wunsch hat, daß seine Heimatstadt eines seiner neuen Werke besitzen sollte. Ich schlage daher vor, mir das Genrebild mit dem Titel ›Die schlafende Zigeunerin‹ abzukaufen, 2,60 Meter breit und 1,90 Meter hoch. Eine wandernde Schwarze, Mandoline spielend, hat ihren Krug neben sich (mit Wasser darin), schläft tief, von Müdigkeit erschöpft. Ein Löwe kommt zufällig vorbei, beschnüffelt sie, aber frißt sie nicht. Gebadet in Mondschein – Effekt, sehr poetisch. Die Szene trägt sich in einer völlig ausgedörrten Wüste zu. Die Zigeunerin ist gekleidet auf orientalische Weise. Ich biete das Bild zu 2000 bis 1800 Francs an, weil ich glücklich wäre, wenn die Stadt Laval eine Erinnerung an eines ihrer Kinder besäße ...«

Henri Rousseau zeigte den »Traum« – sein letztes Bild – 1910 im »Salon des Indépendants«. An den Rahmen des Bildes hatte er einen Zettel geheftet, auf dem dieses Gedicht stand:

> Yadwigha, sanft eingeschlafen,
> hörte in einem schönen Traum
> die Klänge einer Hirtenflöte,
> auf der ein guter Zauberer spielte.
> Während das Mondlicht widerscheint
> auf den Blumen, den Bäumen voller Grün
> leihen die wilden Schlangen ihr Ohr
> den heiteren Weisen des Instruments.

Die Welt des Traums scheint vollkommen – doch das, was er erreicht hatte, war jenseits der Absicht und Erkenntnis des Zöllners. Rousseau hatte mit seinem »Traum« – wie mit der »Schlafenden Zigeunerin« – weder einen be-

H. Rousseau, »Der Traum«

stimmten Traum wiedergegeben, noch generell seine Traumwelt wiedergeben wollen. Er wollte ein realistisches Bild malen, nichts sonst. Er hatte die Wirklichkeit gemalt – seine eigene Wirklichkeit. Daß diese sich von der anderen unterschied, mochte er nicht wahrhaben – wenn es ihm auch zuweilen schmerzlich bewußt geworden sein muß. Er sah sich als realistischen Maler – »er ist dabei, einer unserer besten realistischen Maler zu werden«, sagte er, von sich selbst in der dritten Person sprechend, um die Zeit, als er die »Schlafende Zigeunerin« malte –, genauer: ein akademisch-realistischer Maler, wie es seine Vorbilder Gérome und Bonnat waren. Es war sein Glück, daß er das eine je so wenig wie das andere geworden ist.

Doch sah er selbst die Nähe seiner exotischen Landschaften zu Traumbildern. Zu Arsène Alexandre sagte er: »Ich weiß nicht, ob es Ihnen auch so geht wie mir, aber wenn ich in diesen Treibhäusern bin und die seltsamen Pflanzen aus exotischen Ländern sehe, dann meine ich, daß ich in einen Traum komme. Ich fühle mich wie ein ganz anderer Mensch . . .«

Und so, mit dem Argument des Traums, verteidigte er sich auch gegen den Vorwurf des mangelnden Realismus, den ihm die Kritik gemacht hatte. Wie war denn das Sofa in den Urwald gekommen, wo es doch nicht hingehörte? Er schrieb an André Dupont: »Ich beeile mich, Ihren liebenswürdigen Brief zu beantworten und Ihnen mitzuteilen, weshalb das in Frage stehende Sofa dort ist. Die auf dem Sofa eingeschlafene Frau träumt, daß sie in diesen Wald gebracht worden ist, wo sie das Zauberinstrument hört. Damit hätten Sie den Grund, weshalb das Sofa im Bild ist...« Der Traum selbst hat also den Traum hervorgebracht. Eine Erklärung, die das Geheimnis des Bildes nur noch größer macht.

XII.

Wie kein anderer Künstler hat sich Alfred Kubin auf den Traum als die entscheidende Inspirationsquelle seiner ganzen künstlerischen Produktion berufen. Dabei war ihm der Traum immer mehr als bloße Metapher – sie war ihm die wichtigste Dimension seiner Existenz. Das spiegelt sich in vielen Bildtiteln ebenso wie in den Themen der Aufsätze. Immer wieder sprach er vom »Traumerleben« und der Bedeutung des Traums für sein gesamtes Schaffen. Eine Folge von Blättern faßte er unter der Bezeichnung »Meine Traumwelt« oder »Traumland« zusammen, von Zeichnungen sprach er als von »Traumprotokollen«. Sein Roman »Die andere Seite« spielt im »Traumreich«, seine Metropole »Perle« wird die »Traumstadt« genannt, die handelnden Figuren heißen »Träumer« oder »Traumleute«.

In seinem Text »Über mein Traumerleben« schreibt Alfred Kubin: »Das Leben ist ein Traum! Nichts scheint mir zutreffender wie dieses altbekannte Gleichnis! Die seltsame, wie in einem polaren Gegensatz stehende Verwandtschaft der beiden Sphären des Tag- und Nachtbewußtseins enthüllt sich der beständigen Erkundung als ebenso überraschend wie innig vertraut... Daß der ›Schöpfer‹ des Traums und sein ›Geschöpf‹, das Traumgebilde, irgendwie in identischem Zusammenhang stehen, tritt in träumendem Zustand besonders deutlich hervor. Woher sollten auch sonst diese zahllosen Gestalten, diese eingebildeten Vorgänge, diese weiten Landschaften stammen als ›aus uns‹... Die Durchdringung all meines wachen Fühlens und daher auch aller Einzelempfindungen mit dem Element des Traumhaften war mir von jeher stärkste Lockung; als ich mich diesem abgelegenen Gebiet immer mehr zuwandte, wurde sie zum Bedürfnis. Viele meiner

Zeichnungen versuchen, meine Träume festzuhalten. Beim Erwachen bleiben oft nur Spuren davon im Gedächtnis haften; diese Trümmer und Fetzen sind dann alles, woran man sich halten kann. Betrachten wir den Traum als Bild; so wie er komponiert, so wollte ich wissend als Künstler zeichnen und fand erst größere Befriedigung, als ich mich entschloß, die zart auftauchenden Fragmente so zusammenzufügen, daß sie ein Ganzes ergaben. Die kaum bestimmbaren Gesetze wurden nun meiner dem Tag abgewandten vertieften Sinnlichkeit immer fühlbarer und faßbarer und endlich Mittel zur Darstellung ... Ich stelle mir den Weltentraum als allumfassend, als überall verbreitet vor und jedwedes vereinzelte Tun und Erleiden mit einbeziehend. Die unbeschreiblichen seelischen Schauer folgen sich unfaßbar und hintergrundvoll. Es lassen sich stets neue Ähnlichkeiten wie auch magnetische Gegensätze der schlafenden wie wachenden Seite feststellen. Das Wichtigste bleibt dabei, daß man das Urgefühl nicht verliert: alles Erlebbare wird ausschließlich als ein persönliches erlebt. Also ein Traumwunder von in sich maßloser Übergewißheit, das auch noch den trockensten Alltag förmlich elektrisch ladet mit seinen dunklen Märchen. Die einzelnen Erscheinungen werden wir uns aber hüten zu zergliedern ... Ich halte die unmittelbare schöpferische Vision für weit stärker und tragender als ihre weitschweifige Analyse ... Ich finde und verliere mich in ... namenlosen Labyrinthen; in quellendem, überschwenglichem Wechsel gleitet das dunkle Bewußtsein ins helle über, und undenkbar ist es mir, daß sie je enden könnte, jene heimlich süße Freude an dieser zauberhaft schönen Welt – meiner Traumwelt.«

Diese Zeilen wurden 1922 geschrieben, als Kubin sich längst über die Mittel, Möglichkeiten und Grenzen seiner Kunst im klaren war und in der nunmehr versöhnten Traumwelt seiner Zeichnungen wie in seinem ländlichen Schlößchen Zwickledt in Oberösterreich wohnlich eingerichtet hatte. Seine Zeichnung »Jede Nacht besucht uns ein Traum« (1900–1903) aber stammt aus einer Zeit, als das »dunkle Bewußtsein« noch nicht in das hellere, heitere, humoristisch getönte der späteren Jahre hinübergeglitten war, als der Traum für ihn zunächst Alptraum, Schreckensvision, Heimsuchung bedeutete. Aber schon hier hat er im Sinne der späteren Konzeption versucht, »wie der Traum« zu komponieren, damals auch im Formalen noch viel stärker aus dem Unbewußten geleitet und daher viel instinktiver und unmittelbarer.

Kubins Blatt »Jede Nacht besucht

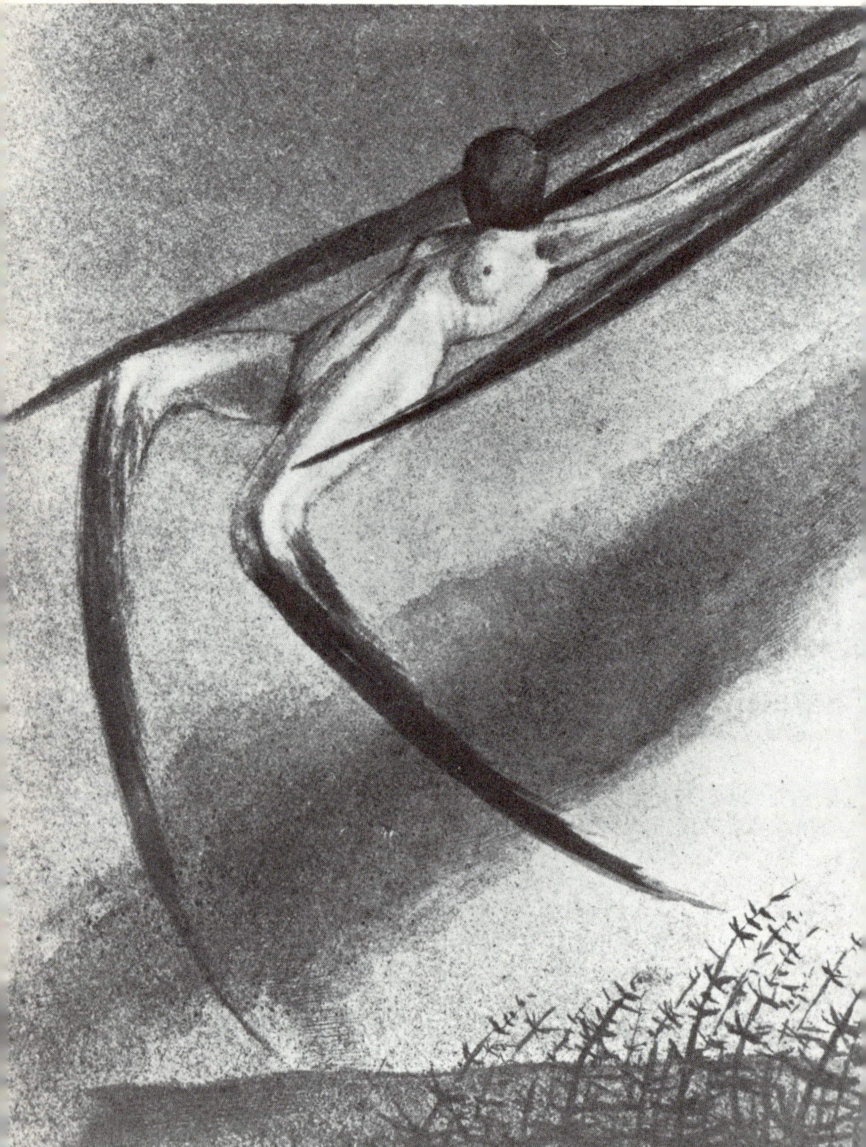

uns ein Traum« wirkt wie die Niederschrift eines tatsächlichen, konkreten Traums. Der Erwachende versucht ihn zu bannen, zu fixieren – und damit seiner habhaft, seiner Herr zu werden. Genau betrachtet kommt der Traum in dieser Zeichnung dreimal vor: als Thema, als Inhalt und in der Art der Gestaltung. Einmal erscheint der Traum als Thema, als Allegorie, als Symbol, personifiziert in der unheimlichen, schwebenden Gestalt, deren Extremitäten, Arme und Beine, in Flügel münden, die scharf und verletzend wie Sensenblätter scheinen; in dieser Gestalt erinnert der Traum an seinen Bruder, den Schnitter Tod. Das Wichtigste, eigentlich Neuartige dabei ist: diese Symbolgestalt des Traums ist nicht der traditionellen Bildmetaphorik entlehnt, stammt nicht aus der überlieferten Ikonographie. Sie wurde im Traum selbst erfahren, der Traum ist es, der seine eigene Symbolgestalt hervorbringt.

Zum anderen ist der Traum in diesem Blatt anwesend als Inhalt der konkreten Traumerfahrung. Diese Erfahrung erschöpft sich nicht in der geflügelten Gestalt, sondern ist ebenso präsent im verdüsterten, verhangenen nächtlichen Himmel, dem tiefliegenden Horizont, im heraufziehenden Sturm, den Gräsern, die sich im ersten Lufthauch beugen, in allen Einzelheiten einer unheimlichen Atmosphäre, die eine ausweglose Bedrohung ankündigt.

Schließlich sind die formalen Details von unserer Art des Traumerlebens bestimmt: in der Konfrontation scharf gesehener und ganz undefinierter Elemente; in der Konzentration auf die eine gesichtslose weibliche Figur, die sich aus einer Zone des Ungewissen manifestiert und zentral ins Bild tritt; in der »organisch« wirkenden Metamorphose ihrer Gliedmaßen, die sie zu einem Zwitter werden läßt, halb Mensch, halb Geisterwesen, halb schreitet sie, halb segelt sie dahin; in der Vertauschung der gewohnten Bildlogik mit einer aus dem Unbewußten und Emotionalen kommenden Suggestionskraft. Wir dürfen die Komposition als in einem Ausmaß »traumhaft« bezeichnen, das Kubin in seinen späteren Arbeiten nur noch selten erreicht hat.

XIII.

In der von ihm selbst so genannten »metaphysischen Malerei«, die ihn in seinen Pariser Jahren 1911–1915 und dann in Ferrara 1915–1918 beschäftigte, hat Giorgio de Chirico eine einzigartige Balance zwischen höchster Bewußtheit und verbor-

A. Kubin,
»Jede Nacht besucht uns ein Traum«

gensten Tiefen des Unbewußten erreicht. Diese Balance läßt sich nicht auf einen einzigen Faktor zurückführen – weder auf die Visionen, die ihm mehrmals in bestimmten psychisch überreizten Stunden zuteil wurden, noch auf seine Vorliebe für das Doppeldeutige und Hintergründige antiker Mythen, weder auf die Erfahrung des Traums noch auf seine Faszination durch die Philosophie eines Schopenhauer, Nietzsche und Weininger. All diese Einflüsse – wie die der Kunst eines Böcklin und Klinger, die er in seinen Münchener Studienjahren begierig in sich aufnahm – erklären nur Teilaspekte seines Werkes, das zugleich verblüffend einfach und abgründig komplex ist. Andrea de Chirico, der sich als Schriftsteller und Maler Alberto Savinio nannte, hat einmal versucht, das Werk seines Bruders vom Begriff der »Vision«, auf die er sich so oft beruft, herzuleiten – im Unterschied zur Kunst der Surrealisten, für die (wie wir schon aus dem »Ersten Surrealistischen Manifest« von André Breton wissen) der Traum eine zentrale Rolle spielt.

Dennoch fehlt es im Frühwerk de Chiricos nicht an Hinweisen auf den Traum. Diese finden sich in einigen Bildtiteln (die mit wenigen Ausnahmen von de Chirico selbst stammen) wie in bestimmten Bildmotiven, mögen diese letztlich auch eher peripher erscheinen. Auch in den aus den Pariser Jahren erhaltenen Manuskripten de Chiricos gibt es Stellen, die sich auf den Traum beziehen. Sein Prosagedicht »Ein Leben« beginnt: »Leben, Leben, geheimnisvoller großer Traum! Alle Rätsel, die du stellst; Freuden und Erleuchtungen ... Visionen, die uns bedrükken ...« Und im berühmt gewordenen Text »Das Mysterium der Kreation« heißt es: »Wenn ein Kunstwerk wirklich unsterblich sein soll, muß es alle Schranken des Menschlichen sprengen: die Logik und der gesunde Menschenverstand müssen überwunden werden. Auf diese Weise kommt es dem Traume und dem kindlichen Geiste nahe ... Das große Kunstwerk bewirkt der Künstler in den tiefsten Tiefen seines Seins. Dorthin dringt kein Rauschen des Flusses, kein Gesang der Vögel, kein Rascheln der Blätter ...«

Hier haben wir einen Schlüssel zum Verständnis der »metaphysischen« Bilder de Chiricos: sie kommen dem Traum nahe, sind aber keine gemalten Träume. Sie sind trotz aller Suggestion des Einfachen viel zu sehr Ergebnis der Reflexion, als daß wir sie direkt aus dem Bereich des Traumes herleiten dürften.

Dennoch sind die »Piazza d'Italia«-Bilder de Chiricos der Jahre 1911–1915 ebenso wie seine »meta-

physischen Interieurs« der ferraresischen Periode wiederholt als Träume oder von Traumelementen erfüllt gedeutet worden, selbst von so hervorragenden Interpreten wie William Rubin. In seinem Buch »Dada und Surrealismus« schreibt er: »Die Bildvorstellungen bei de Chirico sind wirklichen Traumbildern ähnlicher als die Werke der von ihm beeinflußten Surrealisten. De Chirico vermeidet fast ganz das Phantastische. Das mysteriöse Licht seiner Gemälde ist nicht so sehr Sonnenlicht, als vielmehr jenes innere Licht, das wir schon in Rousseaus Bildern fanden... Wie Psychiater beobachtet haben, werden im Traum nur äußerst selten Klänge wahrgenommen, und in diesem Zusammenhang ist die an Leopardi erinnernde Stille in de Chiricos Bildern bemerkenswert. Es ist aber eine mehr unheilschwangere als gelassene Stille, voll ungewisser, alpdruckhafter Vorahnungen... Wie wir wissen, vermischen sich im Traum ständig die Zusammenhänge und Wirklichkeitsebenen. Was diese Vermischungen in de Chiricos Kunst so eindrucksvoll machen, ist die Eigenart der mit der jeweiligen Konstellation heraufbeschworenen poetischen Stimmung...«
Wir wollen hier einen Blick auf zwei Bilder de Chiricos aus seiner ersten Pariser Periode werfen, die uns in diesem Zusammenhang besonders auffallen. Beide stammen aus dem Jahr 1914. Das eine, »Der Traum des Dichters«, zeigt eine Gipsbüste im Profil, der – ähnlich wie im »Bildnis des Dichters Guillaume Apollinaire« – eine schwarze Sonnenbrille aufgesetzt ist. Sicher hat der Maler dabei auch an Tiresias, den blinden Seher, gedacht. Das andere Bild, »Reise ohne Ende«, konfrontiert uns im Vordergrund den abgebrochenen Kopf einer Statue, die mit offenen Augen zu träumen scheint –, so weit eben Statuen träumen können. Vielleicht bezieht sich auch auf dieses gestürzte Monument mit den nach oben verdrehten offenen Augen die frühe Textstelle von der »Begierde der Statue«, in der eine Figur »schläft und schläft und schläft«, indes sich die andere »in tiefer Nacht« unruhig hin und her wälzt, denn »Morpheus verabscheut« sie... »In der Ferne pfeift eine Lokomotive...«
Wir könnten diese Bilder mit einer Metapher erstarrte, versteinerte Träume, die Träume von Statuen, nennen. Aber wir hätten ihren Sinngehalt damit noch längst nicht ausgeschöpft. Wenn bei de Chirico Gipsbüsten und Schneiderpuppe – so in »Der Philosoph und der Dichter« wie ähnlich auch in »Der doppelte Traum vom Frühling« –, wenn bei ihm Statuen mit Sonnenbrille oder abgebrochenem Kopf über Tafeln mit geometrischen

G. de Chirico, »Reise ohne Ende«

G. de Chirico, »Der Traum des Dichters«

Konstruktionen, Karten des Sternenhimmels oder anderen Sigeln und Chiffren der Welträtsel meditieren – oder gar, wie der gemeißelte bärtige Philosophenkopf auf dem Tisch, über Ananas und Bananen grübeln, dann liegt darin bei aller unzweifelhaften tragischen Grundstimmung immer auch ein Stück Ironie. Und Ironie hat im Traum keinen Platz.

XIV.

René Magritte hat keine Träume gemalt, sondern Gedanken. Genauer: das Zusammentreffen oder Einanderfinden zweier Gedanken, die gemeinsam ein Bild ergeben. Er meinte, daß es zum Bilderschaffen eines Zustands höchster Wachheit bedarf. In einem Katalogtext aus dem Jahre 1962 schrieb er: »Ich achte darauf, nur Bilder zu malen, die das Mysterium der Welt evozieren. Damit das möglich ist, muß ich sehr wach sein, das bedeutet, daß ich aufhöre, mich gänzlich mit Ideen, Gefühlen, Empfindungen zu identifizieren. Im Gegensatz dazu sind Traum und Wahnsinn einer absoluten Identifikation günstig.« Und in einem Gespräch hat er gesagt: »Ich habe noch nie von auszuführenden Bildern geträumt. Die Welt zeigt sich nicht wie ein Traum in meinem Schlaf. Ich kann ein Bild nur ›sehen‹, wenn ich ganz wach bin und überdies über eine vollkommene Geistesgegenwart verfüge. Ich habe diese Geistesgegenwart nicht im Schlafe.« Magrittes Ausgangspunkt war die Kunst Giorgio de Chiricos, dessen Bild »Liebeslied« (1914) ihn einst zu Tränen gerührt – und erst richtig auf den eigenen Weg gebracht hatte. Meinten wir schon bei de Chirico ein Moment der Ironie zu bemerken, so kommt der Ironie im Werk Magrittes entscheidende Funktion zu. Das Bild »Der unbekümmerte Schläfer« (1927) ist die ironische Paraphrase des klassischen Bildtypus vom Träumer und vom Inhalt seines Traums. Der Schläfer liegt in einem Fach oder einem Kasten wie in einer Schublade – unter ihm sind, umgeben von einem wolkigen Nachthimmel, einzelne Gegenstände reliefartig in eine Holzplatte mit unregelmäßigem Umriß eingestanzt: ein Spiegel, ein Hut, ein Vogel, eine Kerze, eine Schleife, ein Apfel. Stellen sie den diffusen, zusammenhanglosen Inhalt seines Traumes dar? Das Ganze ergibt keinen Sinn: dies eben ist die Pointe des »Traums« von Magritte. Eine Variante dieses Bildes, »Das Kap der Stürme«, 1964, ist eine Parodie des klassischen Motivs der Alptraum-Bilder. Wir finden den gleichen Schlä-

R. Magritte,
»Der unbekümmerte Schläfer«

fer unbekümmert in seinem engen Kasten ruhen, im Bild darüber das Gewicht eines Steins von der Größe eines Gebirgsmassivs. Aber nichts passiert – außer in unserem Bewußtsein, das auch mit diesem Paradox nicht fertig wird.

Ebenso unübersehbar ist die Ironie in »Der Schlüssel der Träume« von 1936: vier chiffrenhaft abgekürzte Gegenstände sind – mit einer Ausnahme – mit falschen Namen bezeichnet – oder umgekehrt: vier Begriffen sind die falschen Abbildungen zugeordnet. Das Geheimnis des »Schlüssels der Träume« ist, daß er nicht paßt, wenigstens nicht im Sinne der gewohnten Logik. In einem anderen Bild mit Buchstaben, »Die Kunst der Konversation« von 1950, erscheint »Rêve«, der »Traum«, in riesigen steinernen Lettern in die Landschaft gestellt, ein Gebirge von Wort. Zwei winzige Männer mit Bowler stehen davor – und haben Stoff für ihre Konversation. Indem Magritte seinen Scherz mit dem Traum macht, respektiert er ihn zugleich. Seine Haltung ist – wie die zu vielen anderen Phänomenen unseres Daseins – ambivalent.

In den »Träumereien des einsamen Spaziergängers« (1926–1927) wird dieser Spaziergänger (den wir nur als Rückenfigur sehen) von dem Bild eines schwebenden weißen Körpers verfolgt –, der Fluß, den der Mann mit dem Bowler entlanggeht, ruft offenbar die Vorstellung einer Wasserleiche hervor. Über die Realität dieser Erscheinung im Rücken des Spaziergängers läßt uns Magritte bewußt im Unklaren. Wie wirklich ist sie? Ist sie eine Erinnerung, ein Trugbild, Traum, Träumerei? Der promenierende Mann scheint zugleich nachdenklich und wenig betroffen, unerschrocken und gleichmütig kühl. In dieser Haltung stellt er die typische Magritte-Figur des äußerlich unbeteiligten, kaltblütigen Beobachters dar.

Wir erkennen ihn wieder im Schlafwandler (»Der Schlafwandler oder Die Straßenlampe«, 1927–1928), der, mit Hut und Mantel, den Kragen hochgeschlagen, die Hände in den Manteltaschen, an einer Straßenlaterne vorbei – durch ein Wohnzimmer geht, der Tisch mit dem weißen Tischtuch lädt ein, sich hinzusetzen und abzulegen. Innen- und Außenraum gelten dieser promenierenden Figur gleichviel, rastlos ist er zwischen beiden Bereichen unterwegs, es scheint ihm keinen Unterschied zu bedeuten, ob er sich »innen« oder »draußen« aufhält. So bewegt sich Magritte in seinen Bildern unablässig zwischen Tag und Traum, Realität und Vorstellung, Bewußtem und Unbewußtem, Rationalem und Irrationalem und vertauscht die Ebenen nach Belieben. Suzi Gablik hat darin das Lebensprinzip des »Dandy« im Sinne Baudelaires erkannt, der vom unwiderstehlichen Zwang getrieben wird, »die Trivialität zu bekämpfen und zu zerstören«. Nach Baudelaire ist »der Dandyismus ein Sonnenuntergang; wie der untergehende Tagesstern ist er großartig, ohne Wärme und voll Melancholie ... ein schlummerndes Feuer, das auf sich selbst verweist und das in Flammen ausbrechen könnte, aber darauf verzichtet«. Seine innere Erregung ist gebändigt, und so flaniert er scheinbar unberührt durch unsere Wirklichkeit wie durch seine Träume.

XV.

Die Bilder von Paul Delvaux sind perfekte Traumlandschaften, ihre Figuren bewegen sich darin wie Traumwandler. Mit schlafwandlerischer Sicherheit, ein unsichtbares Ziel vor Augen, schreiten die Frauen auf den Plätzen von Delvaux dahin, indes die Männer mit ihrer Nacktheit auch ihre Sicherheit verloren haben und kurzsichtig ihre Orientierung in einem Buch oder einer Zeitung suchen.
Von Giorgio de Chirico hat Delvaux die Verbindung verschiedener Zeiten übernommen, den Widerspruch künstlicher und natürlicher Lichtquellen wie das Nebeneinander klassischer und moderner Bauwerke. Wie auf den Piazza d'Italia-Bildern de Chiricos allein die Präsenz einer Uhr einen Renaissance-Palazzo in einen Bahnhof verwandeln kann, so definiert Delvaux seine Stimmung der Zeitlosigkeit durch die Kombination von Gegensätzen. Er läßt seine Straßenbahn mitten durch antike Tempelstädte fahren und verlegt eine Tramway-Station ins alte Ephesos: »Die Straßenbahn, rotes Tor, Ephesos« (1946). Umgekehrt macht er aus einem Bahnhof ein mystisches Heiligtum, in dem die feierliche Stimmung der Akropolis – oder eines Museums herrscht.
»Von seinen Biographen wird er als Fremder in der Welt des Äußeren beschrieben«, sagte Maurice Nadeau einmal von Paul Delvaux. Sie »erscheint ihm ›feindlich und destruktiv‹, so daß er sich bewußt in seine Traumwelt zurückzieht und damit ein geradezu ideales Medium verkörpert ... Die unerfüllten Sehnsüchte seiner Kindheit, seine Träume, die Fieberwünsche seiner Einsamkeit und ein zu lange unterdrücktes Unterbewußtsein ... leiten ihn.« Das »innere Vorbild« – auf dem André Breton insistierte – kommt » um so authentischer zum Ausdruck, je weniger der Maler sich dem inneren Antrieb widersetzt, je williger er seiner Eingebung folgt ...«
Viele Elemente der Bilder von Delvaux verweisen auf den Traum.

P. Delvaux, »Le cortège en dentelles«

Die stärkste Suggestion, in einen Traum geraten zu sein, aber geht von seinen Figuren aus: schönen jungen Frauen, von denen wir meinen, daß sie nie altern werden. Sie sind in einem Traum befangen, aus dem sie nie erwachen werden. Die Zeit steht für sie still. Es ist Mitternacht, Geisterstunde – auch wenn die Szene manchmal taghell erleuchtet ist. Wie Schlafwandler gehen diese Frauen, Nymphen und Priesterinnen zugleich, Vestalinnen, Puppen, unerotisch, unberührbar, dahin, schreiten über mitternächtlich ausgestorbene Plätze, ohne Notiz voneinander zu nehmen, träumend, in einer lunarischen Welt zu Hause. Die Tempel sind leer, die Häuser erstorben, die letzten Züge gerade dabei, endgültig abzufahren. Altern ist eine Sache der Männer. Sie sind der Zeit unterworfen. Die Gelehrten scheinen über ihr Verrinnen zu grübeln, starren ins Nichts, mit der Lupe betrachten sie die Leere. Wenn ihr Interesse von etwas gefesselt wird, dann von den Skeletten, vom Tod. Wenn sie aufwachen, werden sie gestorben sein.

Literatur

Wieland Schmied: Zweihundert Jahre phantastische Malerei. Berlin 1973 (Taschenbuchausgabe München 1980).

Ursula Bode: Kunst zwischen Traum und Alptraum. Phantastische Malerei im 19. Jahrhundert. Braunschweig 1981.

Ingrid Schuster-Schirmer: Traumbilder von 1770–1900. Von der Traumallegorie zur traumhaften Darstellung. Dissertation Bonn 1974 (Bremen 1975).

H. P. Duerr: Traumzeit. Frankfurt/M. 1978.

G. B. Piranesi: Carceri (Essay von Marguerite Yourcenar). Frankfurt a. M. 1965.

Ulya Vogt-Göknil: Piranesi. Zürich 1958.

Norbert Miller: Archäologie des Traums. Versuch über Piranesi. München 1978.

Pierre Gassier und Juliet Wilson: Francisco Goya. Berlin 1971.

Werner Hofmann: Goya. München 1980 (Taschenbuchausgabe München 1981).

Gert Schiff: Füssli. Werkkatalog. Zürich 1973.

Werner Hofmann, Johann Heinrich Füssli. München 1974.

Helmut Börsch-Supan: Caspar David Friedrich. Werkkatalog. München 1973.

Wieland Schmied: Caspar David Friedrich. Köln 1975.

Grandville: Das gesamte Werk (Einführung Gottfried Sello). München 1969.

Klaus Berger: Odilon Redon. Köln 1964.

Odilon Redon, Selbstgespräch. München 1971.

Dora Vallier: Henri Rousseau. Köln 1961.

O. Bihalji-Merin: Henri Rousseau. Köln 1976 (Taschenbuch).

Wieland Schmied: Alfred Kubin. Salzburg 1967.

Alfred Kubin. Aus meiner Werkstatt. München 1973.

Otto Breicha: Alfred Kubin. Salzburg 1977.

Giorgio de Chirico: Wir Metaphysiker. Gesammelte Schriften. Essay von Wieland Schmied. Berlin 1973.

Wieland Schmied, Alain Jouffroy, Maurizio Fagiolo: Giorgio de Chirico. München 1980.

William Rubin, Wieland Schmied, Jean Clair: Giorgio de Chirico, der Metaphysiker. München 1982.

Suzi Gablik: Magritte. München 1971.

Uwe M. Schneede: René Magritte. Köln 1973. (Taschenbuch).

René Magritte: Bilder. (Essay von Wieland Schmied). Zürich 1982 (Taschenbuch).

Maurice Nadeau: Paul Delvaux. Berlin 1968.

Antoine Terrasse: Paul Delvaux. Berlin 1972.

Jürgen Kaizik

Traumgeschichte über Literatur und Traum

»Was sollen wir tun, Albertine?« Gegen Ende von Schnitzlers »Traumnovelle« stellt Fridolin seiner Gattin diese schwerwiegende Frage, als müßte nun gerade sie, die sanftere, den vielfach verschlungenen Knoten lösen können. Dabei hatte sie doch, ganz wie es der Frau dieser Zeit zugedacht war, ihren wenn auch spektakulären Ehebruch bloß geträumt, während er, der wirklichkeitsmeisternde Mann, äußerst real seine erotischen Seitenwege beschritten hatte. Aber es wäre nicht Schnitzler und es wäre nicht Wien mit seiner letzten trügerischen und zugleich anziehenden Pracht, wüßte die Frau nicht die verzeihende Gebärde, das erlösende Wort zu finden.

»Sie lächelte und nach kurzem Zögern erwiderte sie: ›Dem Schicksal dankbar sein, glaube ich, daß wir aus allen Abenteuern heil davongekommen sind – aus den wirklichen und aus den geträumten.‹

›Weißt du das auch ganz gewiß?‹ fragte er.

›So gewiß, als ich ahne, daß die Wirklichkeit einer Nacht, ja daß nicht einmal die eines ganzen Menschenlebens zugleich auch seine innerste Wahrheit bedeutet.‹

›Und kein Traum‹, seufzte er leise, ›ist völlig Traum.‹ «

Fast scheint es, als würde der Traum dazu mißbraucht, die Wirklichkeit zu entthronen, die den Bürgern von Wien tatsächlich nur mehr wenige Aussichten läßt. Man schafft sich eine zweite Welt, in der Tod und Liebe, Wollust und Verwesung so sanft beieinander wohnen, daß sie die Masken tauschen können wie die Harlekins bei der alljährlichen Hofburg-Redoute. Der Traum entschädigt für die krassen Ungerechtigkeiten des Tages, verwandelt die unwiderruflich eindeutigen Ereignisse in einen in sich geschlossenen, taumeligen Reigen und macht aus wirklichkeitsbesessenen Akteuren bloße Zuschauer eines großen Spiels. Und ganz Wien berauschte sich daran wie an einer Droge, gerade so, wie man sich Jahrzehnte vorher an den Walzern berauscht hatte, in deren drehendem Takt sich die militärischen Niederlagen weit draußen leichter vergessen ließen. Schnitzler, der die brüchigen Fassaden durchschaute und hinter hohlen Konventionen auf der Suche nach neuem Leben war, lieferte seinem feinnervigen Publikum zugleich, ohne es zu wollen, das passende Narkotikum mit. Der Traum, den er als Wegweiser ins weite Land der Seele aufpflanzte, wurde Rastplatz und Ruhestätte für unentschiedene, entscheidungsmüde, späte Menschen.

Aus der Distanz, die den einsam arbeitenden Wissenschaftler vom Künstler trennt, erkannte Freud anders als das breite Publikum in Schnitzler nicht nur den Dichter, sondern auch den Forscher und Entdecker: »... seit vielen Jahren bin ich mir der weitreichenden Übereinstimmung bewußt, die zwischen ihren und meinen Auffassungen mancher psychologischer und erotischer Probleme besteht... Ich habe mich oft verwundert gefragt, woher sie diese oder jene geheime Kenntnis nehmen konnten, die ich mir durch mühselige Erforschung des Objektes erworben, und endlich kam ich dazu, den Dichter zu beneiden, den ich sonst bewundert.« Fast ist Freud bereit, den anderen als Doppelgänger auf künstlerischem Gebiet zu akzeptieren, den gemeinsamen Weg, das gemeinsame Ziel über die ihm eigene Scheu vor zu großer Nähe zu stellen: »Ihre Zersetzung der kulturell-konventionellen Sicherheiten, das Haften ihrer Gedanken an der Polarität von Lieben und Sterben, das alles berührte mich mit einer unheimlichen Vertrautheit.« Der Dichter, geistesverwandt und Seite an Seite mit dem großen, weltberühmten Forscher, und dagegen seine Dichtung, zuletzt herabgekommen zur Mode und im Bewußtsein des Publikums nicht mehr als die Erinnerung an delikate erotische Abenteuer und an die lebensverachtende Gebärde in einem Werk, in dem die Grenzen zwischen Traum und Wirklichkeit angenehm zerfließen. Auf der einen Seite die Literatur, ein Fundus, in dem sich jeder bedient, den zu verlassen aber angebracht ist, sobald der Ernst des Lebens naht. Und auf der anderen die Wissenschaft, die aus der Traumtheorie ein Gebäude gemacht hat, das achtungsgebietend und imposant von keinem zu übersehen ist. Es scheint ungerecht zuzugehen, bei der nachträglichen Beurteilung von Wichtigkeiten. Es ist ein parteiisches Denken, das den Ritterschlag des Ernsten, des Wirklichkeitsfähigen verleiht, welches das eine als Wahrheit, das andere bloß als Dichtung definiert; aber es ist eben nicht nur parteiisch, es ist auch so mächtig wie die Welt, die es mit hervorgebracht hat – und die es möglicherweise in nicht allzuferner Zukunft auch wieder zerstören wird.

In ihrer Verteidigung des Traums, wie ihn die Dichter sehen wollten, und Schnitzler ist hier nur einer von vielen, könnte Albertine den Dialog von vorhin über die Grenzen ihrer literarischen Existenz hinaus fortsetzen, könnte ihrem widerstrebenden Gatten, der den Traum zwar als wohlfeile Entschuldigung, nicht aber als ernstzunehmende Erkenntnisquelle, höchstens als ein psychisches Phänomen neben anderen anerkennen möchte, sehr wohl erwidern: »Du und deinesgleichen, bist du nicht Arzt, stolz darauf, Wissenschaftler und illusionslos zu sein? Ihr habt den Traum geöffnet, wie man eine Auster öffnet! Habt ihn zu einem Bestandteil eurer von euch erklärten Wirklichkeit gemacht, neben der ihr ja doch wieder nichts anerkennt!«

Er darauf, falls er es überhaupt akzeptieren würde, außerhalb seiner Novelle und außerhalb der ihm zugemessenen Zeit auf derartige Angriffe zu antworten: »Aber nein doch, Liebes, wir lassen dem Traum sehr wohl sein Recht. Ist er nicht der wichtigste Artikel einer Unterhaltungsindustrie, die mit dem ›Traumschiff‹ die höchsten Einschaltziffern erzielt? Unternimmt nicht gerade jetzt Hollywood die größten Anstrengungen, jene Traumfabrik wieder zu werden, die es schon einmal war? Und wer möchte die Lieder zählen, die den Traum besingen? ›Loose your dreams and you will loose your mind!‹ Gerade die auf ihr brutales Image stolzen Rolling Stones hatten mit dieser lyrischen Nummer einen großen Hit. Ist dir das alles Beweis genug? Was willst du mehr?«

Gesetzt den Fall, daß sie, gewohnt, von ihm nicht ganz ernst genommen zu werden, diesmal nicht lokker ließe, daß sie den zynischen, ihm vielleicht sogar nicht bewußten Unterton seiner Rede überhörte, um auf ihrer Mahnung, ihrem Vorwurf zu beharren: »Aber glaubst du denn nicht, daß die

Dichter den Traum auf ihre Weise zumindest so wichtig genommen haben wie die Männer der Wissenschaft und der Wirklichkeit? Ja, ich möchte sagen, auf der Suche nach dieser innersten Wahrheit, von der ich vorhin sprach – erinnerst du dich nicht mehr an unsere ›Traumnovelle‹? – daß sie auf dieser Suche im Traum sehr wohl ein Mittel sahen, das allein – versteh mich bitte richtig! –, ich meine das gar nicht träumerisch oder wie ein Gleichnis – das allein uns Schlüssel ist zu unserer eigenen, eigensten Welt.«

Dann würde er als weltgewandter Ehemann wohl lächelnd über ihr schönes Haar streichen, »Wie recht du haben könntest«, flüstern, um gleichzeitig doch etwas ganz anderes zu verstehen, als sie meinte. Denn sein Leben geht nach einer schwachen, verträumten Stunde, die wohl manches gestattet, was der Tag nur ungern vergibt, wie nach einer beliebigen Unterbrechung in seinem gewohnten Gang weiter.

Zufrieden mit dem scheinbaren Erfolg des Augenblicks wird auch sie dann den Halt seiner starken Schulter als zuverlässiger anerkennen, um ihr nun ihrerseits das Vertrauen zu schenken, das gerade ihre verträumte Anwandlung so nötig gehabt hätte. Denn sie weiß sehr gut, daß sie damit auf ebenso verlorenem Posten steht wie alle, die keine Fakten und Erfolge aufzuweisen haben. Und doch hätte sie so viele Zeugen für sich anführen können, aber wann bliebe die Zeit, sie alle anzuhören?

Es sei denn, man könnte den Traum selbst zu Hilfe rufen, um die benötigte Zeit, den offenen Raum und die Vielzahl der Stimmen erst gar nicht zum Problem werden zu lassen. Man müßte des Mannes Voreingenommenheit in den Schlaf wiegen können, seine allzeit wachen, neidischen Abwehrkräfte des Tages, die er benötigt, um die Wirklichkeit einzuteilen, zu ordnen und schließlich zu beherrschen. Im Traum bliebe ihm nichts anderes übrig, als sich einzulassen auf das andere, das ihm vielleicht einmal vertraut war und nun fremd geworden ist. So ein Traum, wenn er außerdem in der Lage wäre, nachher von ihm zu berichten, ihn zu gestalten und wiederzugeben, aber genau und ohne das Unangenehme und Peinliche auszulassen – so ein Traum käme in die Nähe dessen, was Dichter meinten, wenn sie wie Hebbel sagten: »In den Dichtern träumt die Menschheit.« Denn sie träumen ja nicht, um die sogenannte Wirklichkeit zu entschärfen, um neben sie ein anderes, ungefährlicheres und angenehmeres Gebilde zu stellen, dem Publikum zur Unterhaltung, sondern sie lassen sich auf ihre Träume ein, weil sie in ihnen ein Erkenntnismittel gefunden haben, das zur wachen Erkenntnis hinzukommt, gleichberechtigt neben ihr steht und sie ergänzt. Der träumende Mensch, und besonders der zur Gestaltung fähige Dichter, erschafft die Welt, deren unbedeutender Bestandteil er im Wachen ist, und erfährt sie anders, um seine wache Erfahrung um eben dieses Andere zu bereichern. So erwirbt er sich zwar keine allgemeinen, verwertbaren Ergebnisse, wohl aber eine Einsicht, die der sogenannten objektiven Erkenntnis oft geradezu unversöhnlich gegenübersteht.

Nun hat aber die Objektivität alle Mittel und Mächte der Wirklichkeit auf ihrer Seite, während die andere Wahrheit des Traumes schutzlos und oft unvermittelbar auf ihren einzelnen Träger angewiesen ist, der für seine Hinwendung zu ihr in der materiellen Welt oft denkbar schlecht entlohnt wird. Denn die öffentliche Wahrheit fühlt sich durch ihre subjektive Konkurrentin mehr gestört als gefördert und meint daher ihre Aufgabe, die ja immerhin in der Sicherung des materiellen Überlebens der Menschheit besteht, ohne diese besser lösen zu können. Zwar übersieht sie dabei, daß der einzelne Mensch auf seine kleine Wahrheit genauso angewiesen ist, wie die gesamte Menschheit auf die ihre, aber wer läßt sich schon gern von Detailfragen belästigen, wenn es darum geht, das »Große Ganze« zu lösen, womöglich endgültig. Aus diesem Grund gibt es einen durch die gesamte Menschheitsgeschichte verfolgbaren Kampf zwischen dieser subjektiven Wahrheit des Traums und der objektiven Wahrheit von Politik, Wissenschaft und Zivilisation. Und jede Runde dieses Kampfes drängte erstere ein Stückchen weiter zurück, so daß sie zuletzt nur mehr im nächtlichen Traum oder Alptraum ihre armselige, verzerrende Zuflucht fand. Denn ursprünglich ist ja der Traum nicht nur ein Phänomen der Nacht, sondern, wie die Urgeschichte aller Völker und Kulturen zeigt, Wurzel von Mythos, Religion und schließlich Kunst.

Schon früh erkannten die Vertreter des Staates und der zur staatstragenden Einrichtung gewordenen Religion die potentielle Gefährlichkeit des Traumes, der die Rechte des Einzelnen wichtiger nimmt als die der Gesamtheit und in dem tatsächlich und ohne Einschränkung gleiches Recht für alle gilt. Sie verfolgten jene, die dem Traum sein Recht bewahren wollten, und es ist sicher kein Zufall, daß sich auch noch der junge Marx in der Endphase dieses Kampfes auf den Traum berief, wenn er den Erfolg seiner revolutionären Ziele beschwor: »Es wird sich dann zeigen, daß die Welt längst den Traum von einer Sache besitzt, von der sie nur das Bewußtsein besitzen muß, um sie wirklich zu besitzen.« Nur hat er sich damals leider nicht träumen lassen, daß jene, die das Bewußtsein – und die zugehörige Macht – dann besäßen, den Traum, der ihnen beides verhieß, nun ihrerseits wieder verleugnen würden. Hier wiederholte die Geschichte nur die Perversion eines anderen Traumes, damals, als das Christentum, das eben noch Urchristentum gewesen war, Staatsreligion geworden und nur mehr jene Träume gelten ließ, die es selbst kanonisiert hatte, die anderen aber mit Feuer und Schwert verfolgte. In dieser Zeit, dreihundert Jahre nach dem Tode Christi, kämpfte noch einer der Ihren gegen die selbsternannten Kirchenväter, die ihren eben errungenen Sieg und die von ihnen aufgerichtete Wahrheit für alle Zeiten festschreiben wollten, einen aussichtslosen Kampf für den Traum und sein Recht. Es war der spätere Bischof Synesius von Kyrene, der lehrte, daß die Seele, die bei Tag sich selber fremd ist und nicht mehr weiß, woher sie kommt, bei Nacht in ihre Heimat zurückkehrt. »Durch Belehrung werden die einen aufgeklärt, durch Schlaf die anderen erleuchtet. Im Wachen ist der Lehrer immer ein Mensch, doch im Schlafe kommt die Erkenntnis von Gott.« Das konnte den offiziellen Verwahrern der Wahrheit natürlich nicht passen, daß derart jeder seinen eigenen Zugang zu Gott erhielt, noch dazu, wo Synesius ganz unverfroren auf die subversive Unverbietbarkeit des Traumes anspielte: »Kein Tyrann vermag ein Verbot der Träume durchzusetzen, noch weniger den Schlaf in seinem Herrschaftsbereich zu untersagen; es wäre Wahnsinn, das Unmögliche zu gebieten, und Gottlosigkeit, sich zu den Geboten der Natur und Gottes in Gegensatz zu stellen ... wir wollen uns daher alle der Traumdeutung widmen: Männer und Frauen, alt und jung, arm und reich, Bürger und öffentliche Beamte, Städter und Landbewohner, Handwerker und Redner. Niemand wird dabei bevorzugt, weder durch Geschlecht noch Alter, weder durch Beruf noch Vermögen. Der Schlaf steht allen zur Verfügung: er ist ein Orakel, immer bereit, unser untrüglicher stiller Berater zu sein; bei diesen neuartigen Mysterien ist jeder zugleich Priester und Eingeweihter.« Später wurde Synesius selbst Wahrheitsverwalter und es wird nichts weiter mehr von ihm berichtet. Wahrscheinlich hat er seine Jugendträume von einer Religion, in der der Traum die Liturgie, die Gleichheit vor Gott und die kirchliche Hierarchie ersetzt hätte, vergessen, wie man eben Jugendträume vergißt, wenn man erwachsen wird und die Macht wächst, die unangenehme Erinnerung an sie zu unterdrücken. Wir wissen es nicht, aber die Erfahrung könnte hier jeden Analogieschluß rechtfertigen.

Auch Fridolin, Arzt und Held der »Traumnovelle«, um den es hier eigentlich geht, könnte so manchen Traum seiner Jugend nennen, an den er nur mehr ungern erinnert sein würde. Aber Albertine, die Gattin an seiner Seite, möchte ohnehin auf anderes hinaus als auf spezielle Jugendträume, es geht ihr immer mehr ums Grundsätzliche.

Und etwas äußerst Grundsätzliches ist es wohl, wenn man einem Menschen, der einem noch dazu so nahe steht, klar und begreiflich machen möchte, daß er falsch lebt, wenn er den Traum nicht oder auch nur zu wenig ernst nimmt, wenn er sich weigert, die Kunst aus diesem umfassenden Zusammenhang heraus zu begreifen.

Albertine wird Schwierigkeiten bekommen, selbst wenn sie alle Argumente von Marx und Synesius und Hebbel so fließend zur Hand hätte. Kann er sich überhaupt bereit erklären, einen Monopolanspruch aufzugeben? Kann er ruhigen Gewissens, als verantwortungsvoller erwachsener Mensch, zugeben, daß noch etwas anderes existiert, neben seiner Wirklichkeit, neben der Wissenschaft und Technik, mit der er diese beherrscht und sich in ihr auskennt, und die ihm ein einigermaßen behagliches Leben garantiert? Kann er es ertragen, daß noch eine zweite, außerdem so diffuse und allen prinzipiell offenstehende Erkenntnisquelle existiert? Ein Gebiet, in dem jede Wahrheit im nächsten Augenblick falsch sein kann, in der sich alles immer wieder ins Gegenteil verkehrt, wo einmal erworbene Vorrechte und Sicherheiten von einem Augenblick zum anderen zu Nachteilen und Unsicherheiten werden können. All das geschieht, jeder weiß es, nächtlich im Traum. Diese fließenden und zerfließenden Zusammenhänge sollen also nichtsdestotrotz einen Teil oder gar alles der uns umgebenden Welt »wahr« abbilden?

Albertine nickt überzeugend und wird nicht Ruhe geben, er weiß es spätestens jetzt. Immerhin war er es selbst, der gefragt hatte: »Was sollen wir tun, Albertine?« Und wenn er auch damit nicht gemeint hatte: »Wie soll ich leben und denken?«, so war er doch ihren einmal in Gang gekommenen Assoziationen ausgeliefert und mußte sich nun fügen, wenn er nicht noch viel mehr aufs Spiel setzen wollte.

Immerhin war ja sowieso schon der Rahmen jedes normalen Gesprächs und Beisammenseins gesprengt worden, man war vielleicht selbst schon ein Traum, nachdem Novelle und Gegenwart verlassen waren, und so konnte sie ihn, ohne ein Ausbrechen seinerseits ernsthaft befürchten zu müssen, auf ihre Art wirklich mit einem Dichter konfrontieren, der nun tatsächlich als ernstzunehmender Zeuge für alles Bisherige anzuerkennen war. Franz Kafka hatte am Beginn unseres Jahrhunderts, genauer gesagt im August 1914, also exakt am Beginn des endgültigen Zusammenbruchs nicht nur der Schnitzlerschen Welt, in sein Tagebuch notiert: »Von der Literatur aus gesehen ist mein Schicksal sehr einfach. Der Sinn für die Darstellung meines traumhaften innern Lebens hat alles andere ins Nebensächliche gerückt, und es ist in einer schrecklichen Weise verkümmert und hört nicht auf, zu verkümmern. Nichts anderes kann mich jemals zufriedenstellen. Nun ist aber meine Kraft für jene Darstellung ganz unberechenbar, vielleicht ist sie schon für immer verschwunden, vielleicht kommt sie doch noch einmal über mich, meine Lebensumstände sind ihr allerdings nicht günstig.« Sein Tagebuch ist voll von Aufzeichnungen nächtlicher Träume und den Versuchen, sie festzuhalten und darzustellen. Er ließ seine Träume zu und sich gleichzeitig auf sie ein, auch wenn ihm klar war, daß sie ihn zugrunde richten würden: »Von Träumen geplagt, so wie wenn sie in mich, in ein widerwilliges Material eingekratzt würden.« Er öffnete sich ihnen trotzdem, denn »nur so kann geschrieben werden, nur in einem solchen Zusammenhang, mit solcher vollständigen Öffnung des Leibes und der Seele.« Rücksicht auf sich selbst, auf die materiellen Lebensumstände, auf die angegriffene Gesundheit waren ausgeschlossen, angesichts des Ziels gab es keinen Kompromiß: »Die ungeheure Welt, die ich im Kopfe habe. Aber wie mich befreien und sie befreien, ohne zu zerreißen. Und tausendmal lieber zerreißen, als in mir sie zurückhalten oder begraben. Dazu bin ich ja hier, das ist mir ganz klar.« Weil er die Welt traumhaft erfuhr, gab er sie auch so wieder, aber nicht nach der Art der älteren Literatur, die das Unwahrscheinliche und Märchenhafte schilderte, als wäre es das Normale, sondern umgekehrt, das Normale und Alltägliche erschien in der Gestalt des Absurden und Unmöglichen und enthüllte so einen Aspekt unserer Welt, der im entfremdeten Alltag leicht und gern übersehen werden konnte. Kafkas Erzählung »Die Verwandlung«, das groteske Bild eines Menschen, der sich in einen Käfer verwandelt, ist aufklärerischer für den Menschen und seine Welt als viele rationalen, sozio-politischen Analysen, die nur immer mit Teilbezügen und Zusammenhängen zu tun haben und denen die Gestalt des Ganzen und die Fähigkeit des einzelnen, diese aufzunehmen, notwendigerweise fremd bleiben muß.

Jetzt könnte Albertine ihren Fridolin sehr wohl direkt in den Traum dieser Verwandlungen geleiten, ihn an das Bett des ehemaligen Handlungsreisenden Gregor Samsa führen, der, als er eines Morgens aus unruhigen Träumen erwachte, sich in seinem Bett zu einem ungeheuren Ungeziefer verwandelt fand. Tags zuvor war er noch ganz normal zu Bett gegangen, und jetzt hatte er schon seinen Zug versäumt, und daß dies seinen Posten, seine Existenz gefährdete, weil er seinen Chef ja kannte, der derartige Unregelmäßigkeiten kaum zu pardonnieren bereit sein würde, dies bedrückte ihn im Moment noch weit mehr als der grausige Zustand seines Körpers. Albertine empfand Mitleid mit dem Verwandelten, und wenn sie sich und Fridolin auch in gebührendem Abstand hielt, so redete sie dem schüchternen Angestellten doch gut zu: »Du hattest ja wirklich nichts anderes im Kopf als dein Geschäft und du hattest Erfolge, die sich in Form von Provisionen in Bargeld verwandelten. Nur diese Angst, daß die anderen es vielleicht noch besser machen könnten! Was diese Angst aus dir gemacht hat! Aber jetzt hast du natürlich keine Verantwortung mehr für dich und dein Handeln. Jetzt kannst du ruhig sein. Jeder wird dich entschuldigen und niemand wird dir irgend einen Vorwurf machen, dein Vater nicht, deine Familie nicht, nicht einmal dein Chef und schon gar nicht sein eleganter Prokurist mit den Lackschuhen. Daß du dir auch einbilden mußtest, gerade in diesem Geschäft für dein Leben versorgt zu sein.« Und als der Käfer jetzt gleichsam verständnislos unter das Bett kriecht, wo er kaum Platz findet für seinen massigen Körper und seine Flanke ein wenig verletzt, ruft sie ihm nach: »Jetzt bist du schon dabei, deine menschliche Vergangenheit ganz und völlig zu vergessen.« Als sie Fridolin aus dem Raum drängt, um ihm den wahrhaft unschönen Anblick zu ersparen, erklingt von irgendwoher Geigenmusik, und zurückblickend nimmt sie wahr, wie der Käfer gleichsam zu lauschen scheint, als könnte er auch jetzt noch in seiner Verwandlung Musik von Geräuschen unterscheiden. »Siehst du, wenn er Musik hört, fühlt er sich noch ein wenig als Mensch; aber niemand versteht ihn mehr, und so wird er wohl bald sterben.«

Fridolin läßt sich zwar willig aus dem Raum führen, gibt aber seinen grundsätzlichen Widerstand nicht auf und entgegnet: »Das ist eine Geschichte, die jemand erfunden und niedergeschrieben hat. Ich habe sie auch einmal gelesen.« Sie: »Da hat jemand seinen Traum verwendet und die Mittel des Traums. Das hat mit Erfinden im üblichen Sinn sehr wenig oder eigentlich gar nichts zu tun.« Kafka hatte sich vorgenommen, so zu schreiben, und wieder kann sie eine Tagebuchnotiz, diesmal aus seiner frühen Jugend, zum Beweis anführen: »Als wichtigster oder als reizvollster ergab sich der Wunsch, eine Ansicht des Lebens zu gewinnen (und – das war allerdings notwendig verbunden – schriftlich die andern von ihr überzeugen zu können), in der das Leben zwar sein natürliches schweres Steigen und Fallen bewahre, aber gleichzeitig mit nicht minderer Deutlichkeit als ein Nichts, als ein Traum, als ein Schweben erkannt werde.« Fridolin ist am Ende seiner Geduld: »Aber das Leben ist doch nicht Nichts! Die Literatur ist Nichts, das Leben ist wirklich! Man kann das nicht so einfach vertauschen, auch im Traum nicht!« Albertine ruft eine Frau zu Hilfe, sie erinnert Fridolin an Kafkas Freundin Milena, von der man wahrlich nicht sagen kann, daß sie die Wirklichkeit, das Leben gering achtete. Und doch hatte gerade sie gewußt, daß man es sich auch zu einfach machen kann, wenn man Leben und Traum in der Art gegeneinander ausspielt, daß die einen, die Lebensfähigen, den Traum nicht wirklich brauchen und bloß die anderen, die Schwachen, zu ihm ihre Zuflucht nehmen; da verhält es sich eher umgekehrt: »Gewiß steht die Sache so, daß wir alle dem Anschein nach fähig sind zu leben, weil wir irgendwann einmal zur Lüge geflohen sind, zur Blindheit, zur Begeisterung, zum Optimismus, zu einer Überzeugung, zum Pessimismus oder zu sonst etwas. Aber er, Kafka, ist nie in ein schützendes Asyl geflohen. Er ist absolut unfähig zu lügen. Er ist ohne die geringste Zuflucht, ohne Obdach. Darum ist er allem ausgesetzt, wovor wir geschützt sind.« Aber Fridolin in seiner Sehnsucht nach Leben, ruft aus: »Dann ist er unfähig zu leben. Das hält keiner aus. Ich will aber leben.«

»Ich weiß es«, antwortet Albertine, »aber einer muß sich doch wehren. Einer muß es wagen, eine andere Welt zumindest zu träumen, damit die Macht des Mechanischen nicht übermächtig wird. Und ich weiß, daß Kafka sich nicht gegen das Leben überhaupt wehrt, sondern nur gegen diese Art von Leben da wehrt er sich.«

Die beiden halten inne und ihre Aufregung beruhigte sich. Er weiß sich an einer Grenze, jenseits der eine Existenz beginnt, die er nicht auszuhalten imstande wäre. Sein nur mehr leiser Groll kommt daher, daß jemand gerade dies von ihm verlangen könnte, aber daran denkt sie gar nicht. Während Fridolin nun seinerseits ein wenig verträumt den noch allzufernen Morgen erwartet, lächelt sie schon wieder, fast als wäre nichts vorgefallen. »Du sollst gar nichts versuchen, was nicht ganz zu dir gehört, du sollst nur die Menschen, die dir deine Wirklichkeit auf andere Art näher bringen, ernst nehmen. Damit änderst du auch ganz konkret deren Lebensbedingungen – und die deinen selbstverständlich. Warum sind soviele Künstler gescheitert? Die Kafkas, Hölderlins und Kleists? Weil sie Wirklichkeitsmenschen wie du erbarmungslos in die Ecke trieben, wo sie mit ihren Träumen und Wünschen allein blieben, während die anderen lebten, als gäbe es sie gar nicht.

Die einen wußten von ihrem Unglück und litten, die anderen lebten ihr Leben, und merkten nicht, wie arm sie geworden waren. Die Ergebnisse der verzweifelten Arbeit fanden zwar als Kunstwerke ihren Platz in den Museen der Geschichte, aber das noch immer sogenannte wirkliche Leben lief ohne sie ab.« Vielleicht hatte er gar nicht mehr aufmerksam genug zugehört zuletzt, jedenfalls reagierte er nicht auf die kaum versteckte Anschuldigung, verteidigte sich nicht gegen den Vorwurf, daß schon Passivität mitschuldig mache. Entgegen jeder Erwartung stellte er plötzlich eine interessierte Frage: »Hast du mir nichts Handfesteres zu bieten als deinen Kafka, den ich zwar bewundere, der mir aber doch ein wenig fremd ist.« Sie war begeistert: »Doch! Einen, der Naturwissenschaftler und Techniker war, nicht nur Dichter. Sogar Mathematiker war er, und als solcher eingeschworener Feind jeder spekulativen Verwirrung. Ein Aufklärer und Ironiker, fast das Gegenteil eines Träumers und doch –: sie stockte und betrachtete ihn mit skeptischen Augen. »Und doch –« wiederholte er auffordernd. »Ich müßte etwas weiter ausholen.« »Bitte. Aber halt' keinen Vortrag.« Er fühlte sich ein wenig in die Rolle des passiven Zuhörers gedrängt, und obwohl er das sonst gar nicht schätzte, genoß er es diesmal sogar ein wenig.

Sie, nachdem sie sich überzeugt hatte, daß es mit seiner Bereitschaft, ihr wirklich zu lauschen, ernst war, begann nach einer kurzen Pause, die sie einlegte, um auch ganz sicher zu sein, ein wenig ausholend.

»Natürlich ist das Verhältnis des Maschinenbauingenieurs und Doktors der Philosophie und Mathematik Robert Musil zum Traum ein ganz anderes als das des Franz Kafka, denn während dieser den Traum als sein Schicksal erleidet, versucht jener, ihn mit rationalen Mitteln hereinzuholen in sein Denken. Auch die geänderten Lebensverhältnisse, die Situation eines Dichters zwischen Österreich und Deutschland zur Zeit des beginnenden Faschismus tragen das ihre zu einer völlig verschiedenen Ausgangslage bei. Da ließe sich auch noch von den Träumen des ab den dreißiger Jahren zwar berühmten, aber gleichzeitig vergessenen Dichters Musil sprechen, dem die Wirklichkeit seines Genfer Exils auch noch die geringste Anerkennung vorenthält; den sein unvollendbar gewordener großer Roman von vielleicht erfolgversprechenderen neuen Arbeiten abhält und der sich als gescheitert erkennen muß: der äußere Ruhm blieb denen vorbehalten, die er als ›Großschriftsteller‹ zeitlebens ablehnte und bekämpfte; ›Der Mann ohne Eigenschaften‹, den Musil als Beitrag zur Bewältigung der geistigen Situation seines Jahrhunderts hatte schreiben wollen, kam nicht mehr von der Stelle und zwang seinen Autor immer häufiger zu der quälenden Frage, ob angesichts der Weltlage der Einsatz eines ganzen Menschenlebens für die Literatur nicht ein zu hoher, ein zu vermessener gewesen war. War dies alles das Scheitern des Traums von der Notwendigkeit des Geistes für die Wirklichkeit?

Man könnte Musils Traum auch im Helden des Romans, in Ulrich selbst personifiziert sehen, der als träumerische Projektion seines Autors zu dessen perfektem Gegenbild wird: der junge, von allen, wenn schon nicht verstandene, so doch zumindest insgeheim bewunderte, ja geliebte Held der Gesellschaft und andererseits der einsame, von kleinlichen Sorgen um das nötigste Geld zermürbte Autor, der nur noch auf seinen Tod zu warten scheint.

Es ist, als würde das Leben – und nicht nur für Robert Musil – in zwei parallelen Bahnen laufen, die höchstens im Unendlichen, also nie zusammentreffen. Man lebt notwendigerweise in der einen und träumt von der anderen. Oder man träumt nur, und die anderen haben den Nutzen. Je tiefer sich das Denken auf dieses als unüberbrückbar erfahrene Dilemma einläßt, desto hoffnungsloser erschien seine Situation. Und Musil war nicht der einzige, der in diesen Jahren das Leben vor eine tiefe Alternative gestellt fand. Besonders Menschen, die künstlerische und wissenschaftliche Talente und Ambitionen in sich vereinten, empfanden das scheinbar unvermeidliche Auseinanderdriften von Äußerem und Innerem, Politik und Seele, Wissenschaft und Kunst, Wirklichkeit und Traum. Du gestattest doch«, und mit einem schnellen Blick prüfte sie, ob Fridolin ihr noch seine Aufmerksamkeit schenkte, »daß ich zwischendurch ganz kurz einen anderen erwähne. Übrigens Arzt wie du, nämlich Gottfried Benn. In seiner manchmal etwas pathetischen Art drückte er es so aus: ›Das kommende Jahrhundert wird die Männerwelt in einen Zwang nehmen, vor eine Entscheidung stellen, vor der es kein Ausweichen und keine Emigration gibt, es wird nur noch zwei Typen, zwei Konstitutionen, zwei Reaktionsformen zulassen: diejenigen, die handeln und hochwollen, und diejenigen, die schweigend die Verwandlung erwarten; die Geschichtlichen und die Tiefen, Verbrecher und Mönche – und ich plädiere für die schwarzen Kutten.‹

Dieser Benn sitzt 1948 in Berlin auf den Trümmern jener Wirklichkeit, die den Verbrechern zu gestalten überlassen worden war, und entscheidet sich abermals für seinen Traum vom Mönchstum. Wenn ich auch für den Moment seinen Hang zum Männerorden und den Ausschluß der Frauen von jeder Entscheidung kommentarlos zur Kenntnis nehme, so kann ich zwar verstehen, aber nicht gutfinden, daß er nach den Katastrophen der Geschichte in Resignation und Rückzug flüchtet. Als Zeuge zweier Weltkriege, als kurzfristiger Sympathisant der faschistischen Ideen, sieht er keine Vermittlungsmöglichkeiten mehr zwischen Individuum und Politik, zwischen Kultur und Leben, zwischen Traum und Wirklichkeit. ›Den Traum alleine tragen‹ – heißt es in einem seiner Gedichte – und die Wirklichkeit den anderen überlassen, den Machern und Technokraten. Das ist für ihn die letzte Station des abendländischen Geistes. Ich glaube, daß sich Benn mit dieser Haltung mitschuldig macht, daß er –«

Fridolin war nun doch ungeduldig geworden, er unterbrach sie, nicht unhöflich, aber entschieden. »Du wolltest von Musil sprechen. Wir waren beim Handfesten, bei der Mathematik. Und du schaffst es in kürzester Zeit, und ohne daß man genau weiß wie, bei den Mönchen zu landen. Das ist, meiner Meinung nach, sogar angesichts der Traumlogik ein gewagtes Vorgehen. Darf ich dich bitten, dich an Musil zu erinnern?«

»Du darfst, aber es ist gar nicht mehr nötig, ich bin ja schon da, wo ich hinwollte. Denn wo Benn sich resignierend, aber stolz zurückzieht und die mindere Welt sich selbst, das heißt der Zerstörung und dem Verfall überläßt, gerade dort möchte Musil sein Neues dem verkommenen Alten entgegensetzen: den Traum für das Leben so wichtig werden lassen, wie es die neuen Wissenschaften für die Technik und den allgemeinen Fortschritt schon waren, um so zwei Bereiche füreinander fruchtbar zu machen, die auf ewig getrennt schienen. Er ist der Dichter der Synthese, der Gegensätze nicht verdeckt, sondern sie durch ein neues, anderes Denken zu überwinden versucht. Er wollte nicht mitansehen, wie die Menschheit, die fliegen gelernt hatte, in ihrem ureigensten Gebiet, dem des menschlichen Lebens, in den letzten fünftausend Jahren keinen Schritt vorankommen konnte, sondern im Gegenteil ebenda Verlust um Verlust hinnehmen mußte. Er führte diese Diskrepanz vor allem auf die Tatsache zurück, daß die Menschen dort, wo es um ihr Eigenstes ging, mit alten Begriffen und Werten auszukommen glaubten und auf neue Methoden verzichteten. Kein Mensch würde heute von Wien nach Paris auf dieselbe Weise reisen wie noch vor, sagen wir, hundert Jahren. Aber wenn es um den Umgang mit Gefühlen, Beziehungen oder um Träume geht, so sind wir nicht weiter fortgeschritten als zum Beispiel die alten Ägypter. Diese Vernachlässigung des einen auf Kosten des anderen empfand Musil als Skandal und, was das Entscheidende ist, als veränderbar. Er dachte sich einen neuen Menschen. Dieser müßte liebgewordene Gewohnheiten zurücklassen und die meisten Werte vergessen, um sie durch ein dynamisches, abenteuerliches Verhalten zu ersetzen, in dem noch ein ›Funke vom Feuer der Schöpfung‹ lebendig ist. Wenn dabei auch der altgewohnte Gegensatz von Traum und Wirklichkeit zerstört wird, wenn Kunst und Leben auf neue Weise zusammenfallen, die Wissenschaft in die Kunst einbricht und vor allem auch umgekehrt, wie es einsichtige Wissenschaftler schon immer forderten, so bedeutet dies alles doch nicht, daß das neue Heimatgebiet des Dichters nunmehr eine Gegend ohne Geheimnisse oder ein einmal endgültig zu erforschendes Land geworden wäre. Die Aufgabe des Dichters bleibt immer unendlich, und der Lösungsmöglichkeiten ist kein Ende, denn immer wieder muß er ›lockende Vorbilder, wie man Mensch sein kann, den inneren Menschen erfinden‹. Ein ›anderer Mensch‹, so könnte sich Musil, einer Tagebuchaufzeichnung zufolge, die Überschrift über sein sämtliches Dichten vorstellen. Dieser ›andere Mensch‹ ist nicht einfach ein ›zu befreiender alter‹ – Musil setzt sich hier heftig von einem rein politischen Standpunkt ab – und er schlummert auch nicht in uns, um sich dereinst von einer neuen besseren Zeit wachküssen zu lassen. Er ist vielmehr ganz grundlegend anders – er existiert noch überhaupt nicht. Einzig die Richtung, in die Musil zur Suche aufbricht, scheint festzuliegen: ›...ich glaube vielleicht, daß die Menschen in einiger Zeit einesteils sehr intelligent, andernteils Mystiker sein werden. Vielleicht geschieht es, daß sich unsere Moral schon heute in diese zwei Bestandteile zerlegt – in Mathematik und Mystik.‹ Musil versucht Bewegung zu bringen in alles, was seit urdenklichen Zeiten als starr gedacht wird. Er will ja dein rationales, nüchternes Denken mit seiner Eindeutigkeit und Logik nicht abschaffen, ganz im Gegenteil, er möchte, daß Kunst und Moral von der Wissenschaft lernen, ebenso voraussetzungslos und streng zu sein wie sie, und daß umgekehrt die Wissenschaften lernen, in den Bereichen des Menschlichen, der ›höheren Lebensfragen‹ die gleitende Logik des Traums als gleichberechtigte Methode anzuerkennen. So entzieht Musil der Dichtung jede feste Grundlage, sofern sie diese in unveränderbaren Werten sucht: ›Eine fertige Weltanschauung.‹ Stattdessen weist er ihr eine abenteuerliche, nie endende Aufgabe zu, sie soll die Welt nicht zeigen, wie sie ist, sondern wie sie sein soll, ›oder wie sie sein kann, als Teillösung dessen, wie sie sein soll‹. In der Art und Weise, wie die verschiedenen einander ergänzenden Fähigkeiten des Menschen eingesetzt werden sollen, liegt die Chance eines Neubeginns. Dieser öffnet sich, wenn Menschen anfangen, die verschiedenen Methoden nebeneinander zu verwenden, ohne die eine über die andere herrschen zu lassen. ›Die Beziehung zwischen dem Traum – der Musil hier fast als Synonym für Kunst gilt – und dem, was er ausdrückt, ist eine Analogie mit mannigfacher Übereinstimmung. Nimmt man eine Analogie und gestaltet sie aus, so entstehen Traum und Dichtung. Legt man die Aufmerksamkeit auf die Übereinstimmung, so entsteht Genauigkeit und Wissen.‹ Das Wesen der träumerischen Erkenntnis und damit das Wesen der Dichtung liegt für Musil in der Analogie, der Wissenschaft aber in der Beherrschung durch die Gewalt der Eindeutigkeit. ›Hat man aber an einem Gleichnis alles, was vielleicht wahr sein könnte, von dem getrennt, was nur Schaum ist, so hat man gewöhnlich ein wenig Wahrheit gewonnen und den ganzen Wert des Gleichnisses zerstört.‹ So ist eben jede Interpretation eines Traumes, aber auch eines Kunstwerkes eine Vergewaltigung und Vernachlässigung von deren Eigentlichstem, nämlich ihrer Form.«

Wäre Fridolin ein wenig wacher gewesen, so hätte er jetzt aus seiner passiven Rolle heraustreten können, um seiner Frau von einem Buch zu erzählen, das er vor nicht allzulanger Zeit gelesen hatte. Es stammte von dem österreichischen

Physiker Herbert Pietschmann und hieß »Das Ende des wissenschaftlichen Zeitalters«. Auch Pietschmann war nicht der Meinung, daß die Wissenschaften an sich an ihrem Ende angelangt waren, ihre Krise rührte vielmehr daher, daß sie glaubten, ihre so erfolgreiche Methoden einfach auf alle Gebiete ausdehnen zu können und daß diese sich meinungslos zu unterwerfen hätten. Nicht die Methoden selbst waren falsch, sondern nur ihre unbescheidene Anwendung. Aber Fridolin war viel zu sehr von Albertines Überschwang fasziniert, als daß es ihm auch nur in den Sinn gekommen wäre, sie zu unterbrechen. Es ist auch sehr fraglich, ob sie sich überhaupt hätte unterbrechen lassen, denn auch ihr waren zum richtigen Zeitpunkt zwei Bücher ihrer jüngsten Lektüre eingefallen. »Glaubst du denn wirklich, Fridolin, daß es purer Zufall ist, daß in neuester Zeit gerade Frauen auf diesen Zusammenhang hingewiesen haben? Ich meine jetzt nicht, wie du vielleicht denken magst, Ingeborg Bachmann, die freilich den größten Teil ihres Werkes der Bedrohung des Traumes, oder der weiblichen Art zu denken, durch das rational Männliche gewidmet hat. Nein, ich meine zwei andere. Die eine ist Wissenschaftlerin in Deutschland, die andere in Amerika. Elisabeth Lenk heißt die eine, Susan Sontag die andere. Die Lenk hat ›Die unbewußte Gesellschaft‹ geschrieben – ich weiß nicht, ob du es in meinem Zimmer hast liegen sehen. Jedenfalls habe ich vieles, oder zumindest manches, was mir heute so in den Sinn kommt, von ihr. Sie beschreibt in ihrem Buch, das ich dir dringend empfehle, die jahrtausendelange Vergewaltigung des Traums und schließt Freud nicht aus, der mit seiner Sucht, alles zu interpretieren und zu deuten, den Traum trockenlegen wollte wie einen unnützen Sumpf. Die den Traum charakterisierende Form erschien ihm dabei wie eine zu vernachlässigende Verpackung, die man ungestraft wegwerfen darf. Ich glaube, daß sich Musils Worte sehr treffend auf ihn anwenden ließen. Daß Susan Sontag in ihrem ›Against Interpretation‹ eine ganz ähnliche Verteidigung der Kunstform unternimmt, brauche ich dir wohl nicht zu berichten.«
Nein, sie brauchte nicht. Er hatte ihr im Augenblick nichts entgegenzusetzen, und sie wußte das, so wie sie ihn vor sich sah, das stimmte sie milde. Er war ja auch einmal, bevor Leben, Beruf und Familie ihn in eine kaum mehr zu verlassende Bahn gezwängt hatten, anders gewesen. An das dachte sie jetzt, als sie ein wenig wehmütig die ersten grauen Strähnen in seinem Kopfhaar nachzeichnete. »Freilich gibt

es eine Sehnsucht nach einer einzigen, sicheren Wahrheit; nicht nur für den Wissenschaftler, dem jede andere Wahrheit als die seine sozusagen aus Berufsgründen existenzbedrohend und daher suspekt erscheinen muß. Jeder einzelne kennt doch an sich selbst den Wandel: von den Träumen seiner Jugend, die vielgestaltig und unbestimmbar waren und die doch dem eindeutigen Ernst des Lebens weichen mußten. Ihm gibt dann das eine einzige Wahre die Rechtfertigung dafür, daß dieser Wandel notwendig und richtig ist, daß er nicht Resignation und Verzicht bedeutet. Aber mitleidlos, wie Mathematiker zu Zeiten sein können, kritisiert Musil auch noch diese letzte Zuflucht: ›Das Wahre ... man kann das geradezu als eine Verhärtungsform des vorerwähnten Zustandes bezeichnen, in welchem man noch Gleichnisse macht. Irgendwann schwindet die Lust auch an ihnen dahin, und viele von den Menschen, in denen dann ein Vorrat von endgültig unbefriedigten Träumen zurückbleibt, schaffen sich da einen Punkt, auf den sie heimlich starren, als ob dort eine Welt beginnen müßte, die man ihnen schuldig geblieben ist.‹ – Fridolin!« Einen Augenblick lang hätte sie geschworen, daß ein winziger Tropfen an seinen Wimpern gehangen hatte. Aber das mußte wohl eine Täuschung sein, es war nicht gut möglich, nicht bei ihm. Jedenfalls, Tränen oder nicht, sie hatte das unbestimmbare und doch deutliche Gefühl, zu weit gegangen zu sein, den heiklen Punkt berührt zu haben, den man auch im vertrautesten Zusammensein besser nicht antastet; in einem taghellen Gespräch wäre es auch von vornherein völlig ausgeschlossen gewesen, überhaupt bis dahin zu gelangen. Sie kannte ihn ja, auch wie er seine Vernunft hütete, wohl wissend, wie nötig sie ihm war, um nicht immer wieder aufs neue das unbezähmbare, unstillbare andere auf ihn einstürmen zu lassen. Von innen und außen bedrohte es ihn ja, sei es als Sehnsucht oder als Argwohn gegen die angenommene Sicherheit; so stützte er sich auf sein Wahres, gerade weil er ahnte, daß es nicht alles war.

So ließ sie es bewenden bei dem, was sie schon gesagt hatte, und verzichtete auf alles übrige. Es wäre wohl auch ein zu toller Wirbel quer durch die Zeiten geworden und quer durch die Räume, in denen Menschen je lebten. Denn unbedingt wären noch die Griechen zu erwähnen gewesen, die schon, an der Wiege unserer Kultur, dem Traum sein eigenstes Recht zu nehmen begannen, um ihn dienstbar zu machen für ihre Auffassung von Staat und Ordnung. Traumselig, wie sie waren, bekämpften sie

ihn dennoch als Gefährdung, bis ihn zuletzt Platon zusammen mit den darstellenden Künsten am liebsten ganz aus dem idealen Staat verdrängt hätte, dessen Ordnung er seinem Wesen nach immer wieder zu stören drohte.
Sie hätte sich weiter auf Nietzsche berufen können, der den Ursprung aller Kunst in einem zweifachen Traum sah: im anschauenden, klaren des Schlafes und im teilnehmenden, ekstatischen des dionysischen Rausches. Und aus den Bildern dieser Träume deutet der Dichter Friedrich Hölderlin das Leben... »Ein Gott ist der Mensch, wenn er träumt, ein Bettler, wenn er nachdenkt, und wenn die Begeisterung hin ist, steht er da, wie ein mißratener Sohn, den der Vater aus dem Haus stieß, und betrachtet die ärmlichen Pfennige, die ihm das Mitleid auf den Weg gab.« Aber von den kunstschaffenden Griechen zu dem sein festes Wissen betrachtenden Bettler führt der Weg durch die Jahrtausende, und sie hätte sorgfältigst Obacht geben müssen, den Überblick und den Zusammenhang nicht zu verlieren, hätte sie ihn so unvermutet vor Hölderlin geführt, der auch daran zerbrochen war, dieses Denken und Träumen in seiner Kunst zu vereinen, und den die »vernünftigen« Zeitgenossen deshalb beinahe vierzig Jahre lang in einen Turm sperrten, wo er als Irrer sein Dasein fristen durfte. Sie ersparte ihrem Fridolin auch das.
Hätte sie aber nicht auch vom Aufbruch der modernen Literatur sprechen müssen? Die Rimbaud, Lewis Caroll, Lautréamont und all die anderen erwähnen? Die haben Träume nicht mehr erwähnt oder beschrieben, sondern ihren Leser mitten hineingeführt, ohne sie zu warnen. Im Tanz ihrer Bilder lieferten sie ihn der Traumform aus und enthüllten ihm auf diese Weise denjenigen Teil der Wirklichkeit, der nicht sein darf, weil er im Widerspruch zu dem offiziellen Bild steht, das die Gesellschaft, um zu funktionieren, von sich entworfen hat. Ihre poetische Revolution ist radikaler als jede politische, weil sie alle Grundlagen, die Sprache und die Gemeinschaft selbst in Frage stellt. Ab da kann es keine gemeinsamen Bilder mehr geben, weil es keine gemeinsame Welt mehr gibt. Der Träumer bekennt sich dazu, allein zu sein. So formulieren sie ihren Protest gegen die Übermacht nicht mehr als ausgesprochene, konkrete Kritik, die ja immer auf die Verbesserung von etwas Bestehendem aus ist, sondern durch die Schaffung der aus den Formen des Traumes, der hier zum Feind und Gegenspieler jeder Vernunftform wird, gewonnenen Gegenwelt. In dieser gibt es nichts Heiliges und kein Ideal, der Traum ist an den Körper gebunden, und

der kennt keine Ehrfurcht. Der öffentlichen, den einzelnen mit allgemeinen Regeln und Vorschriften zur Teilnahme zwingenden Ordnung wird hier die Anarchie der körperlichen Vielfalt und Unvereinbarkeit entgegengesetzt: Die große Verweigerung des Individuums gegenüber der mechanisch und instrumentell gewordenen Vernunftform.

Es wäre zu viel und zu vieles für die beiden gewesen, waren sie doch selbst nur geträumte, gedichtete Gestalten, die sich ihrerseits einen eigenen Traum geleistet hatten, ganz gegen die Gewohnheit, der aber jetzt nichtsdestotrotz zu Ende ging. Und wenn auch Novalis vermutet hatte: »Wer träumt, daß er träumt, ist dem Erwachen nahe«, so war doch ihr Erwachen von ganz anderer Art.

Fridolin, in diesem Zwischenzustand befangen, hörte auf einmal wieder das Lied, das er anfangs Albertine gegenüber erwähnt hatte, etwas zynisch, zugegebenerweise, aber doch als Beweis dafür gemeint, daß Traum und Träumen ihren Platz heute eben in der Unterhaltungsindustrie gefunden hätten. »Loose your dreams and you will loose your mind.« Nur klang es in seiner Vorstellung jetzt ein wenig anders. Die Betonung lag nicht mehr darauf, daß man den Verstand verlieren könnte, wenn die Träume verloren gehen, sondern auf dem Wort »seinen«: seinen Verstand könnte man freilich verlieren zusammen mit den Träumen, den Verstand, der nur einem Menschen eigen ist und ihn von allen anderen unterscheidet. Als Ersatz für diesen Verlust, der daher ganz unmerkbar geschieht, erhält man einen allgemeinen, nützlichen Normalverstand. Das erschien ihm mit einem Mal wichtig, und er hätte es Albertine sehr gerne mitgeteilt, aber der Gedanke und das Lied entschwanden, als sie ihrem Aufwachen immer näher kamen, das sie ja in ihre Schnitzlernovelle zurückführen mußte.

Aus der Melodie eines modernen Schlagers könnten dort höchstens noch die Klänge und Verse eines Liedes von Mahler werden, vielleicht das letzte aus den »Liedern eines fahrenden Gesellen«, mit seinem elegischen Schluß: »... wird alles wieder gut, alles, alles. Lieb und Leid und Welt und Traum.«

Sie waren wieder angelangt, und sanft aneinandergeschmiegt ging es dem Morgen entgegen, den Schnitzler ihnen zugeschrieben hatte: »Sie nahm seinen Kopf in beide Hände und bettete ihn innig an ihre Brust. ›Nun sind wir wohl erwacht‹, sagte sie–, ›für lange.‹

›Für immer‹, wollte er hinzufügen, aber noch ehe er die Worte ausgesprochen, legte sie ihm einen Finger auf die Lippen und, wie vor sich hin, flüsterte sie: ›Niemals in die Zukunft fragen.‹

So lagen sie beide schweigend, beide wohl auch ein wenig schlummernd und einander traumlos nah – bis es wie jeden Morgen um sieben Uhr an die Zimmertür klopfte, und, mit den gewohnten Geräuschen von der Straße her, einem sieghaften Lichtstrahl durch den Vorhangspalt und einem hellen Kinderlachen von nebenan der neue Tag begann.«

Christian Stephan

Vom Nutzen der Träume

Dieser Beitrag beschreibt Wege, wie jedermann sich mit seinen Träumen auseinandersetzen kann, um zu Anregungen für den Alltag oder zur Selbsterkenntnis zu gelangen. Bestimmte Voraussetzungen oder Vorkenntnisse sind erwünscht, aber nicht notwendig. Es genügt, wenn man sich an die eigenen Träume erinnert und deren Inhalt in Worte fassen kann.

Träume haben – und sind – eine Sprache, die eine individuelle »Grammatik der Gefühle« ausdrückt. Ein Dialog mit ihnen, ein mögliches Verständnis und vielleicht eine Einwirkung auf sie muß von jedem selbst gesucht und gestaltet werden. Träume sind in ihrer Bildersprache ein »persönliches Dokument« unseres Unbewußten, das man lesen kann. Denken, Fühlen und Kreativität sind im Inneren der Psyche ineinander verwoben und entspringen einem Energiefluß unserer natürlichen Seele. Wenn wir die Aussage erfassen können, werden wir fähig zu einer erweiterten Sicht unserer selbst und der Wirklichkeit.

Die erste Frage ist die nach Ihrem Ausgangspunkt:

- Erinnern Sie sich an Ihre Träume regelmäßig?
- Erleben Sie Ihre Träume aktiv, nur beobachtend oder werden Sie vom Traumgeschehen getrieben?
- Sind Sie bereit, Ihre Träume schriftlich festzuhalten?

- Sind Sie interessiert, durch Traumarbeit aus Ihren Träumen zu lernen?
- Glauben Sie, daß Ihre Träume psychologische Fragen lösen können?
- Glauben Sie, daß Ihre Träume kreative oder künstlerische Aufgaben lösen können?
- Können oder wollen Sie Ihre Träume mit anderen Menschen teilen?
- Können Sie bewußt (luzide) träumen?
- Haben Sie Psi-Träume?

Wenn Sie »einsteigen« wollen, wählen Sie die für Sie gültige Arbeitsebene. Suchen Sie sich von den folgenden Techniken, Methoden und Ratschlägen diejenigen aus, die Sie ansprechen.

Von der Wichtigkeit der inneren Einstellung

Es lohnt sich, die eigenen Träume zu nutzen. Sie können in Beziehung zu Ihren inneren Empfindungen, Gefühlen, Wünschen und Befürchtungen treten. Diese Erkenntnisse bereichern Ihren Alltag und führen Sie zu einer ausgeglichenen Lebenshaltung.
Das Grundlegende ist also die Überzeugung, daß tendenziell alles im Traum begründet und sinnvoll ist. Träume haben darin eine Ähnlichkeit mit unseren Gefühlen, ein Einklang von beidem läßt Ihre persönliche Energiequelle in Erscheinung treten. Nur mit einer positiven Einstellung können Sie beständig und harmonisch Traumarbeit als Spiegel Ihrer Psyche nutzen. Wir sollten also nicht nur im Kopf, sondern (auch gerade) »im Bauch« bzw. im Herzen lernen. Ein übergeordnetes Lernziel ist dabei die Erlangung von Geduld und Gelassenheit – die Träume fordern dies und fördern es ihrerseits. Je regelmäßiger Sie mit Träumen arbeiten, um so leichter wird es Ihnen schließlich fallen.

Traumerinnerung

Wer Äußerungen macht, er würde »nicht träumen«, drückt sich falsch aus: Er müßte sagen, daß er sich an seine nächtlichen Träume morgens nicht erinnern kann. Die moderne Schlaf- und Traumforschung hat erwiesen, daß jeder Mensch in einer Nacht vier bis fünf Traumphasen hat. Fast immer können wir uns nur an den letzten Traum einer Nacht erinnern. Man weiß auch, daß die Traumerinnerung anfällig ist für viele äußere und innere Einflüsse. Auch der beste Traumerinnerer kennt Phasen, in denen sein Inneres einfach »schweigt«. Andererseits haben hartnäckige »Nichterinnerer« gewiß ihre Gründe, die auch ihre allgemeine persönliche

Situation umfassen (z. B. Arbeitsdruck, Zeitbelastung, Streß). Aufschluß darüber kann man erlangen, wenn man ein Gespräch mit dem Lebensgefährten führt oder durch eine Erörterung im eigenen Tagebuch.

Folgende äußerliche Faktoren fördern die Traumerinnerung:

- Man kann ungestört und lang genug schlafen (sieben bis acht Stunden).
- Kein Alkohol und keine Schlafmittel usw. einnehmen.
- Sich beim Zubettgehen Zeit lassen.
- Sich beim Aufwachen Zeit lassen.
- Maßvoll essen und sich richtig ernähren.
- Ein bequemes Bett.

Dazu kommen folgende innere Faktoren:

- Geistiges, seelisches und körperliches Wohlbefinden und Ausgeglichenheit.
- Bewußtheit in bezug auf eigene Gefühle.
- Beschäftigung mit Träumen durch Traumarbeit, Traumtagebuch, Traumaufgaben usw.
- Einwirkung auf eigene Träume z. B. durch Traum-Inkubation.

Was Sie mögen und wirklich wollen, daran können Sie sich auch erinnern – wesentlich ist auch hier die Nähe zum Gefühl. Das Gedächtnis ist ein wichtiger Faktor des Bewußtseins und umfaßt sowohl die sprachlichen als auch die bildhaften psychischen Vorgänge. Wenn Sie sich im Augenblick gar nicht an Träume erinnern können, dies aber überwinden wollen, lassen Sie sich dafür Tricks einfallen. Bekannt sind folgende:

- Den Wecker alle eineinhalb Stunden klingeln lassen, so daß Sie »blind« eine der fünf Traumphasen treffen.
- Künstlich körperliche Reize hervorrufen, z. B. gar nichts trinken, oder aber sehr viel trinken, um dadurch geweckt zu werden.
- Selbstsuggestion, z. B. durch Autogenes Training.
- Eine Tonbandkassette unter oder neben dem Kopfkissen mit einem langen Vorspann von 60–75 Minuten.

Wenn die Traumerinnerung sich eingestellt hat, sollten Sie versuchen, einige Zeit vor dem Wecksignal (zwischen 5–30 Minuten) von selbst aufzuwachen.

In diesem Zusammenhang sollten Sie auch berücksichtigen, daß Sie sich mit Ihrem Lebensgefährten, ob er nun selber Traumarbeit leistet oder nicht, nicht gegenseitig im Schlaf stören, bzw. feste Regeln für »Störungen« ausmachen. Das Fördern der Traumerinnerung und darauf aufbauende Traumarbeit führt im allgemeinen allmählich zu einem ruhigen und regelmäßigen Schlaf- und Traumrhythmus. Falls nicht, hören Sie nicht genug auf die

Träume oder forcieren Ihr Traumprojekt zu sehr.

Das Aufschreiben der Träume

Sobald Sie wach sind und sich an einen Traum erinnern, sollten Sie ihn festhalten. Gerade für weitere Traumarbeit ist das Aufschreiben ein Muß. Eine Alternative dazu ist ein Kassettenrekorder oder ein Taschendiktaphon. Das Aufzeichnungsmaterial muß unbedingt neben Ihrem Kopfkissen in Bereitschaft liegen!

Wenn Sie noch ein bißchen mit geschlossenen Augen liegen bleiben wollen, passen Sie auf, daß Sie nicht wieder einschlafen! In dieser Phase sollten Sie Ihren Körper möglichst nicht bewegen, sonst kann ein latent vorhandener Traum oder Traumteil schlagartig unbewußt werden.

Jetzt notieren bzw. diktieren Sie den Traum in Stichworten mit zügigem Tempo. Am Schluß fügen Sie noch wichtige Einzelheiten wie Namen und Zahlen hinzu. Notieren Sie stets sofort und möglichst vollständig.

Eine vollständige Traumaufzeichnung ist besonders dann wertvoll, wenn man die eigene Entwicklung in einem bestimmten Bereich im Spiegel einer Traumserie analysiert. Nicht jede Kleinigkeit ist unbedingt wichtig, aber ihr Erinnern kann Ihr Bewußtsein und Ihr Traumgefühl schulen. Das Aufschreiben eines Traums sollte nicht länger als eine Viertelstunde dauern. Wenn Sie dann noch ein paar Minuten Zeit haben, können Sie schon die Benennung vornehmen (vgl. »Schema der Traumeinstufung« S. 183):

- Geben Sie dem Traum einen Titel (Namen).
- Benennen Sie das Grundthema und die Hauptaussage in einem kurzen Satz.
- Notieren Sie das Grundgefühl im Traum und das Gefühl beim Aufwachen.
- Notieren Sie wichtige Anspielungen auf Vortagserlebnisse (»Tagesreste«) in kurzen Stichworten.
- Bestimmen Sie in etwa die Ebene der Traumdeutung (vgl. unten).

Sie können sich eingehender dann mit Ihrem Traum zu einer anderen Tageszeit oder zur Not auch an einem der folgenden Tage beschäftigen. Es ist sinnvoll, ihn dann abzuschreiben oder ins Reine zu schreiben. Auch ein Führen von Karteikarten kann nützlich sein. Dann können Sie auch die Einstufung vollständig vornehmen (vgl. S. 183) und eine Form der Traumarbeit oder der Darstellung von Ihrem Traum angehen (vgl. S. 182).

Das Traumtagebuch

Wenn Sie sich entschließen, Ihre Träume regelmäßig festzuhalten, ist es empfehlenswert, sich dafür Ihr persönliches Traumtagebuch anzulegen. Sie gehen nämlich auf eine »Reise zu sich selber« und werden bald die ersten Seiten des spannendsten Buchs Ihres Lebens in den Händen halten. Dafür empfehle ich Ihnen, ausnahmsweise sehr anspruchsvoll und kreativ zu sein und sich das schönste Buch zu besorgen oder selber herzustellen, das es nur gibt.

Einige Leute bevorzugen auch ein Ringbuch, um nachträglich z. B. zusätzliche Deutungsblätter an der zugehörigen Stelle einfügen zu können. In Ihr Traumtagebuch wird dann wahrscheinlich allmählich Ihr »normales« Tagebuch aufgehen.

Ins Traumtagebuch gehört neben dem reinen Traumtext und den direkten Bemerkungen (Tagesreste usw.) die Traumarbeit, also die Bearbeitung des Traums in Form der Traumeinstufung, Traumdeutung (oder einer der vielen anderen Möglichkeiten, s. u.). Es ist sinnvoll, Traumtext und Traumarbeit zu trennen, indem man alle linken Seiten im Buch für den Text reserviert, alle rechten Seiten für die Traumarbeit. Legen Sie nicht gleich los, Sie dürfen auch viel freien Platz für später lassen.

Traumarbeit und -darstellung

Im weiteren Sinne ist alles zur Traumarbeit zu zählen, was über den direkten Traum hinausgeht – also schon das Aufschreiben und bereits die aktive Traumerinnerung. Jedes gezielte Umgehen mit Trauminhalten, also auch Schreiben, Malen, Spielen usw., ist eine psychische Arbeit am Traum bzw. mit dem Traum. Traumarbeit ist folglich nicht auf Trauminterpretation, z. B. durch die Psychoanalyse, beschränkt. Jeder regelmäßige »Traumarbeiter« wird sich seine eigene, für ihn passende Methodik durch eigene Bemühungen zulegen. Er ist frei, welche psychologische Deutungsschule auch immer zu wählen.

Folgende Formen der Traumarbeit lassen sich unterscheiden:

- [1]Aufschreiben von Traumtexten
- [1]Einstufen von Träumen bzw. Trauminhalten
- [1]Führen des Traumtagebuchs, mit Kommentaren, Befragungen, freien Bearbeitungen des Traums, Bezug zum Tagebuch
- Darstellen in künstlerischer Form: Zeichen, Malen, Töpfern usw.
- Darstellen in spielerischer Form: Rollenspiel, Theater
- Künstlerische Leistungen aus Träumen: Romane, Gedichte, Musikkompositionen u. a.
- Selbsterfahrung mit Träumen,

d. h. hauptsächlich Mitteilen und mündliches Bearbeiten in Gruppen
- Psychotherapeutische Traumdeutung im engeren Sinn
- Einwirken auf Träume in Form von Selbsthypnose, -suggestion oder Willensbildung (z. B. durch die Oberstufe des Autogenen Trainings) oder Fremdhypnose
- [1]Traumaufgaben und -fragen
- [1]Einwirkung auf Träume durch Traum-Inkubation (s. u.)
- Wiederträumen, Weiterträumen, Imaginieren z. B. durch Meditation, freies oder gelenktes Phantasieren usw.

Allen Formen der Traumarbeit und -darstellung gemein ist ihre enge Verbundenheit mit der Lebenssituation des Träumers. Die Auseinandersetzung steht im Kontext des Alltags, und dies hat wiederum Auswirkungen auf die Träume. Trauminhalte und Traumarbeit befruchten einander also, aktualisieren sich gegenseitig. In den Traum wie in die Traumarbeit gehen gleichermaßen die Lebensgeschichte, gegenwärtige Situation, persönliche Eigenart, nähere und weitere Umgebung des Träumenden ein. Es ist die besondere Aufgabe des Traumtagebuchs, die überdauernden von den vorübergehenden Handlungen und Wirkungen zu unterscheiden und beides aufeinander zu beziehen. Erst in der Kombination von Traumtext und Traumarbeit wird das Besondere von Traumserien klar ersichtlich. Darüber hinaus erleichtert die Bearbeitung der Träume die Chancen, dies in der eigenen Umgebung, z. B. der Familie, ins Gespräch einzubringen. Positive Reaktionen von dort können die Traumarbeit bestärken und vielleicht wichtige Anregungen geben.

[1] wird in diesem Beitrag dargestellt

Schema der Traumeinstufung

Eine gezielte und sorgfältige Einstufung der Träume ist die wesentliche Voraussetzung für ihr Verständnis. Es wird nicht gefragt, »warum« ein Traum entsteht, sondern »wie« das Traumbild für sich selbst spricht!

Benennung

Leitmotiv (= Überschrift)
Dominanten (zentrale Handlungsläufe)
Besonderheiten: starke Kontraste, starke Ähnlichkeiten, besondere Zusammenhänge oder Symbole

Inhalt

Personen und Figuren sowie deren Eigenschaften (positiv, neutral, negativ, helfend, verletzend)

Gegenstände und Umgebung und deren Eigenschaften (positiv, neutral, negativ usw.)
Umbildungen oder Neubildungen (im Sinne der »Traummechanismen« wie Verdichtung, Verschiebung)
Symbole: individuelle Symbolik, archetypische Symbolik, positive Symbole

Formale Struktur
Ort(e) der Handlung
Rolle des Traum-Ichs
Auftreten von Freunden, Helfern, Ratgebern
Handlungsmuster: Typ und Wertigkeit der Traumhandlung (Streit, Hilfe, Kampf/Flucht, Heilung/Verwundung, Verhandlung, Widerstand usw.)
Gefühlskurve (positiv/negativ-Verlauf)
Ergebnisse (Erfolg/Mißerfolg, Konflikt, Lösung)

Bedeutung
Deutungsschwerpunkte
Deutungsebenen (s. u.)
Subjektstufe oder Objektstufe oder beides

Folgerungen
Stellung des Traums in der Serie
Wirkungen, Folgen und neue Fragen des Traums
Eingliederung des Traums in die Lebensgeschichte

Dem Träumer ist es unbenommen, den Traum anschließend im Sinne eines Interpretationssystems seiner Wahl (Freud, Jung, Perls usw.) zu deuten.

Traumaufgaben und Traumfragen

Dieses Thema kann man in verschiedener Weise verstehen: einerseits als Fragen oder Aufgaben, die aus dem Traum heraus, sozusagen als Aufforderung, an das Leben entstehen. Das bedeutet, daß man darauf versucht, Fragen nach Lebensaufgaben oder nach dem Lebenssinn, angeregt durch Trauminformationen, aus dem Alltag zu beantworten. Andererseits können es Fragen oder Aufgaben sein, die der Träumer an einen bestimmten Traum stellen will, um Rat, Deutung oder Anregung zu bekommen. Das heißt, aufgrund bestimmter Gedanken, Gefühle oder Erlebnisse können Sie sich vornehmen, ein Problem, einen Wunsch, ein Bedürfnis oder eine Idee durch einen eigenen Traum beantworten zu lassen.
Beispiele:
Was kann ich tun, um im Beruf weiterzukommen?
Ich brauche eine Idee für ein Bild, das ich male.
Wie soll ich mich Herrn X. gegenüber verhalten?

Reicht mir das Geld für den Urlaub?

Wichtig dabei ist, daß die Frage bzw. das Problem »nahe am Herzen«, also interessant für den Intellekt und das Gefühl sind; und selbstredend dürfen sie nicht unbeantwortbar sein. Sie sollten sie auch so konkret und spezifisch stellen, wie Sie es können. Folglich sind viel besser als globale Warum-Fragen Fragen mit »Wie« oder »Was«!
Träume können auf sehr unterschiedliche Weise auf eine Aufgabe bzw. Frage reagieren. Manche geben wortgetreue oder direkt verständliche Antworten, andere erweitern oder verengen die Fragestellung, wieder andere verhüllen oder verschlüsseln die Antwort. Vielleicht werden unbekannte Alternativen angeboten, oder auch die Aufgabe umgedreht und z. B. eine Gegenfrage daraus gemacht. Das liegt daran, daß das unbewußte Ich beim Träumen unter Umständen einen anderen Zugang hat als das Ich-Bewußtsein.
Manche Träume haben auch in sich selbst schon lösende, heilende oder tröstende Gefühle bzw. Wirkungen. Sie sollten auch daran denken, daß Ihr Traumerleben bereits durch Einsicht Ihr Inneres verändern kann.

Schritte der Traum-Inkubation

Die Traum-Inkubation ist die Verbindung einer Traumaufgabe mit schriftlicher Traumarbeit. Das Ziel ist, für ein persönliches Problem bzw. eine Frage im Traum eine Lösung zu erfahren und diese zu erinnern, wenn man aufwacht. Wer die Technik regelmäßig anwendet, wird von seinem inneren Zentrum zu persönlichem seelischen Wachstum ermutigt und geführt, und so wird ihm eine unerschöpfliche Energiequelle eröffnet.
Die Technik wird meist allein durchgeführt; man braucht dazu das persönliche Traumtagebuch.
Die Durchführung der Traum-Inkubation läßt sich ganz gut mit dem Ablauf einer Eisenbahnfahrt vergleichen:

Phase 1: Suchen Sie einen Zug aus, d. h. wählen Sie eine geeignete Nacht. Sie dürfen nicht übermüdet oder betäubt schlafen gehen (s. S. 180 bei »Traumerinnerung«). Für Phase 2–4 (= Schreiben) brauchen Sie etwa 10–20 Minuten Zeit. Zum Aufschreiben des Traums am Morgen (Phase 7) sollten auch etwa 10 Minuten Zeit vorhanden sein.

Phase 2: Machen Sie ein paar Notizen ins Tagebuch, was sich am vergangenen Tag ereignet hat.

Einige wenige Zeilen genügen. Ihre Gefühle sind dabei besonders wesentlich. (Diesen Teil mit »TA« = Tagebuch kennzeichnen.)

Phase 3: Koffer packen und zum Bahnhof fahren:
Hier sollen Sie in Form einer schriftlichen »Diskussion« (in Stichworten) herausfinden, welcher einfache Satz für eine Inkubation für die folgende Nacht für Sie persönlich am geeignetsten ist. Sie sollen die Inkubationsfrage finden. Richten Sie Ihre Aufmerksamkeit auf Lebensbereiche, über die Sie mehr erfahren wollen.
Beginnen Sie mit einer vorläufigen Frage. Sie müssen sich dann fragen, ob Sie wirklich bereit sind, das Problem zu erforschen, d. h. ob es nahe genug an Ihren bewußten Gefühlen ist. Wenn Sie sich eine kreative Aufgabe stellen, fragen Sie sich, ob Sie eine Antwort darauf wirklich interessiert. Es hat sich bewährt, psychologische Fragen zu stellen – suchen Sie sich von den folgenden Vorschlägen ein oder zwei aus oder entwickeln Sie einen eigenen:

- Was halte ich für die Ursache des Problems?
- Welche Lösungen kenne ich?
- Warum klappt keine der Lösungen?
- Wie fühle ich mich jetzt beim Schreiben?
- Was würde eine Antwort verändern?
- Ist es nicht erfreulicher oder sicherer, ohne eine Antwort darauf zu leben?
- Was müßte ich bei mir ändern, um eine Antwort zu bekommen?

Eventuell werden Sie dabei schon Teileinsichten bekommen. Es ist kein Anlaß zur Sorge, wenn sich die ursprüngliche Frage bzw. Aufgabe verändert, oder wenn Sie sie zugunsten einer interessanteren zurückstellen. Finden Sie Ihre ganz persönliche Inkubationsfrage. Diese Phase ist entscheidend für den Erfolg der Inkubation.
(Vermerken Sie »DI« = Diskussion vor Beginn dieses Teils und schreiben Sie das Datum dazu.)

Phase 4: Lösen Sie die Fahrkarte, d. h. stellen Sie den Inkubationssatz auf. Schreiben Sie in die nächste Zeile Ihres Traumtagebuchs eine kurze und klare Frage oder einen Wunsch (maximal zwei Zeilen lang). Dieser soll Ihr tiefstes Verlangen, Ihre Lage in allen Besonderheiten zu verstehen, ausdrücken. Schreiben Sie den Inkubationssatz in deutlichen Druckbuchstaben auf und setzen Sie an den linken Rand davor einen großen Stern (★).

Phase 5: Einsteigen, der Zug fährt ab!
Legen Sie sich ins Bett und das Traumtagebuch neben das Kopfkissen. Löschen Sie das Licht und schließen Sie Ihre Augen. Stellen Sie sich voll auf den Inkubationssatz ein, konzentrieren Sie sich darauf, nur noch der Satz ist wichtig. Halten Sie ihn im Bewußtsein (ohne ihn zu sprechen) noch auf der Schwelle zum Schlaf. Wenn Sie das können, ist der Erfolg garantiert.

Phase 6: Der Zug fährt! Sie können jetzt ausruhen, Sie brauchen nur zu schlafen – und zu träumen. Dies ist scheinbar der leichteste Teil. Sie brauchen erst einmal nichts zu tun, der Traum kommt ja ganz von selbst zu Ihnen.

Phase 7: Ankunft = Aufwachen!
Sobald Sie erwachen, versuchen Sie möglichst viel vom Traum festzuhalten, d. h. zu erinnern. Schreiben Sie ihn in jedem Fall sofort auf – gegebenenfalls auch schon mitten in der Nacht. (Tips für das Aufschreiben s. S. 181).
Meist kommt die Antwort schon in der ersten Nacht. Träume können auf sehr unterschiedliche Weise auf den Inkubationssatz reagieren, direkt oder indirekt. Sobald Sie Zeit für die Traumarbeit haben, versuchen Sie, die Bedeutung des Traums zu erfassen und die Traumantwort für sich zu beurteilen. Das Kriterium der Beurteilung lautet, welche positive oder negative Energie, unter Berücksichtigung des Inkubationssatzes, von dem Traum ausgeht.

Ebenen der Traumdeutung

In Erweiterung einer Einteilung, die Hans Bender im Anschluß an den Schweizer Traumforscher Bossard vorgeschlagen hat, lassen sich sieben Ebenen der Traumdeutung unterscheiden, die einander zum Teil ergänzen:

1. Reduktion des Traums auf veranlassende Reize
   Z. B. äußere Reize: »Weckerträume«
   Z. B. innere Reize: Traum von Wasserfluten bei Überfüllung der Harnblase.
2. Reduktion des Traums auf Tageserlebnisse (»Tagesreste«). Dies ist ein Vermengen, Zusammenwürfeln und Verschmelzen von Erlebnisfetzen, hauptsächlich des vergangenen Tages. Hier ist keine Deutung möglich, deshalb ist diese Stufe unbefriedigend.
3. Gleichnishafte Darstellung einer psychischen Lage
   Hier kann man sagen: »Ein Traum spricht für sich selbst.«
   Z. B. wenn eine schwangere Frau von einem reifen Ähren-

feld träumt, hat es einen Bezug zur »Leibesfrucht«.

4. Reduzierende Deutung eines Traumes
Dies ist die erste Ebene, wo eine Symbolik zu interpretieren versucht wird. Hier ist auch die Traumdeutung nach Sigmund Freud anzusiedeln. Nach ihm hat das Unbewußte, das träumt, eine reduzierende Funktion, indem es aus Triebbedürfnissen wegen der »Traumzensur« über die sogenannten Traummechanismen (Verschiebung, Verdichtung, Symbolisierung usw.) aus Tagesresten verhüllende Traumhandlungen zusammenstellt. Die Gründe dafür sollen in der Vergangenheit liegen und meist mit Sexualität zu tun haben. Durch Assoziation und Kenntnis der Symbolik kann man dem Sinn des Traums auf die Spur kommen. Z. B. wenn ein ältliches Fräulein träumt, ein uniformierter Soldat schieße auf sie – kann man daraus auf ein »uniformes Verhältnis« zu Männern und Furcht vor sexueller Begegnung schließen.

5. Progressive Deutung eines Traums
C. G. Jung, Maeder u. a. sehen in den meisten Träumen eher Vorausskizzen oder Vorübungen für ein psychologisches Umgehen mit den eigenen Gefühlen. Das Unbewußte ergänzt zielstrebig die Erinnerung an das bewußte Erleben und führt so den Menschen von innen her zur Selbstverwirklichung (Individuation) aller seelischen Inhalte. Die Symbolik ist offen für die individuelle Ausgestaltung, Träume sind einfach die Sprache des »Bilderdenkens«. Beispiel: Eine Studentin, deren Freund sie heiraten will, träumt, sie gehe an einem Haus mit einem Gerüst entlang, von dem herab ein Mann Stangen vor sie auf den Weg wirft, sie muß ausweichen und kommt zu einem Nest junger Vögel, zu dem eine Eule fliegt und sich dort niederläßt usw. Gedeutet: Ihre Persönlichkeit ist noch nicht fertig, sie ist noch nicht bereit sich festzulegen, ihr Freund will ihr helfen, legt ihr dabei aber Dinge in den Weg. Indem sie auf der Entwicklung beharrt (Nest), wird sie zur Reifung geführt.

6. Archetypische Deutung
C. G. Jung betonte, daß unterhalb des individuellen Unbewußten ein Zugang zu einer Schicht kollektiv gültiger Symbole, sogenannter Archetypen, Urbildern der Seele, möglich sei. Archetypische Symbole, die in persönlicher Ausschmükkung auftreten, sind Bilder von immerwährend gültigen For-

men bestimmter seelischer Dynamiken und Schicksale. Z. B. ist in obigem Traum die Eule ein archetypisches Bild, das für Weisheit steht; danach ging es mit einem Mandala-Symbol weiter.

7. Paranormale Träume
Telepathische oder präkognitive Träume in realistischer oder symbolischer Form mit oder ohne Bedeutungsgefühl (s. den Beitrag von Hans Bender S. 81).

Hilfsmittel

Die gleiche Wirkung wie eine schriftliche Traumarbeit kann eine Darstellung von Träumen mit künstlerischen oder kreativen Mitteln sein. Besonders zu empfehlen ist das Malen oder Zeichnen positiver, energiegeladener Traumsymbole sowie das Modellieren (z. B. in Ton oder Plastillin) von positiven Traumfiguren oder ganzen Szenen.

Grenzen der Traumarbeit

Der hier skizzierte Ansatz individueller Traumarbeit geht aus von der freien Entscheidungsgewalt und Selbstverantwortlichkeit derjenigen Menschen, die sich mit ihren eigenen Träumen beschäftigen wollen. Seelische Probleme, Angstreaktionen oder Unverträglichkeiten können aus der Traumarbeit nur entstehen, wenn schon vorher Konflikte vorhanden waren und wenn man die Regeln mißachtet. Das unbewußte Selbst wird sich im gegebenen Fall gegen Überforderung, Mißachtung oder Mißbrauch aussprechen. Man muß sich nur die Traumbotschaft vorurteilslos vergegenwärtigen. Man sollte nichts forcieren, zu dem das Innere nicht »grünes Licht« gibt.

Falls Sie vorübergehend seelischen Beistand brauchen, z. B. durch eine Ihnen nahe Person, einen Seelsorger oder Psychotherapeuten, wird Ihr Traum Ihnen dies als erster verdeutlichen. Träumen und Traumarbeit sind im Prinzip nicht gefährlicher als das Leben selbst.

In unserer Umwelt wird allenthalben trotz zunehmender Entlastung der Menschen von vielen existentiellen Gefahren, Sorgen und Nöten der Verlust oder auch die Nivellierung existentieller Werte beklagt. Die uns gegebene Freiheit können wir nutzen zu einem Weg zu uns selbst, der gleichzeitig ein Weg nach innen und nach außen ist, wenn man die Traumarbeit richtig versteht.

Literatur

Robert Bossard, Traumpsychologie. Frankfurt/M., 1983: Fischer TB.

Gayle Delaney, Living Your Dreams. San Francisco, 1979: Harper & Row.

Ann Faraday, Deine Träume – Schlüssel zur Selbsterkenntnis. Frankfurt/M., 1980: Fischer TB.

Ann Faraday, Die positive Kraft der Träume. Frankfurt/M., 1982: Ullstein.

Patricia Garfield, Kreativ träumen. Schwarzenburg, 1979: Ansata.

James A. Hall, Arbeit mit Träumen in Klinik und Praxis. Paderborn, 1982: Junfermann.

Hanns Kurth, Lexikon der Traumsymbole. München, 1983: Goldmann.

Montague Ullman & Nan Zimmerman, Working with Dreams. London, 1983: Hutchinson.

Klaus Thomas

Im Traum Gott begegnen

Seit der »Traumdeutung« von Sigmund Freud wissen wir von den natürlichen, besonders den sexuellen Inhalten der Träume; doch die religiöse Bedeutung blieb noch weithin unbekannt. In den meisten Religionen kommt den Bilderlebnissen, besonders den Visionen und Träumen, eine ausschlaggebende Bedeutung zu. Das gilt von den »Erleuchtungserlebnissen« Buddhas bis zu den Traumvisionen Mohammeds (am Anfang des siebenten Jahrhunderts nach Christus). Er war überzeugt, der Erzengel Gabriel habe ihm das gesamte Buch des Koran diktiert.

In unserem Kulturkreis ist das religiöse Erleben geschichtlich geprägt von der Bibel. Sie ist weltenweit von den Urkunden aller anderen Religionen unterschieden. Das gilt auch von den rund 100 Träumen, die die Männer dieser Heiligen Schrift überwältigten durch die Erfahrung: Hier spricht der lebendige Gott selbst zu uns Menschen. Noch heute sind Menschen nicht weniger zutiefst erschüttert, wenn sie erleben: In diesem Traum hat der allgewaltige Gott unmittelbar mich persönlich angesprochen. Wenn das aber wahr ist, dann können wir die religiösen Träume (oder besser: die religiöse Ebene der Träume) nicht mit den Maßstäben der Psychologie messen, sondern wir müssen an jeden Menschen, auch an den Psychologen,

den Maßstab des Herrn dieser Träume anlegen.
Wer also von »religiösen Träumen« spricht, der muß von der Bibel sprechen: von ihrer Botschaft über das »Unbewußte« als dem Reich der Träume; von den Träumen, die sie als Botschaft Gottes enthält und von den Menschen heute, deren Leben von ganz ähnlichen Bilderlebnissen geprägt wurde.

Das sogenannte »Unbewußte«

Der Nervenarzt Prof. I. H. Schultz (der das Autogene Training schuf) forderte seit 1953, wir sollten die zu allgemeine Bezeichnung »das Unbewußte« ersetzen durch genauere Bezeichnungen, z. B. »verdrängte Erinnerungen«, »zu flüchtige Wahrnehmungen«, »unterschwellige Gemütsbewegungen« usw. In seinem Sinn soll hier an sieben Doppelbeispielen aus der Heiligen Schrift gezeigt werden, welche entscheidenden Erkenntnisse wir dieser Bibel auch für die Traumkunde verdanken:
Der Apostel Petrus schreibt in seinem ersten Brief (3, 4) »Der verborgene Mensch des Herzens unverrückt, mit sanftem und stillem Geiste; das ist köstlich vor Gott«. Wenn ich dieser Übersetzung Luthers eine eigene, wörtliche hinzufüge, so lautet sie: »Das tief Unbewußte des menschlichen Herzens in der bleibenden Gelassenheit und Ruhe des Geistes, das ist köstlich vor Gott!«
Der griechische Urtext nennt das »Verborgene« »krypta«, und wir hören nicht selten von religiösen Träumen, die sich in der »Krypta«, in dem verborgenen tiefen Raum einer Kirche abspielen. Im Unterschied zu den meisten anderen (nicht-biblischen) Träumen lassen die Worte der Heiligen Schrift zumeist unmittelbar erkennbare Lehren, Weisheiten und Mahnungen erkennen. So hilft uns das Petruswort erkennen: *Vor Gott gilt nicht der äußere Schein, sondern der innerste Wesenskern der Persönlichkeit in seiner bleibenden Gelassenheit.*
Der Apostel Paulus schreibt seinen Freunden in Korinth (1. Kor. 2, 6, 7), sie sollten nicht auf die vergängliche »Weisheit der Obersten dieser Welt« achten, sondern vor allem auf die »verborgene, heimliche Weisheit Gottes ... zu unserer Herrlichkeit«. Denn »was kein Auge gesehen hat und kein Ohr gehört hat und in keines Menschen Herz gekommen ist«, das »hat Gott bereitet denen, die ihn lieben« (V. 9f.). Paulus betont hier: *Gott offenbart in seiner unendlichen Liebe Erkenntnisse tiefster Weisheit –, nicht zuletzt in den Träumen.*
Der gewaltigste Bericht von dem Traum aller Träume, da Jakob die

Engel auf der Himmelsleiter »auf- und niedersteigen« sah, schließt mit der Erkenntnis: »Gewiß ist der Herr an diesem Ort, und ich wußte es nicht« (1. Mos. 28, 16): *Gewiß ist der lebendige Gott in den Träumen gegenwärtig, wir wußten es nur nicht!*

Als die zwei Jünger nach Emmaus gingen, trat der auferstandene, lebendige Jesus Christus zu ihnen und redete mit ihnen. Erst nachträglich wurden sie seiner gewahr: »Brannte nicht unser Herz in uns?« sprachen sie, als ihnen die Augen geöffnet wurden und sie Jesus erkannten. Erst nach den Träumen könnten wir oft erkennen, daß Jesus, der lebendige, mit uns gesprochen hat.

Auch Träume enthalten höchste Werte, die gefunden, geordnet und in die Tat umgesetzt werden wollen (Matth. 13, 44): Der bleibende Höchstwert der Verbindung mit Gott verleiht dem Leben Sinn und Halt.

Fast 1900 Jahre, bevor eine »Tiefenpsychologie« von einer »Schichtenlehre« des Seelenlebens sprach (Rothacker u. a.), bevor I. H. Schultz (1919!) von Rand-, Schicht- und Kernneurosen Unterscheidungsmerkmale nannte, klang den Jüngern Jesu das Gleichnis von dem »vielerlei Ackerfeld« in den Ohren (Matth. 13, 1–23): nur aus dem tiefen Inneren des Herzensbodens kann wahre Frucht erwachsen. Nicht oberflächliches Hören oder Deuten von Träumen erweist sich als fruchtbar für das Leben, sondern nur, wer wirklich sieht und hört beim Sehen und Hören (V. 13 ff.), der wird mit dem geistlichen Gehalt auch den tiefsten Sinn der Träume erfassen.

Das »Unbewußte« als verdrängte Schuld

Depressive und neurotische Schuldgefühle bedürfen seelenärztlicher Behandlung. Doch das Gewissen, das so oft in den Träumen zu uns von der wirklichen Schuld sprechen will (und nicht nur von krankhaften »Gefühlen«) läßt sich durch keine Behandlung beschwichtigen. Die Vergebung ist der einzige Weg, mit der Schuld auch die echten Schuldgefühle aufzuheben. Auch Träume können der Vergebung gewiß machen.

Scheinmoderne Menschenkunde unserer Zeit will uns weismachen, der Mensch sei im Grunde seines Herzens gut und brauche sich nur zu entfalten und »zu verwirklichen«. Die nüchterne Beobachtung des Alltages lehrt uns, wie weit Haß und Feindschaft, Neid und Niedertracht, Lüge und List das Leben bestimmen. Freud hatte es aus den Träumen erkannt, was schon längst zuvor ein Satz Jesu als Zusammenfassung von Grundforschungen der Psychoanalyse gilt: »Aus dem Herzen« (die Übersetzung: aus dem Unbewußten ist hier richtig) »kommen arge Gedanken: Mord, Ehebruch, Hurerei, Dieberei, falsch Zeugnis, Lästerung.« Im Licht der Bibel gewinnen wir nicht nur ein wahrhaftiges Menschenbild aus den Träumen, sondern auch die Demut, die Kraft und das Vorbild, an der eigenen Persönlichkeit zu arbeiten.

Die Schriftgelehrten der Zeit Jesu haßten den Sohn Gottes, der aber fragte sie: »Was denkt ihr so Arges in euren Herzen?« (Mt. 9, 4). Träume aber bringen unsere tiefsten Gedanken in Bildern zum Ausdruck. Nur Jesus »weiß wohl, was im Menschen« ist (Joh. 2, 25). Wer sein Nachsinnen über die Träume in Gebete verwandelt, gewinnt zur vertieften Selbsterkenntnis eine vertiefte Erkenntnis von der Barmherzigkeit Christi.

Bei aller grundsätzlichen Verschiedenheit gleichen sich die psychoanalytische Traumwissenschaft und die demütige geistliche Beichte: Sie stellen ohne Entschuldigung die eigene Seele mit allen Fehlern rücksichtslos und wahrhaftig bloß. Eine solche Wahrheit »macht frei« (Joh. 8, 32). David spricht darum in seinem Bußgebet: »Siehe, du hast Lust zur Wahrheit, die im Verborgenen liegt; du läßt mich wissen die heimliche Weisheit« (Ps. 51, 8): Solange wir nicht hinter dem psychologischen Verstehen der Träume auch das verborgene (vielfach »unbewußte«) religiöse Sehnen und Erleben des Träumenden erkennen, werden wir nicht der vollen Wahrheit über den Menschen gerecht.

An Mose und an Eli erging der Ruf Gottes in einer Vision und im Traum (2. Mos. 3; 1. Sam. 3), und sie folgten der himmlischen Berufung, so wie später Paulus sich in einem Nachtgesicht den Weg nach Europa weisen ließ (Apg. 16, 9). Poul Bjerre, der bedeutende schwedische Psychoanalytiker, nennt in seinem Buch »Das Träumen als Heilungsweg der Seele« (Zürich 1936) einzelne Schritte, durch die der Traum uns zur Heilung begleiten will: Träume erinnern, aufschreiben, berichten, analysieren u. a. Doch der wichtigste fehlt: Träume durch ein Gebet beantworten: »Was willst Du, Herr, mir mit diesem Traum sagen? Was soll ich in Deinem Auftrag tun?« Denken wir doch nicht, nur zu Zeiten der Bibelentstehung habe Gott Weisungen und Weissagungen durch Träume erteilt! Sie zählen zu den Heiligtümern meiner Traumprotokolle, Jahre vor der Erfüllung in unserer Zeit aufgeschrieben, und zuvor offenbart. Die »religiösen Träume« wollen uns den Weg und Willen Gottes noch heute kund tun; es liegt an der Haltung unseres Herzens, ob wir bereit sind, sie zu hören.

Gewiß – Sigmund Freud hat uns in einer »kopernikanischen Wende« der »Wissenschaft vom Traum« gelehrt, die Träume aus den »unbewußten« Erinnerungen an Erlebnisse der Vergangenheit zu verstehen und sie nicht länger zu Bildern müßiger Zukunftsspekulationen mißbrauchen zu lassen. Sollte nicht aber ein ewiger Gott, der über den Gesetzen der Zeit steht, uns noch heute in Träumen seinen Willen und Weg für die Zukunft weisen und unser Leben wandeln können, wie das des Paulus (Apg. 22, 3ff.)?

Wer Träumende durch viele Jahre nicht nur als Arzt, sondern auch als Seelsorger begleitet, muß bezeugen: Dies geschieht, aber es bleibt mit Recht als heiligste Erfahrung unter dem Siegel der Verschwiegenheit. Wichtig aber bleibt der Maßstab, an dem wir die Echtheit der geistlichen Offenbarungen messen: Es ist die Heilige Schrift! Sie aber mahnt uns: »Sei nüchtern, predige das Evangelium und übe Barmherzigkeit!« (2. Tim. 4, 5, eigene Übersetzung). Gefährliche Schwärmerei droht, wo diese Grundlage des Glaubens verlassen wird: Die »religiösen Träume« wollen unser Leben verwandeln aus dem tiefsten Herzen heraus, aus dem Gott (oft gerade durch Worte der Heiligen Schrift) zu uns spricht, und bis in die Tiefen des »Unbewußten« heilen und leiten.

Die »natürlichen« Träume in der Bibel

Nicht erst die moderne Traumforschung weiß davon, daß verschiedenartige Körperempfindungen und Sinneswahrnehmungen auch den Inhalt der Träume bestimmen oder auslösen können. Schon bei dem Propheten Jesaja (um 800 vor Christus) lesen wir:

»... gleichwie einem Hungrigen träumt, daß er esse, – wenn er aber aufwacht, so ist seine Seele noch leer; und wie einem Durstigen träumt, daß er trinke, – wenn er aber aufwacht, so ist er matt und durstig ...« (29, 8).

Ängste können vielfältigen Ursprung haben: sie mögen durch körperliche oder seelische Krankheiten verursacht sein, sie mögen im gesunden Bereich von Erfahrungen oder von Gefahren getragen sein oder auch als Angst vor dem Gewissen oder vor dem Sterben zutiefst auf religiöse Gründe zurückzuführen sein. Ohne ein klärendes Gespräch läßt sich dem Angsttraum selbst nur selten entnehmen, wie die Ängste zu überwinden sind. Jedenfalls aber sind der Bibel viele Angstträume bekannt:

»Und wenn einer des Nachts auf seinem Bette ... schlafen soll, fallen ihm mancherlei Gedanken ein. Wenn er gleich ein wenig ruht, so ist's doch nichts; denn er erschrickt

im Traum, als sehe er die Feinde kommen. Und wenn er aufwacht und sieht, daß er sicher ist, so ist er wunderfroh, daß die Furcht nichts gewesen ist« (Sir. 40, 5–7).

Jeder gesunde Mensch träumt von der Sehnsucht und Erfüllung in der körperlichen Liebe. Vermutlich sind es die häufigsten Träume überhaupt, deren Inhalt und Symbolik seit Freud besonders umfassend untersucht wurden. Moderne physiologische Traumforschung hat seit Jovanovič mit der gleichzeitigen verstärkten Durchblutung der Geschlechtsorgane während des Träumens den sexuellen Inhalt bestätigt. Leider werden sexuelle Wünsche oder Träume noch immer in ernst christlichen Kreisen als sündhaft angesehen.

Die Bibel ist hier viel unbefangener. In ebenso feiner wie dichterischer und deutlicher Symbolsprache schildert das Hohelied Salomonis, wie »im Schlafen das Herz wacht«, wie die Hand des Freundes das feuchte »Riegelloch« berührt, so daß die Freundin »im Innersten erzittert«. Auch die Kenntnis der modernen »psychosomatischen Medizin« fehlt nicht. Die Freundin ist »vor Liebe krank« (Hoheslied 5, 2–8).

»Da sprach er zu ihnen: Höret doch, was mir geträumt hat: Mich deuchte, wir banden Garben auf dem Felde, und meine Garbe richtete sich auf und stand, und eure Garben umher neigten sich vor meiner Garbe ... Und er hatte noch einen anderen Traum, den erzählte er seinen Brüdern: ... mich deuchte, die Sonne und der Mond und elf Sterne neigten sich vor mir« (1. Mos. 37, 6–9).

Mögen wir in diesem Traum noch eine einfühlbare Antwort gesteigerten Ehrgeizes erkennen, so erinnert uns Nebukadnezars Traum von dem übermächtigen Baum, der bis in den Himmel reicht und dann abgehauen wird. Immer wieder hat die Weltgeschichte den ethischen Ansprüchen der biblischen Träume recht gegeben, wenn auch dieses Kapitel (Daniel 4) mit den Worten schließt: *»Wer stolz ist, den kann Gott demütigen« (V. 34b).*

Dem Hochmut der selbstherrlichen Mächtigen steht die Demut der Diener Gottes gegenüber, denen das stärkende Traum- und Trostwort an Paulus gilt: *»Fürchte dich nicht, sondern rede ... denn ich bin mit dir ...« (Apg. 18, 9f.).*

Träume von göttlicher Offenbarung

Einer gewaltigen Vision wurde einst Hesekiel (um 600 vor Christus) gewürdigt:

»... Ich sah ... in dem Feuer ... vier Tiere ... und ein jegliches hatte vier Angesichter und vier Flügel ...

Als ich die Tiere so sah, siehe, da stand ein Rad auf der Erde ... und war anzusehen wie vier Räder ... als wäre ein Rad in dem anderen ... Und ich hörte Flügel rauschen wie ein Getön des Allmächtigen ... und über dem Himmel war es gestaltet wie ein Saphir ... und auf dem Stuhl saß einer, gleichwie ein Mensch gestaltet ... und es war lichthell ... gleichwie der Regenbogen steht in den Wolken ... Dies war das Ansehen der Herrlichkeit des Herrn. Und da ich's gesehen hatte, fiel ich auf mein Angesicht ...« (Hes. 1).

In diesem überwältigenden Bild von der Majestät Gottes können wir alle die Merkmale finden, die C. G. Jung von den »Mandala« (wörtlich »Kreis«) in ihrer Bedeutung für die Träume erarbeitet hat: die Symbole, die in einen Kreis oder ein Mehreck eingefügt sind als Schaubild zur Meditation.

In ganz entsprechender Weise finden wir die Erkenntnisse Sigmund Freuds in den erotisch-sexuellen Träumen wieder und die Forschungsergebnisse von Alfred Adler in den Träumen vom Machtstreben. Keine Zweifel sind berechtigt an den Erkenntnissen dieser ersten drei Begründer tiefenpsychologischer Schulen und an ihren Traumforschungen.

Wer aber hinter der erotisch-sexuellen Freude und Schönheit nicht den göttlichen Schöpfer und seine grundlose Güte preisen lernt, wer nicht hinter dem menschlichen Machtstreben die Allmacht der göttlichen Majestät erkennt und sich von ihr zur Demut leiten läßt, und wer nicht durch ein Mandala zur Anbetung auf sein Antlitz niederfällt, der hat das Wesen der biblischen Träume – im Unterschied zu allem psychologischen Verstehen – noch nicht erfaßt.

Träume nicht überwerten

Träume wollen eine rechte Wertordnung aufrichten helfen, sie aber nicht in Frage stellen. Das geschieht überall dort, wo ein Mensch seine persönlichen Offenbarungen, Visionen oder Träume nicht daraufhin prüft, ob sie mit der Wahrheit der Bibel übereinstimmen. Das Wort der Heiligen Schrift und das barmherzige Handeln an dem Menschen in Not müssen vor den Träumen und dem Bemühen, sie zu verstehen, den Vorrang erhalten. Aber beides steht nicht im Gegensatz zueinander. So spricht Gott durch den Mund des Propheten Jeremia:

Ein Prophet, der Träume hat, der erzähle Träume; wer aber mein Wort hat, der predige mein Wort recht! ... Ist mein Wort nicht wie ein Feuer, spricht der Herr, und wie

ein Hammer, der Felsen zerschmeißt?« (Jer. 23, 28f.)
Wer Träume nur als Mythen voller Symbole ansieht, die aus einem »kollektiven Unbewußten« uns allgemein-religiöse Wahrheiten vermitteln, der erkennt damit eine wichtige Dimension der Träume. Die Träume der Bibel aber sind nicht »kollektiv«, sondern ganz persönlich von Gott an den einzelnen Menschen gerichtet. Die persönliche Berufung und Botschaft, die Ermahnung und Ermutigung für den einzelnen, der Trost für jeden Betrübten, bilden die Herzworte der biblischen Träume.

Gott offenbart das Verborgene

Schon in der Zeit des Alten Testaments wird dem rein menschlichen Verstehen der Träume der Heilige Geist Gottes gegenübergestellt:
»Aber es ist ein Gott im Himmel, der kann verborgene Dinge offenbaren.«

»So ist mir solch verborgenes Ding offenbart, nicht nur meine Weisheit, ... sondern darum, daß du deines Herzens Gedanken erführest ...«
Oft sind dann menschliche Fabeln (»Mythen«) weit entfernt von der Wahrheit des Wortes Gottes, so daß Paulus vor den »unnützen Schwätzern und Verführern« warnt und mahnt, »nicht zu achten auf die Fabeln ... und Gebote von Menschen, welche sich von der Wahrheit abwenden« (Tit. 1, 10, 14).
Noch heute wird über Träume, auch über religiöse Träume, vielfach in einer »ungeistlichen« (nach dem Griechischen: unheiligen) Weise gesprochen, als hätten wir Menschen das Recht oder die Möglichkeit, über den Inhalt und die Weise zu urteilen, wie Gott sich einem Menschenherzen naht. Nur in dieser Haltung der Gottesfurcht dürfen wir es wagen, dem Reichtum der biblischen Träume nachzusinnen und dabei auf die Stimme des lebendigen Gottes zu lauschen, wie er zu den Vätern sprach.
Für die Propheten des Alten Testamentes ist das Schauen der Herrlichkeit des Herrn (hebräisch: »kabod jahweh«) ein Gipfelerlebnis ihrer Schauungen (vergl. Hes. 1). Auch im Neuen Testament münden die Offenbarungen, die dem Johannes zuteil wurden, in dem überweltlichen Bild von dem »neuen Himmel und der neuen Erde«, von dem »himmlischen Jerusalem«, da »... Gott wird abwischen alle Tränen von ihren Augen, und der Tod wird nicht mehr sein, noch Leid noch Geschrei noch Schmerz wird mehr sein« (Offb. 21, 4).
Die »Herrlichkeit Gottes«, die die Stadt mit ihrem Licht erfüllt, die

ihre »Perlentore« und »goldenen Gassen« erleuchtet, sind zum Inbegriff der himmlischen Heimat aller gläubigen Christen geworden, zum Ziel ihres Pilgerlaufs, zum Inhalt ihrer Vorfreude auf die Ewigkeit und zur Quelle ihrer Kraft in dieser Welt (Offb. 15 und 21).

Träume zur Charakterbildung

Religiöse Träume wollen nicht einer müßigen Selbstbespiegelung dienen, sondern einer ethischen Entwicklung der Persönlichkeit. Das erkannte schon Hiob, wenn er schreibt: »Im Traum ... öffnet er (Gott) das Ohr der Leute, daß er den Menschen von seinem Vornehmen wende und ihn behüte vor Hoffart ... zu verkünden dem Menschen, wie er solle recht tun« (3, 15–23).

Bevor Daniel es wagt, dem König Nebukadnezar den Sinn von dessen Traum zu deuten, bittet er seine Freunde, ihm durch ihr Gebet beizustehen (2, 18) und Gott um Gnade anzuflehen. Danach erst wird dem Daniel seinerseits in einem Traum die »verborgene« Bedeutung des Traumes von Gott offenbart. Traumweisheit und Gebet in all seinen Formen, auch als Fürbitte, Danksagung, Lobpreis und Anbetung, gehören in der Bibel untrennbar zusammen.

Träume künden auch ernste Gottesgerichte an, sei es, daß sie ausbleiben, wie bei Saul, dem Gott nicht mehr »durch Träume antwortete«. Er suchte darum bei einer Hexe und bei Wahrsagern Zuflucht, die ihn in den Abgrund des Aberglaubens stürzten (1. Sam. 28, 6ff.), und noch heute wuchert ein verhängnisvoller Okkultismus mit Horoskopen und Wahrsagerei, weil und wenn nicht mehr die Stimme Gottes in seinem Wort und in den Träumen vernommen wird.

In wiederum anderer Weise kann ein gottgesandter Traum das allzu ängstliche, betende Fragen des Gewissens beschwichtigen, wie etwa Paulus und mit ihm die ganze Gemeinde erfüllt wurden mit »Frieden, ... der Furcht des Herrn und ... mit dem Trost des Heiligen Geistes« (Apg. 9, 31), nachdem er durch ein Gesicht vor Damaskus eine Wandlung erfahren hatte. Auch Petrus erhielt durch einen Traum die Antwort auf sein Gebet: Er durfte unabhängig werden von den engherzigen jüdischen Speisegesetzen (Apg. 10, 10–33).

Träume können klare Weisungen von Gott erteilen. So wurde dem frommen Ananias in einem Gesicht der Auftrag zuteil, er solle dem betenden, blinden Saulus die Hände auflegen, damit er wieder sehend werde (Apg. 9, 10–12). Derselbe geheilte Paulus wurde dann in Korinth durch ein Nachtgesicht ermutigt: »Fürchte dich nicht, sondern rede und schweige nicht! ... niemand soll sich unterstehen, dir zu schaden!« (Apg. 18, 9f.).

Träume wollen lehren, um die höchsten Werte zu bitten:

»Der Herr erschien Salomo zu Gibeon im Traum des Nachts ... und sprach: Bitte, was ich dir geben soll! ... Salomo sprach ... So wollest du deinem Knecht geben ein gehorsames Herz ...« (1. Kön. 3, 5ff.).

Nicht um Reichtum, Ehre oder Sieg hatte er gebeten, sondern um den Gehorsam, den Willen Gottes zu erkennen und danach zu handeln.

Das Leben des Apostels Paulus wurde in einzigartiger Weise durch gottgesandte Träume bestimmt. So bedeutsam erschienen dem Paulus die Erlebnisse der Vision Jesu vor Damaskus, daß er sie dreimal berichtet (Apg. 9; 22; 26).

Das Leben dieses Mannes ist bewundernswert: Selbst nicht ganz gesund, bereist er doch zu Fuß (auf über 10000 Kilometern Wanderwegen) den ganzen damals bekannten Weltkreis des Römischen Reiches unter kaum vorstellbaren Strapazen (2. Kor. 11). So trägt er wesentlich dazu bei, daß im Verlauf einer Generation der Glaube an den lebendigen Jesus Christus sich in der damals bewohnten Welt (Oikumene) ausbreitet.

All diese Kraft wurzelt in der Glaubensgewißheit, die ihm durch seine »Bekehrung« nach der Vision und durch den Traum zuteil wurde: Ihm »erschien ein Gesicht bei der Nacht. Das war ein Mann aus Mazedonien, ... der bat ihn ...: Komm herüber nach Mazedonien und hilf uns! Als er aber das Gesicht gesehen hatte, da trachteten wir alsobald, nach Mazedonien zu reisen, gewiß, daß uns der Herr dahin berufen hätte ...« (Apg. 16, 9–11). Noch heute wird das Leben nicht weniger gläubiger Christen geprägt durch die Gewißheit: Gott führt mein Leben durch sein Wort und auch durch die von ihm gesandten Träume. Wir haben nur zu oft verlernt, auf diese Rufe Gottes zu achten. Auch später, als Paulus mit 276 Seeleuten in schwerstem Sturm zwei Wochen in Seenot um das Leben bangte, erschien ihm ein Engel Gottes und ... sprach: Fürchte dich nicht! (Apg. 27). Dadurch gewannen Paulus und die Besatzung neuen Mut.

Biblische Träume lehren, was bisher kein mir bekanntes Buch über Träume herausstellt: Die gottgesandten Träume wollen eine Antwort herausfordern. Dieses Antworten kann in verschiedener Form als Gebet erfolgen. Das Antworten kann aber auch im Traum selbst geschehen. So können Träume zu Zwiegesprächen mit Jesus Christus werden.

Mag noch von allen Träumen gelten: Sie dienen der vertieften Selbsterkenntnis, so gilt doch nur von den religiösen Träumen: Sie dienen zugleich der vertieften Gotteserkenntnis, sie lehren nach dem Willen Gottes fragen und ihn erkennen, sie wollen das Leben nach dem Vorbild Jesu wandeln und vermitteln damit dem Träumenden in einzigartiger Weise Sinn und Halt des Lebens.

Träume der Buße und der Berufung

Besonders zeitgemäß wirkt die immer wiederkehrende Aussage der Heiligen Schrift: Gott selbst, der heilige und erhabene, sucht den Menschen, um mit ihm zu sprechen und ihm durch Bilder wichtige Botschaften mitzuteilen. Der Mensch aber verschließt sich oft: Von dieser Verschlossenheit, besonders der Blindheit und Taubheit bei den religiösen Träumen, beklagt dann Hiob:

»In einer Weise redet Gott und wieder in einer anderen redet Gott, nur beachtet man's nicht. ... Im Traum, im Nachtgesicht ... da öffnet er das Ohr der Leute« (33, 14ff.).

Gott wendet nicht Gewalt an; vielmehr wartet er, ob und wann ein Mensch bereit ist, sich für seine Botschaft in Bibel und Träumen die Ohren öffnen zu lassen. Wo dies aber geschieht, da folgt das innerste Niederfallen der Buße und danach das preisende Anbeten Gottes (Dan. 2, 46).

Mit seinem Volk und stellvertretend für die verhärteten Menschen seiner Zeit (!) bekennt Daniel seine und seiner Väter Sünden:

». . . wir liegen vor dir mit unserem Gebet, nicht auf unsere Gerechtigkeit, sondern auf deine große Barmherzigkeit ... Herr, sei gnädig ...!« (Dan. 9, 18).

Danach erst offenbart ihm der Erzengel Gabriel in seinem Gesicht die verborgenen Geheimnisse der Endzeit. »Zitternd« richtete sich Daniel auf, nachdem er von der Gewalt des Gesichtes überwältigt, ohnmächtig zu Boden gesunken war. Ungemein anschaulich erfahren wir Einzelheiten über die Seelsorge bei solchen Gesichten. Bei den Träumen also gehören Buße und innerlich erfahrene, unmittelbare Seelsorge von Gott, die ihrerseits wieder den Geist des Gebetes weckt, untrennbar zusammen.

Auch in dem Urbild der religiösen Träume, der Himmelsleiter Jakobs, weist das Hinab- und Hinaufsteigen der Engelsboten Gottes hin auf die Antworten der Gebete auf die Botschaften der Träume (1. Mos. 28, 12).

Dreimal hatte der Herr den Eli im Traum bei seinem Namen gerufen, ehe er durch die Hilfe des Samuel verstehen lernte, daß es der lebendige Gott war, dessen Stimme ihn zu seiner Lebensaufgabe leitete. Danach erst ging Eli hin »und tat die Türen auf am Hause des Herrn« (1. Sam. 3, 15). Ähnlich wurden, wie schon erwähnt, Mose (2. Mos. 3, 4ff.) und Paulus (Apg. 3) zu lebenslangem Dienst durch Träume und Gesichte berufen.

Im Gegensatz zu der früher wie heute verbreiteten Ratlosigkeit, was zu tun sei und wie es richtig geschähe, vermitteln religiöse Träume die starke Klarheit und Gewißheit:

»... So tritt dann (mit den Träumen) für ihn ein Engel als Mittler ein ... zu verkünden dem Menschen, wie er solle recht tun« (Hiob 33, 23).

Religiöse Träume also sind nach der Botschaft der Bibel gesandt und bestimmt, einen Menschen seiner Lebensberufung vor Gott gewiß zu machen und sein Handeln zu leiten.

Der bedeutende Religionspsychologe Werner Gruehn hat in seinen Werken (»Religionspsychologie« 1924 und »Die Frömmigkeit der Gegenwart« 1953) die entscheidende Bedeutung der »Wandlungs-, Berufungs- und Offenbarungserlebnisse« als besonderer »überwacher Erfahrungen« wissenschaftlich erforscht. Er wies mit vielen anderen Forschern nach, daß und wie diese Erfahrungen mit dem höchsten denkbaren Grad der Gewißheit das Leben der echt frommen Menschen steuern, ihnen außerordentliche Kräfte und Zielstrebigkeit verleihen und insgesamt entscheidend ihren Charakter prägen.

Träume von Trost und Schutz

Wir werden der Geschichte der Träume nicht gerecht, wenn wir nur behaupten: Vor der Zeit von Freud wurden sie als billige Zukunfts-Weissagungen gedeutet, nach Freud erst lernten wir sie aus den Erlebnissen der Vergangenheit verstehen. Mindestens die zahlreichen religiösen Träume der Ermutigung entfalten noch heute eine starke Kraft, die in die Zukunft weist.

Ein Beispiel aus der Gegenwart entspricht nicht nur biblischem Inhalt, sondern nähert sich auch ihrer Sprache: Ein 65jähriger Arzt zweifelt vor einer Forschungsreise nach Neuguinea, ob seine gefährdete Gesundheit den Anstrengungen gewachsen sein wird. Er träumt (ohne Bilder) deutlich den Satz: »Selig sind, die da abreisen; denn sie werden begleitet sein!« Dieses Wort brachte ihm Gewißheit und starken Halt auf der Reise, deren Ergebnisse den Hoffnungen entsprachen.

Weissagungen biblischer Träume gehen jedoch nicht an dem Ernst der Wirklichkeit dabei vorüber: In seinem Gefängnis versteht Joseph den Traum des Bäckers von den Vögeln, die drei Körbe voller Gebäck auf seinem Haupt fraßen, so: »*... nach drei Tagen wird dir ... der Pharao dein Haupt erheben und dich an den Galgen hängen, und die Vögel werden dein Fleisch von dir essen« (1. Mos. 40, 19).*

Der Mundschenk dagegen hatte geträumt, er drücke drei grüne Reben in des Pharao Becher, und Joseph verstand:

»Über drei Tage wird der Pharao dich wieder in dein Amt stellen ... (1. Mos. 40, 9–14).

Die folgende Wirklichkeit gab dem Traumverständnis des Joseph Recht.

Auch heute noch gibt es echte Prophetie, von der sich manche (vor der Erfüllung!) protokollierte Niederschriften gesammelt finden: Am 9. August 1937 sagte der Superintendent Ungnad bei einer Predigt über das Weinen Jesu angesichts der Stadt Jerusalem, und zwar zu einer Zeit, als niemand an Krieg oder gar an Luftangriffe auf Deutschland dachte: »Wenn Jesus heute von der Höhe des Funkturms auf unsere Stadt Berlin herniederblicken würde, so müßte er weinen wie einst über Jerusalem und die gleichen Worte rufen: »Wahrlich, hier wird kein Stein auf dem anderen bleiben darum, daß du nicht erkannt hast, was zu deinem Frieden dient!«

Vorausgeschautes Unheil gehört zu dem Gesamtbild der Wirklichkeit. In den religiösen Träumen wie in der gesamten Bibel sehe ich eine Haltung vertreten, die ich persönlich seit genau fünfzig Jahren als persönliche Lebensgrundlage in die Tat umzusetzen versuche:

Die Bibel und ihre Träume vertreten

- einen realistischen Pessimismus,
- einen religiösen Optimismus und
- die Überwindung des realistischen Pessimismus durch den religiösen Optimismus.

Träume wollen noch heute ermutigen, wie Gideon einst Mut gewann, die zahlenmäßig weit überlegenen Midianiter mit seinen nur dreihundert Mann anzugreifen und zu besiegen (Ri. 7,9ff.): Im Jahre 1970 suchte mich unser Briefträger als Patient auf. Er war schon mehrfach von Hunden gebissen worden, vor denen er nunmehr eine so panische Angst empfand, daß er sich nicht länger arbeitsfähig fühlte. Da träumte er nachts (sehr ähnlich wie mehrere andere Angstkranke): »Mir erschien Jesus im Traum und sagte: Christen haben aber Mut und keine Angst!« Seither versieht der Briefträger seinen Dienst völlig angstfrei (ohne daß eine ärztliche Therapie erfolgte; sechs Jahre nachbeobachtet).

Träume spiegeln deutlich die depressiven Verstimmungen, aber sie künden auch von einem starken Trost.

Von Hiob werden nahezu alle heute medizinisch bekannten Zeichen einer schweren depressiven Erkrankung bis hin zu Angstträumen und Selbstmordgefahr abgeleitet: »... du erschrecktest mich mit Träumen und machtest mir Grauen durch Gesichte, daß meine Seele wünschte ... den Tod. Ich begehre, nicht mehr zu leben« (7, 14ff). Aber Hiob konnte noch beten, und »der Herr segnete hernach Hiob mehr denn zuvor« (42, 12).

Zahlreiche Depressive und Lebensmüde haben uns ihre Träume berichtet (einige sind abgedruckt in meinem Buch: »Träume selbst verstehen«, Stuttgart, 3. Aufl. 1979). Einen trostreichen berichtete ein 68jähriger Lehrer am 23. Juli 1983: »Im Traum spürte ich selbstkritisch meine Depression und mußte weinen. Auch dachte ich, wieviel besser es wäre, nicht mehr zu leben. Dann sah ich im Traum vor mir Lasten, die sich zu Bergen auftürmten. Dann ergriff irgendjemand eine der Lasten nach der anderen und warf sie nach hinten. Dazu hörte ich ganz klar die Worte: ›Du wirfst alle meine Sünden hinter dich zurück.‹ Erleichtert und befreit wachte ich auf. Dieser eindrucksvolle Traum hat noch lange in mir nachgewirkt, besonders, nachdem ich in der Bibel den ganzen Vers nachgelesen hatte: ›Siehe um Trost war mir sehr bange; aber du hast dich meiner Seele herzlich angenommen ...‹« (Jes. 38, 17).

Träume enthalten oft nüchterne Ratschläge für den Alltag: Dem lebensmüden Elia erschien in der Wüste einst während des Schlafes ein Engel »und sprach zu ihm: Stehe auf und iß; denn du hast einen weiten Weg vor dir!« (1. Kön. 19, 5–7).

Die Bibel kennt beide Extreme der Träume: die belastenden Albträume. Der depressive Hiob litt unter ihnen (7,12–16). Auf der anderen Seite finden sich die Berichte, wie Träume Mut und Kräfte wecken. Die schon genannte Wandlung des Saulus zum Paulus (Apg. 9) läßt sich auch bis zu seinem späteren Leben an den Marksteinen seiner Träume verfolgen. Solche Wandlungen geschehen nicht in erster Linie durch plötzliche einschneidende Erlebnisse, sondern häufiger im Sinn einer allmählichen Entwicklung. Freilich hat ein ärztlicher Psychotherapeut nur relativ selten Gelegenheit, einen Menschen über viele Jahre so zu begleiten, daß die Träume seine Entwicklung deutlich machen.

Die Heilige Schrift berichtet häufig, wie Gott im Traum die Menschen vor falschen Wegen warnt. Den König Abimelech träumt des Nachts, er solle nicht die Sara zur Frau begehren, da sie schon verheiratet ist (1. Mos. 20, 3ff.). Ein Engel des Herrn warnt den Joseph, nicht die schwangere Maria zu verlassen (Matth. 1, 19f.), und ebenfalls im Traum befiehlt der Herr den Weisen, nicht zu Herodes zurückzukehren (Matth. 20, 12). Vergeblich hatte ein Traum die Frau des Pilatus gewarnt, er solle Jesus nicht verurteilen (Matth. 27, 19).

Einem Atomphysiker, Bernhard Philbert, blieb der offenkundige Nachweis vorbehalten, die Traumgesichte der Offenbarung des Johannes als warnende buchstäbliche Beschreibung einer kommenden Atomkriegskatastrophe zu verstehen, die nicht bestimmt ist, die Menschen in eine Angsthysterie zu versetzen, wohl aber, sie rechtzeitig zu warnen.

Wenn Jesus einst sprach: »An ihren Früchten sollt ihr sie erkennen!« (Matth. 7, 16), so gilt dies auch für die religiösen Träume, besonders auch für die Christusoffenbarungen. Ihr Wert ist zu messen an der praktischen Hilfe, die für »Menschen in Not« aus solchen Erlebnissen folgt. Ein Programmierer hat nach einem Traumauftrag die folgenden fünfzehn Jahre hindurch bis zu seinem Tod in jeder Woche mindestens zwanzig Stunden (nach entsprechender Ausbildung) ehrenamtlich in unserer Telefonseelsorge gearbeitet und täglich Kranke seelsorgerlich und praktisch helfend besucht.

Durch Träume rufen himmlische Boten zum Frieden. Hier bieten uns die Männer der Bibel Beispiele, allen voran Jakob. Seit er die Himmelsleiter im Traum geschaut hatte, heißt es wiederholt von ihm: »... der Engel Gottes sprach zu mir im Traum: Jakob! und ich antwortete: Hier bin ich ...« (1. Mos. 31, 11ff.). Doch auch zu seinem Schwiegervater Laban kam Gott »im Traum des Nachts und sprach zu ihm: Hüte dich, daß du mit Jakob nicht anders redest als freundlich!« (1. Mos. 31, 24). Beide Männer trugen daraufhin ihre ernsten Meinungsverschiedenheiten friedlich aus und versöhnten sich miteinander. Die Engel Gottes erscheinen in der Heiligen Schrift immer wieder als Boten des Friedens (nicht zuletzt in der Weihnachtsgeschichte Luk. 2, 14). Doch wollen sie auf der »Himmelsleiter» Jakobs auch aufwärtssteigen. Aufrichtige Versöhnungs- und Friedensbereitschaft in Worten und Taten habe ich bisher fast ausschließlich bei Menschen gefunden, die sich dem Wort und der Mahnung Gottes in Schrift und Traum gehorsam und aufgeschlossen zeigten.

Wer als Psychotherapeut und/oder

-analytiker seelisch Kranken durch das Verstehen der Träume zur Genesung helfen will, bedarf dazu einer mehrjährigen Fachausbildung in Wissenschaft und eigener Erfahrung, möglichst auf ärztlicher Grundlage. Ohne Kenntnis ihrer Symbolsprache, der »Zensurvorgänge«, der Verschiebung u. a. m. werden viele Träume den Suchenden ihr Geheimnis verhüllen.

Ganz andere Voraussetzungen erfordern die religiösen Träume. Salomo erfüllte sie mit seiner Haltung des »gehorsamen Herzens« (1. Kön. 3, 9). Die Haltung der Demut und des Gebetes allein lassen dem geduldig Wartenden und für seine Träume dankbaren Menschen den Sinn und damit den Willen und Weg Gottes erkennen. Dann mag er mit Jakob nach der Versöhnung beten: »... ich bin zu gering aller Barmherzigkeit und aller Treue, die du deinem Knechte getan hast; ...« (1. Mos. 32, 11).

Ihren Höhepunkt finden religiöse Träume in den mystischen Erfahrungen und Schauungen der himmlischen Herrlichkeit. Die Offenbarung des Johannes ist erfüllt von dieser unbeschreiblichen Welt des Lichtes (besonders Kap. 15, 19, 21), von den Perlentoren und den goldenen Gassen des himmlischen Jerusalem, das den gläubigen Christen zu allen Zeiten Inbegriff einer Seligkeit ist, die schon in dieser Welt beginnt und die dem Tod seine Schrecken nimmt.

Zu den tiefsten Erfahrungen gehören jene Stunden, in denen ich als Arzt oder als Klinikpfarrer solche Sterbende zu begleiten hatte, die von dem Glauben durchdrungen waren: »Jetzt gehe ich heim zu meinem Vater im Himmel und in sein Reich des Lichtes« *(vgl. K. Thomas, Warum Angst vor dem Sterben?, Herderbücherei, Band 784, Freiburg, 1980).*

Hier erfüllen die religiösen Träume von der himmlischen Herrlichkeit eine der wichtigsten und am meisten vernachlässigten Aufgaben: sie bereiten uns durch das Einüben der Vorfreude vor auf die Seligkeit, die hier schon beginnt.

Literatur:

Eltz-Hoffmann, Lieselotte von: »Biblische Träume und ihre Deutung im Blickfeld der modernen Psychologie.« In: Wege zum Menschen, Jg. 12, *1960*.

Froboese-Thiele, Felicia: »Träume – eine Quelle religiöser Erfahrung. Vandenhoeck & Ruprecht, Göttingen *1957*.

Hark, H.: »Religiöse Traumsymbolik.« Die Bedeutung der religiösen Traumsymbolik für die religiöse Erfahrung. P. D. Lang Verl. Frankfurt *1960*.

Ders.: »Der Traum als Gottes vergessene Sprache.« 2. Aufl. Walter-Verl. *1982*.

Kelsey, M. T.: »Träume.« Ihre Bedeutung für den Christen. E. Franz-Verl. Metzingen. 2. Aufl. *1982*.

Philbert, Bernhard: »Christliche Prophetie und Nuklear-Energie.« Christiana-Verl. Stein am Rhein. 11. Aufl. *1982*.

Putscher, Marielene: »Symbiose und Distanz.« Überlegungen zum Motiv der Jakobsleiter und über den Traum in der Kunst und Medizin. In: Deutsches Ärzteblatt Heft 18, *1978*.

Sanford, J. A.: »Gottes vergessene Sprache.« Rascher-Verl. Stuttgart/Zürich *1966*.

Thomas, Klaus: »Träume – selbst verstehen.« Thieme-Verl. 4. Aufl. Stuttgart *1983*.

Ders.: »Meditation in Forschung und Erfahrung, in weltweiter Beobachtung und praktischer Anleitung.« Steinkopf-Verl./ Thieme-Verl. Stuttgart *1973*.

Westermann, Claus: »Gottes Engel brauchen keine Flügel.« Käthe Vogt Verl. Berlin *1957*.

ZDF-Programmschwerpunkt »Traum«

1. April 1984, 19.30 Uhr:
Der Traum – eine wiederentdeckte Sprache

8. April 1984, 19.30 Uhr:
Der Traum – Schlüssel zum Ich

16. April 1984, 22.05 Uhr:
Mit dem Traume gemalt – Der Traum in der Malerei

19. April 1984, 21.00 Uhr:
Das Traumbild aber ist ein Spiegel ... Religion und Traum

22. April 1984, 19.30 Uhr:
Querschnitte: Die Wirklichkeit – ein Hirngespinst?

26. April 1984, 21.00 Uhr:
Aus Forschung und Technik: Der Griff ins Unbekannte

29. April 1984, 22.05 Uhr:
In den Dichtern träumt die Menschheit – Der Traum in der Literatur

Sonntag, 1. April 1984, 19.30 Uhr

Der Traum – eine wiederentdeckte Sprache

Sonntag, 8. April 1984, 19.30 Uhr

Der Traum – Schlüssel zum Ich

Regie: Bodo Kessler
Autor: Hans Bünte
Redaktion: Karl Schnelting
Koproduktion von ZDF/ORF

Die beiden einführenden ZDF-Sendungen zum Thema Traum wenden sich bewußt an den Zuschauer als Laien.
Der erste Film führt anschaulich vor Augen, was es mit dem nächtlichen Traumgeschehen auf sich hat. In Form von Spielszenen wird der Zuschauer ins Reich des Unbewußten geführt. Er erfährt, daß alle Traumgestalten Teile des eigenen Selbst sind und erlebt unmittelbar die am häufigsten vorkommenden Träume: Sex-, Todes-, Alpträume, halluzinatorische Wunscherfüllungen oder auch den nächtlichen Ausgleich für am Tage erfahrene Demütigungen. Wie nebenbei wird der Zuschauer über die Entdeckung der Psychoanalyse durch Sigmund Freud und die Lehren des Schweizer Psychologen C. G. Jung aufgeklärt.
Der zweite Film bringt eine Vielzahl konkreter Beispiele aus der jahrzehntelangen Beschäftigung von Experten mit dem Traum und seiner Bedeutung für das Leben eines jeden von uns. So erzählt der Freiburger Professor Hans Bender, Spezialist für übersinnliche Phänomene, von präkognitiven Träumen (etwa Vorahnung des Todes eines Menschen) anhand von im einzelnen belegten Beispielen. Daß die Erinnerung an Träume wesentlich ist für jede Therapie psychischer Krankheiten, wird etwa in Gruppensitzungen für Indivi-

dual- und Sozialtherapie deutlich oder auch anhand von sogenannten Klarträumen, in dem es einem Träumer gelang, Alptraumsituationen durch bewußtes Eingreifen in seinem Traum zu bewältigen und daraus Konsequenzen für seine Existenz zu ziehen.

Montag, 16. April 1984, 22.05 Uhr

Mit dem Traume gemalt

Der Traum in der Malerei

In diesem Film geht es darum, Traumerlebnisse, Traumatmosphäre und Traumsymbolik in der Malerei und Grafik der letzten 500 Jahre anschaulich zu machen. Im Mittelpunkt stehen daher Bildwerke großer Meister: von Hieronymus Bosch über Goya und Henri Rousseau bis zu Kubin, de Chirico, Max Ernst, Magritte und Dali. Indem bedeutende Gemälde unter dem Aspekt von »Trauminhalten« betrachtet werden, soll einem breiten Publikum ein neuer und erster Zugang zur bildenden Kunst, insbesondere zur Moderne und zum Surrealismus eröffnet werden.

Die bizarre Traumszenerie des Palmenhauses im Botanischen Garten Berlin wurde nicht ohne Grund als Drehort gewählt. Sie erinnert an das bekannte Bild des Zöllners Rousseau mit dem Titel »Die schlafende Zigeunerin«, und in einem Brief des Malers heißt es: »Ich weiß nicht, ob es Ihnen auch so geht wie mir, aber wenn ich in diesen Treibhäusern bin und die seltsamen Pflanzen aus exotischen Ländern sehe, dann meine ich, daß ich in einen Traum komme. Ich fühle mich wie ein ganz anderer Mensch.« Vor solch exotischem Hintergrund diskutierten profilierte Fachleute – die Professoren Sperlich, Wieland Schmied, Börsch-Soupan und Klaus Fussmann – über die ausgewählten Bilder.

Ein Film von Peter Leippe
Redaktion: Beate Pinkerneil
Koproduktion von ZDF/ORF

Donnerstag, 19. April 1984, 21.00 Uhr

»Kontakte«-Sendung der katholischen Kirchenredaktion des ZDF: **Das Traumbild aber ist ein Spiegel . . .**

Religion und Traum

Ein Film von Günter Höver
Redaktion: Michael Albus

Empfangen Menschen durch Träume Botschaften aus dem Jenseits? Spricht Gott zu ihnen im Traum? Erscheinen den Menschen Engel, Seelen von Verstorbenen oder andere jenseitige Wesen im Traum? Liest man in der sogenannten esoterischen Literatur, die heute eine große Anhängerschaft hat, dann möchte man glauben, daß solch geheimnisvolle Eingriffe aus dem Jenseits tatsächlich stattfinden. Was ist nun ein sogenannter »religiöser Traum«?
In der Psychologie wird unterschieden zwischen alltäglichen und großen Träumen. Große Träume sind solche, die dem Träumer noch lange Zeit später im Gedächtnis bleiben, weil sie ihn tief beeindruckt haben. Die »Kontakte«-Sendung des ZDF zeigt Beispiele von großen Träumen, die Menschen veranlaßt haben, ihr Leben im Sinne dessen zu beeinflussen, was im religiösen Vokabular Umkehr, Verständnis und Solidarität mit anderen Menschen heißt.
Der religiöse Traum kann, muß aber nicht religiöse Symbolik enthalten. Entscheidend für den »Wert« eines Traums für das Wachleben ist, wie weit es dem Träumenden gelingt, den Traum für sich zu deuten und daraus Konsequenzen im Leben zu ziehen.
Für Günter Höver, den Autor der Sendung, sind Träume »religiös«, wenn sie zu einer Umkehr oder

Bekehrung Anlaß geben – Träume, die näher an die eigene Wahrheit oder näher an Verständnis anderer Menschen führen, heraus aus der Enge eines ich-bezogenen Lebens.

Die »Kontakte«-Sendung will vermitteln, daß jeder seine eigenen Träume »deuten« lernen kann. Dazu stellt die Sendung zwei Methoden vor:

1. Das Rollengespräch mit den Traumfiguren (Menschen, Tieren, Pflanzen, Gegenständen...) im Wachbewußtsein. Der Träumer, der sich an Einzelheiten eines Traums erinnert, befragt die Traumfiguren; dann versetzt er sich in die Rolle einer Traumfigur und antwortet. (Diese Methode ist übernommen aus der Gestalt-Therapie. Sie wird in der Sendung von der Psychoanalytikerin Dr. Gisela Schmeer, München, vorgestellt, die auch gestalttherapeutisch arbeitet.)
2. Das Gespräch mit den Traumfiguren im sogenannten Klartraum. Jedem ist es möglich, sich mit den Figuren, die im Traum auftreten, im Traum zu unterhalten. Klarträume sind Träume, in denen man sich bewußt ist, daß man träumt. Es gibt Techniken, diese Klarheit im Traum zu erlernen. In der »Kontakte«-Sendung zeigt der Erfinder dieser Techniken, Professor Paul Tholey aus Braunschweig, den Nutzen seiner Methode für die Selbstfindung oder auch Selbstheilung.

Die Beispiele, die im Film erzählt werden sollen, machen deutlich, wie Traum-Figuren im Gespräch wichtige »Botschaften« (Antworten auf Lebensfragen) vermitteln, die der Mensch im Wachbewußtsein nicht erkannt hat.

Sonntag, 22. April 1984, 19.30 Uhr

Querschnitte:
Die Wirklichkeit – ein Hirngespinst?

Aus der Welt der Simulatoren

Von Volker Arzt
Redaktion: Joachim Bublath
Koproduktion von ZDF/ORF

In dieser Sendung werden verschiedene Möglichkeiten der Simulation vorgestellt. Darunter auch neben vielen technischen Geräten die Fähigkeit unseres Gehirns, Ereignisse und Vorgänge zu erschaffen.
Denn: Der denkbar beste Simulator ist unser eigenes Gehirn. Nachts, wenn wir träumen, errichtet unser Gehirn bekanntlich bunte Scheinwelten. Mitunter, wenn es sich um sogenannte Klarträume handelt, sind sie so wirklichkeitsgetreu, daß man nur noch mit bestimmten Tricks entscheiden kann, ob man träumt oder wacht: eine eigenmächtige, perfekte Simulation, die zunehmend ins Blickfeld der Schlafforschung gerät!

Donnerstag, 26. April 1984,
21.00 Uhr

Aus Forschung und Technik:
Der Griff ins Unbekannte

Moderation und
Redaktion: Joachim Bublath
Koproduktion von ZDF/ORF

Wieweit ist unser Gehirn erforscht? Welche Methoden gibt es überhaupt dafür? Seit einiger Zeit stehen Wissenschaftlern Geräte zur Verfügung, die einen Blick auch in das menschliche Gehirn erlauben. Die Hoffnung ist, mit diesen Methoden mehr über die Abläufe im Gehirn zu erfahren. Wo zum Beispiel wird der Schlaf ausgelöst? Kann der Schlaf beeinflußt werden? Welche neuen Ergebnisse liefert die Schlafforschung?
In dieser Sendung wird auf die biologischen Hintergründe eingegangen, die vor wenigen Wochen die sensationelle Rettung eines Jungen ermöglichte, der sich 20 Minuten ohne Luftzufuhr in einem eiskalten See unter Wasser befand. Auch hier spielte die Kenntnis über die Abläufe im Gehirn eine große Rolle.
Eng mit dem Schlafen verbunden ist das Träumen. Auch hier hat das Gehirn eine wichtige Funktion. Was man wissenschaftlich gesichert über das Träumen weiß und welche Experimente dazu international durchgeführt werden, ist ein anderer wichtiger Aspekt dieses Programms.

Sonntag, 29. April 1984, 22.05 Uhr

»In den Dichtern träumt die Menschheit«

Der Traum in der Literatur

Ein Film von Jürgen Kaizik
Redaktion: Beate Pinkerneil
Koproduktion von ORF/ZDF

Das weitgespannte Thema »Traum in der Literatur« wird in diesem Film exemplarisch und gleichzeitig höchst anschaulich behandelt. Das heißt: In Form eines szenischen Spiels nimmt der Zuschauer an literarischen Traumwelten teil, wird er mit den wesentlichen Äußerungen ausgewählter Dichter über den Traum und seine Bedeutungsvielfalt vertraut gemacht. Wie in August Strindbergs »Traumspiel« mischen sich auch hier Phantasie und Realität, Imagination und Wirklichkeit, gehen Erinnerungen, Erlebtes und frei Erfundenes unmerklich ineinander über. »In den Dichtern träumt die Menschheit«, hat Hebbel einmal geschrieben. Das Besondere der dichterischen symbolischen Traumwelt wird am Beispiel von Shakespeare, Herder, Hölderlin, Tieck, Novalis und Kafka vertieft.

Die Mitarbeiter dieses Buches

Hans Bender, Dr. phil., Dr. med., geboren 1907 in Freiburg i. Br., studierte Psychologie, Philosophie und Romanistik, anschließend Zweitstudium der Medizin. Nach Kriegsende Errichtung des »Instituts für Grenzgebiete der Psychologie und Psychohygiene« e. V. in seiner Heimatstadt Freiburg. 1954 Lehrstuhl für Psychologie und Grenzgebiete der Psychologie an der Freiburger Universität; 1975 emeritiert. Weiter tätig als Leiter des freien Forschungsinstituts. Begründer und Mitherausgeber der »Zeitschrift für Parapsychologie und Grenzgebiete der Psychologie« (seit 1957, jetzt im Aurum-Verlag, Freiburg i. Br.). Zahlreiche Veröffentlichungen: Einführend in die Parapsychologie: »Unser sechster Sinn. Telepathie – Hellsehen – Spuk«, Taschenbuch, Wilhelm Goldmann-Verlag 1982.

Franz Buob, lic. phil., geboren 1936 in Luzern, studierte in Rom und Tübingen Philosophie, Altphilologie und Naturwissenschaften. Seit 1970 vornehmlich als Wissenschaftsjournalist und freier Mitarbeiter beim ZDF tätig.

Hans Bünte, geboren 1934 in Berlin; Studium in Berlin und Freiburg i. Br., lebt in Saarbrücken.
Zahlreiche feuilletonistische Ar-

beiten für Presse und Hörfunk (Buchbesprechungen, Biografien, Features, Reiseberichte aus USA, Sowjetunion, Japan, Australien).
Viele Fernseharbeiten als Drehbuchautor, z. T. auch als Realisator (anfangs Kinderprogramm, Trickfilme, eine 40teilige Serie Medienkunde, 20teilige Serie Verkehrssicherheit, Buch und Regie beim Feature »Saarland: Ansichtssache«, etc.).
Gesprächsführung und Realisation für drei Folgen »Zeugen des Jahrhunderts« (ZDF);
Drehbücher für Industriefilme, Darstellung technischer und wirtschaftlicher Themen in Film- und Buchform;
Buchveröffentlichungen: »Die Saar heute«, »Saarland: Kultur und Landschaft«, »150 Jahre Hambacher Fest«;
Theaterstücke (für »Tiefausläufer« Literaturpreis der Stadt Saarbrücken).

Sri Chinmoy, der als erleuchteter Yogi der höchsten Stufe gilt, wurde 1931 in Bengalen in Indien geboren. Schon als Kind hatte er tiefe mystische Erfahrungen, und mit zwölf Jahren trat er in die religiöse Gemeinschaft eines Ashram ein. Hier verbrachte er die nächsten 20 Jahre in Gebet und Meditation. Er wurde zu einem Visionär und Seher und erreichte den seltenen Zustand der Unio mystica, die die verschiedenen Religionen Erleuchtung oder Gottverwirklichung nennen. Aus innerer Berufung ging er 1964 in die USA, und seitdem entstanden spirituelle Sri-Chinmoy-Zentren in den Vereinigten Staaten, in Kanada, Europa, Lateinamerika, Australien, Neuseeland und Japan.
Sri Chinmoy, der täglich mehrere Stunden meditiert und zweimal wöchentlich Meditationen bei der UNO in New York leitet, hält an vielen Universitäten der Welt Gastvorträge. Sein künstlerisches Schaffen legt Zeugnis für die kreative Energie seines Yoga ab. Es gibt von ihm über 300 Bücher mit spirituellen Gedichten, Schauspielen, Erzählungen und Essays und etwa 200 Publikationen mit seinen Interviews. Er hat 140000 Bilder gemalt und über 3000 Meditationslieder komponiert.
Sri Chinmoy verlangt niemals Geld, weder für die Unterweisung in der Meditation noch für öffentliche Vorträge und Konzerte. Er ist heute wahrscheinlich der angesehenste Vertreter des Yoga im Westen. Er hat als Guru etwa 2000 Schüler; viele von ihnen berichten, daß ihr Meister ihnen in der Meditation oder im Traum erscheint und sie unterweist.

Jürgen Kaizik, geboren 1950 in Wien. An der Universität Wien studierte er Mathematik und Philosophie und das Fach Regie am Max-Reinhardt-Seminar.
Mit einer Dissertation über »Mathematik im Werk Robert Musils« promovierte er in Saarbrücken. Ab 1975 war Jürgen Kaizik Regisseur an verschiedenen Theatern; seit 1980 Fernseharbeiten als Regisseur und Drehbuchautor.

Wieland Schmied, Prof. Dr., geboren 1929 in Frankfurt am Main; studierte an der Universität Wien Jura und Kunstgeschichte; Kunstkritiker in Wien 1952–1960; Lektor des Insel-Verlages, Frankfurt am Main, 1960–1962; Direktor der Kestner-Gesellschaft Hannover 1963–1973; Kustos der Nationalgalerie Berlin 1973–1975; Mitarbeiter der Documenta Kassel 1975–1977; Direktor des Berliner Künstlerprogramms des Deutschen Akademischen Austauschdienstes seit 1978; Leiter der Internationalen Sommerakademie für Bildende Kunst in Salzburg seit 1981.

Wichtigste Veröffentlichungen:

Monographien: Alfred Kubin, Salzburg 1967. Fritz Wotruba, Berlin 1972. Hundertwasser, Salzburg 1973. Caspar David Friedrich, Köln 1975. Wilhelm Thöny, Salzburg 1976. Giorgio de Chirico, München 1980. Francis Bacon, Stuttgart (in Vorbereitung für 1984/85).

Allgemeine Darstellungen und Essays: Das Poetische in der Kunst, Nürnberg 1960. Wegbereiter zur modernen Kunst, Hannover 1966. Neue Sachlichkeit und magischer Realismus in Deutschland 1918–1933, Hannover 1969. 200 Jahre phantastische Malerei. Von Piranesi bis Magritte, Berlin 1973 (München 1980 Taschenbuchausgabe). Kunst nach 1945 in Deutschland, Österreich und der Schweiz, Berlin 1974. Nach Klimt. Schriften zur Kunst in Österreich, Salzburg 1979.

Gedichte: Schach mit Marcel Duchamp, Stuttgart 1980.

Karl Schnelting, geboren 1930 in Emmerich/Niederrhein.
1952–1956 Philologie-Studium in Münster, Oxford (USA), Paris und Bonn; 1956–1958 Jura-Studium in Paris und Bonn; Assessor jur.; von 1965–1968 Geschäftsführer der Werbefunk Saar GmbH; 1968–1976 Programmdirektor Fernsehen des Saarländischen Rundfunks; 1971–1976 Koordinator des Fernsehfamilienprogramms der ARD, seit 1976

Hauptredaktionsleiter Kultur des ZDF.

Christian Stephan, geboren 1951 in Lübeck, Diplom-Psychologe mit privater Praxis in Freiburg i. Br. Studium der Psychologie und Philosophie in Bonn und Freiburg. Seit 1981 Mitarbeiter am »Institut für Grenzgebiete der Psychologie und Psychohygiene e. V.« bei Prof. Hans Bender.
Die Tätigkeiten und Interessen umfassen Gestalttherapie, Traumpsychologie und Parapsychologie sowie philosophisch-anthropologische Grundlagen der Psychologie. Seit 1981 auch eingehende Beschäftigung mit Klarträumen, Traumarbeit und Traumgruppen, was zu Vorträgen, Fachartikeln und Workshops führte. Zur Zeit schreibt er an einer Doktorarbeit über das Thema Trauminduktion.

Paul Tholey, Professor Dr., geboren 1937 in St. Wendel/Saar, studierte in München und Frankfurt die Fächer Mathematik, Physik, Sport und später Psychologie. Mit der Arbeit »Einzel- und Gruppenleistung unter eingeschränkten Kommunikationsbedingungen« promovierte er 1973 im Fach Psychologie an der Universität Frankfurt. Dort unterrichtete er seit 1974 als Dozent und Professor Allgemeine Psychologie, Methodenlehre und Statistik. Seit 1982 hat er eine Professur für Sportpsychologie an der Technischen Universität Braunschweig – mit Lehrauftrag an der Universität Frankfurt. Tholey forschte und publizierte auf den Gebieten der Denk-, Sozial- und Sportpsychologie, der Anthropologie, Statistik und Traumwissenschaft. Seine Klartraumforschungen, mit denen er bereits vor 25 Jahren als Student begonnen hatte, fanden erst in jüngerer Zeit Resonanz in Fachkreisen.

Klaus Thomas, D. D., Dr. med., Dr. phil., geboren am 31. Januar 1915 in Berlin, studierte in Berlin und Marburg/Lahn Theologie, Philosophie, Neuphilologie, Psychologie, Psychotherapie und Medizin. Die Vielseitigkeit des gründlichen Studiums zeigt sich auch in seiner beruflichen Tätigkeit: Zunächst Studentenpfarrer in Berlin, dann Klinikpfarrer in Marburg und heute Arzt und Psychotherapeut in Berlin, Oberstudienrat und Dozent an der Lessing-Hochschule und Leiter von Seminaren für Ärztliche Fortbildung bei der Ärztekammer Freiburg i. Br. Seit 1956 leitet Klaus Thomas die von ihm gegründete »Ärztliche Lebensmüdenbetreuung Berlin« und die erste deutsche Telefonseelsorge. 1964 bis 1965 Staff-psychiatrist am St.-Elizabeth-Hospital in Washington D.C. und gleichzeitig Professor für Seelsorge am Gettysburgh Lutheran Seminary. Seit 1972 Leitung des I.-H.-Schultz-Institutes für Psychotherapie, Autogenes Training und Ärztliche Hypnose. Seit 1980 Präsident der Europäischen Gesellschaft für Ärztliche Hypnose. 20 Buchveröffentlichungen zu Themen der Psychotherapie, zur Suizidprophylaxe und zu Grenzbereichen zwischen Medizin und Theologie sowie 1000 Zeitschriftenaufsätze in diesen Bereichen.